探究湾区

世界湾区发展逻辑与中国实践

EXPLORE THE BAY AREA
THE LOGIC OF DEVELOPMENT OF BAY AREA AROUND THE WORLD
AND THE CHINESE PRACTICE

申勇 著

人民出版社

自 序

2015年承担国家社会科学基金课题"海上丝绸之路战略下我国东南沿海湾区经济发展研究"时,我就开始着手写一本湾区经济方面的书,但当时对湾区经济发展中许多深层次问题缺乏十分透彻的理解,真正写作起来感到十分棘手。湾区经济是不是一门独立的学科?湾区的发展规律是什么?为什么全球一流城市几乎都在湾区?中国的湾区发展前景将会怎样?一连串的问号占据了我的整个大脑空间,探究湾区经济内在规律比发现湾区经济本身要难得多。我得感谢我在深圳市委党校的这份工作,不仅是因为历任领导对我在出国考察、外出调研、著作出版等方面给予了大力支持,更是因为在党校这个三尺讲台上,我获得了与学员们广泛交流并向他们学习的机会,对湾区经济的认识才得以深入,逐步理解并摸到一点点其背后存在的颇有价值的发展规律。正是这个原因,我才有信心将这本书呈现给广大读者。

空间经济学的诞生给经济学研究带来了颠覆性的变化,不仅促进某个特定范围内经济增长手段的进步,更是推动资源在更大范围的有效均衡配置。湾区依空间而生、傍空间而存、凭空间而兴,凹入内陆而傍依大海,面对海洋又背靠陆地,形成了独特的"拥海抱湾、合群联陆"的空间形态,构筑了金融、科技、都市圈集群的湾区经济"三驾马车"。正是这种独特的空间经济形态造成湾区经济的发展既合乎规范又超脱凡俗,有时甚至还像脱缰的野马,万里驰骋、天马行空。对外,湾区经济利用自己天生的都市圈集群，从里到外形成核心城市引领的不同城市圈层结构，淋漓尽致地发挥中心—外围的资源扩散传输功能，使资源配置从湾区逐步扩大到全球，形成对外开放的极大张力；对内，通过快速交通连接降低空间阻隔，促进更多内陆城市以低交易成本参与湾区资源共享，实行辐射带动和区域联动，形成以湾区为中心的强大区域合作，成为陆海资源有效配置的集散中心，产生区域经济的强大引力。"一张一引""一内一外"，不仅使湾区成为全球资源配置中的高端要素聚集地，而且成为全球经济最具影响力、竞争力和控制力的重要引擎。湾区经济的诞生尽管到目前为止还不可能带来与空间经济一样的颠覆性变化，但其理论演进逻辑仍然有可能给经济学研究带来耳目一新的想象空间。

本书将重点研究世界湾区发展逻辑，总结湾区经济发展规律。特别是要试图让读者认清湾区经济从无到有、从弱到强、从边缘到中心的基本演进逻辑和独特运行机制，从而揭示中国发展湾区经济走向现代化强国的基本路径。本书提出的诸多观点和结论中，以下一些观点应当视为主要观点，这些观点能否成为湾区经济发展规律尚需要读者们进一步检验。

第一，由于地理区位的原因，湾区经济体基本上生成于某个国家的边缘，但随着湾区经济的发展和观察视角的变化，他们往往会成为这个国家或者更大区域范围的中心（一般是经济中心，也可能是经济、政治、文化、社会、生态等方面的全能中心），如果将这些中心连成一片，也许就是未来的世界经济中心。

第二，湾区经济是国家走向强大的重要原因，许多国家（包括英国、美国）之所以在某段时期内能够走向世界强国的舞台中央，得益于其湾区经济体的拥有数量和发展质量，由于湾区经济相对发达，他们可以在更大范围内配置资源并控制海陆权，成为工业化城市化的引领者。换言之，湾区经济是建设现代化强国的重要因素。

第三，湾区经济是工业革命的产物，前三次工业革命产生了纽约湾区、东京湾区、旧金山湾区等世界一流湾区和其他湾区，第四次工业革命的人工智能、物联网、新能源、新材料、生物技术等新科技将带来指数级的技术发明和城市便利性，大大降低城市化的交易成本和外部性效应，湾区城市群仍将成为世界城市发展的主导。

第四，中国在建设社会主义现代化强国的过程中，湾区经济将发挥重要作用。到本世纪中叶，伴随着新的科技革命和产业革命，中国将形成粤港澳大湾区、沪杭甬大湾区、环渤海大湾区等三大核心湾区为引领，推动北部湾湾区和厦门湾区发展，并带动汕头、湛江、台州等湾区共同构成"3+2+X"湾区发展新局面，形成湾区经济引领的国内国际双循环发展新格局，达到世界强国的湾区经济水平，进入全球湾区经济发达国家和现代化强国行列。

这本书最难的部分是全球湾区经济分布状况研究。为此，我专门跑到美国纽约、旧金山、日本东京等世界著名湾区进行调查研究，尤其是在纽约，不仅亲身感受到湾区经济的存在价值，更体验到湾区经济的世界影响力和时代穿透力，湾区这种聚集叠加效应是无与伦比的！但是我不可能跑遍全球所有的湾区，只能从相关资料以及透过世界地图去查找和分析，尽己所能地将50个全球湾区经济体展现给大家。尽管如此，也不能完全保证这项研究没有遗漏或错误。从本书来看，其本身不是问题的全部，因为湾区经济体的形成和变化永远是动态的，我们研究的目的是要从中找到湾区经济的发展规律，而不是简单的数字归集，这点相信会得到读者的谅解。

为了证明我国湾区经济的存在，我几乎跑遍了我国东南沿海湾区城市，还专门到陕西的太白一带长住了一个多月，用脚板实地探究陆海西部通道建立的具体路径和可能性。由此，我可以负责任地告诉大家，湾区经济不仅存在而且发展潜力巨大，它与我们通常理解的沿海经济、城市经济以及港口经济不仅有着本质上的差异，而且具有更大的发展能级。对于这一点，我在阅读《海权论》和《陆权论》后才真正地恍然大悟，不同于海权依赖于船舰运输所产生的海洋控制权益与陆权依赖于铁路所产生的大陆控制权益，湾区中心不限于海权也不限于陆权，而是集海权与陆权于一体，对外通过海洋通道加强与世界各国联系，形成资源的全球配置，促进国际循环畅通；对内通过公路和铁路的运输加强与国内城市的联动，推动国内循环的形成，并由此形成两个循环的叠加效应。海铁联运、内外结合、双向循环，这种叠加在某种程度上支撑着"港口群＋产业群＋城市群＋创新群"的群集效应，使湾区经济效应明显高于港口经济、沿海经济、城市经济等经济形态，成为资源配置的高级阶段。

摆在读者面前的这本书，不仅适合于中国读者，而且同样适合于世界其他国家的读者。因为这本书研究的问题不仅适合于中国湾区经济发展，同样适合于全世界湾区经济发展。从根本上看，湾区经济存在与发展的路径依赖仍然还是工业化和城市化，工业化促进生产规模扩大和科学技术进步，推动湾区资源能够实现全球配置；城市化加速城市发展和人力结构变化，推动各种要素在靠海的湾区聚集。不同国家工业化和城市化尽管所处阶段不同，只要遵循湾区经济发展规律，就会从城市、城市群到大都市圈再到大湾区都市圈集群的方向演进，城市和城市群的碎片化问题就会迎刃而解，资源配置就会从城市向更大范围扩张，生产要素就会进一步向湾区集中，国家发展的经济中心就会自然而然地转移到湾区。中国之所以出现湾区热，其背后隐含着适合全世界所有国家的湾区经济发展规律。

2019年6月以来，有两件事情对于粤港澳大湾区发展影响极大，一是香港"修例风波"所带来的意想不到的严重冲击，极大危害了香港社会稳定和经济繁荣；二是新冠肺炎疫情在全球蔓延，香港疫情反反复复，甚至到目前还没有彻底被阻断，大湾区"外防输入、内防反弹"的压力仍然存在。这两件事情毫无疑问会给粤港澳大湾区建设带来挑战。受其影响，粤港、深港两地的交流合作在某个时间段和某些方面出现了困难，大湾区上空漂荡着让人们迷茫的片片浮云。虽然从短期看，粤港澳大湾区建设确实受到一定影响，甚至有人会对湾区经济和粤港澳大湾区发展前景产生某种程度的怀疑。但是从长远来看，粤港澳大湾区建设是工业化城市化的必然结果，是全球科技革命和区域合作的时代产物，是中国迈向现代化强国的必经之路，粤港合作、深港融合、"一国两制"是大势所趋。我们坚信，粤港澳大湾区以及中国的大湾区战略一定会取得成功，大湾区建设一定会创造更多让世界刮目相看的奇迹！

本书最终目的是揭示湾区经济发展规律。最后以诗人王安石的诗句与读者共勉：不畏浮云遮望眼，自缘身在最高层！

申　勇

2021年3月3日于深圳

目 录

自 序 1
前 言 1

上 篇 湾区经济形成机理

第一章 湾区经济基本概念与内涵 3
第一节 湾区经济的提出 3
第二节 全球三大一流湾区的特征与共性 12
一、纽约湾区 13
二、东京湾区 15
三、旧金山湾区 16
四、三大一流湾区的共性 18
第三节 湾区和湾区经济的基本概念 22
一、湾区的认知 22
二、湾区经济的概念与特征 25
三、湾区经济产生的条件 31

第二章　湾区经济形成要素与机制...35

第一节　拥海：形成对外开放机制...35
一、拥海开放的基本条件...36
二、拥海开放的运行机制...38

第二节　抱湾：形成要素集聚机制...45
一、空间与集聚的相关理论...45
二、湾区集聚的效应产生逻辑...50

第三节　合群：形成效应叠加机制...54
一、城市群共生的城市命运共同体...54
二、点轴到网络的城市群演变路径...55
三、合群带来的湾区经济效应...57

第四节　联陆：形成海陆联动机制...60
一、交通连接...62
二、产业链接...62
三、城市对接...63
四、体制衔接...63

第三章　湾区经济存在价值与类型...66

第一节　湾区经济具有独特的存在价值.......................................66
一、湾区经济与沿海经济的区别...67
二、湾区城市群的独特性...72

第二节　湾区经济具有最高级的经济形态.....................................76
一、湾区是总部集聚地...76
二、湾区是金融中心...77
三、湾区是创新高地...79
四、湾区是区域中心...82
五、湾区是生态宜居的优质生活圈...84

第三节　湾区经济的分类...85
一、依据湾区水曲构成划分...85

二、依据湾区经济外形划分...89
　　三、依据湾区经济发展程度划分...90

第四章　湾区经济分布状况与演变规律...................................93
第一节　全球湾区经济分布状况...93
　　一、欧洲地区重要湾区经济...94
　　二、美洲地区重要湾区经济...98
　　三、亚洲地区重要湾区经济...101
　　四、非洲地区重要湾区经济...106
　　五、大洋洲地区重要湾区经济...106
第二节　全球湾区经济分布特点...107
　　一、湾区经济分布呈现不均衡状况.....................................108
　　二、湾区经济分布与国家经济实力呈同向关系.................111
　　三、湾区经济分布促进了世界大都市圈发展.....................114
　　四、湾区经济主要分布在沿海，但仍有特例.....................116
第三节　世界湾区发展的三个重要结论.................................117
　　一、从大陆向沿海海湾地区集聚是国家现代化的必经之路...118
　　二、湾区是国家走向现代化强国的重要引擎.....................120
　　三、从边缘到中心是湾区发展的必然趋势.........................122

下　篇　中国大湾区战略

第五章　粤港澳大湾区...129
第一节　粤港澳大湾区的基本概况...129
　　一、地理特征...130
　　二、资源禀赋...132
　　三、经济社会...133
　　四、基础设施...135

第二节　粤港澳大湾区的形成过程......136
第三节　粤港澳大湾区建设的范围和总体目标定位......147
　　一、粤港澳大湾区的辐射范围......147
　　二、粤港澳大湾区的目标定位......150
第四节　粤港澳大湾区与旧金山湾区科技创新比较......157
　　一、研究型大学......157
　　二、科研投入和载体建设......160
　　三、专利申请......161
　　四、创新环境......163
　　五、风险投资......164
　　六、几点启示......166
第五节　粤港澳大湾区建设的主要思路......167
　　一、共建粤港澳大湾区国际科技创新中心......167
　　二、促进粤港澳大湾区都市圈集群建设......174
　　三、推进世界级产业集群集聚发展......177
　　四、打造内地与香港、澳门深度合作平台......179
　　五、加快建成"一带一路"重要支撑......184
　　六、建设美丽湾区和优质生活圈......185

第六章　沪杭甬大湾区......189

第一节　沪杭甬大湾区建设的基本条件......189
　　一、沪杭甬大湾区的范围界定......190
　　二、沪杭甬大湾区的发展基础......192
第二节　沪杭甬大湾区建设的战略意义与定位......199
　　一、战略意义......199
　　二、战略定位......203
第三节　沪杭甬大湾区与纽约湾区国际金融中心比较......206
　　一、国际影响......206
　　二、国内地位......209

		三、区域合作	211
		四、几点启示	211
	第四节	沪杭甬大湾区建设的重点方面	212
		一、加快建设优势互补的国际金融中心	213
		二、加快建设具有全球影响力的国际科技创新中心	215
		三、加快建设国际一流湾区和世界级城市群	217
		四、加快推进基础设施互联互通	219

第七章 环渤海大湾区 223

第一节 环渤海大湾区建设的基本条件 223
一、地理区位 224
二、资源禀赋 224
三、基础设施 225
四、城市群经济 226

第二节 推进环渤海大湾区建设的战略意义 229
一、有利于加快实现社会主义现代化强国建设目标 229
二、有利于推进环渤海区域高质量发展 231
三、有利于形成振兴大东北的核心引擎 232

第三节 构筑合理的网络化空间布局 236
一、构建三大都市圈集群 236
二、构筑网络化的湾区空间 238
三、建立都市引领的城市化发展体系 239

第四节 建设路径和政策建议 241
一、建设路径 242
二、政策建议 245

第八章 中国大湾区战略前瞻 248

第一节 中国东南沿海与美国东北沿海湾区发展比较 248
第二节 构筑"一主两副"广东沿海湾区发展格局 252

一、融入粤港澳大湾区，以汕头湾区打造粤东引擎......252
　　二、依托粤港澳大湾区，以湛江湾区打造粤西引擎......254
第三节　探索"一核两翼"东南沿海湾区经济新模式......256
　　一、北部湾湾区：粤港澳大湾区的"西翼"......256
　　二、厦门湾区：粤港澳大湾区的"东翼"......258
第四节　实施"3+2+X"中国大湾区战略......260
　　一、"3+2+X"中国大湾区战略的基本要求......260
　　二、"3+2+X"中国大湾区布局的战略价值......267
　　三、"3+2+X"中国大湾区战略的实施重点......271

主要参考文献......275
后　　记......283

前　言

2017年7月1日,习近平总书记在庆祝香港回归祖国20周年大会暨香港特别行政区第五届政府就职典礼上的讲话中首次将粤港澳大湾区上升为国家重大战略,明确指出:"支持香港在推进'一带一路'建设、粤港澳大湾区建设、人民币国际化等重大发展战略中发挥优势和作用。"①2018年11月,习近平总书记在首届中国国际进口博览会开幕式上的主旨演讲中再次强调:"将支持长江三角洲区域一体化发展并上升为国家战略,……同'一带一路'建设、京津冀协同发展、长江经济带发展、粤港澳大湾区建设相互配合,完善中国改革开放空间布局。"②2019年2月和8月,中共中央、国务院发布《粤港澳大湾区发展规划纲要》和《关于支持深圳建设中国特色社会主义先行示范区的意见》,2019年12月和2021年7月,中共中央、国务院分别发布《长江三角洲区域一体化发展规划纲要》和《中共中央国务院关于支持浦东新区高水平改革开放打造社会主义现代化建设引领区的意见》。习近平总书记的一系列重要讲话和党中央国务院重要文件,赋予了以湾区形态存在的粤港澳大湾区、长江三角洲等区域重大国家战略使命,为国家未来湾区发展指明了方向,为我国社会主义现代化建设

---

① 习近平:《在庆祝香港回归祖国二十周年大会暨香港特别行政区第五届政府就职典礼上的讲话》,人民出版社2017年版,第10页。
② 习近平:《共建创新包容的开放型世界经济:在首届中国国际进口博览会开幕式上的主旨演讲》,人民出版社2018年版,第11页。

从空间上进行了重大战略布局。

传统经济学主要研究的是如何使资源获得有效配置从而达到最优化，而区域经济学却需要研究资源的配置范围，如何使资源在更广更优的范围内得到有效利用和配置，从而解决资源配置的碎片化问题，使投入产出效率不断放大。然而，经济研究仅仅是解释湾区经济发展的其中某个重要方面，要全面准确认识湾区经济的基本规律，不仅需要依据以空间经济学为代表的区域经济理论相关研究成果，分析和探讨依托湾区地理结构形成的经济运行方式和区域合作发展模式，更需要博采众长，从经济、政治、文化、社会、生态等各方面认清其背后所隐含的现实发展逻辑和国家战略机遇。从某种意义上说，湾区经济的产生和发展既符合特定地理环境下经济运行规律的科学，也是推动社会进步的重大战略。发展湾区经济，不仅有助于推动中国构筑新时代全面改革开放新格局，成为全球资源配置中的双循环枢纽节点，而且将是建设社会主义现代化强国实现中华民族伟大复兴中国梦的重要利器，意义深远。

本书从"形成机理—战略构想"思路出发，在研究湾区经济形成逻辑的基础上，分别探讨了湾区经济形成机理和中国大湾区战略及其实施方案。第一部分，湾区经济形成机理。主要研究湾区经济形成的基本理论，探究湾区经济形成的基本原理，总结世界湾区发展规律。以国内外对湾区经济已有的研究成果为基础，结合全球湾区经济发展情况，对湾区经济概念和内涵进行详细分析和科学界定，分析湾区经济形成条件和发展动力，并通过对全球湾区经济分布状况的归纳和分析，提出"湾区从边缘到中心"的核心观点。在研究这一部分时，关键在于认清湾区经济"拥海抱湾，合群联陆"的本质特征以及与沿海经济、港口经济和城市群经济的根本区别，找出湾区经济自身的成长规律和独特生成条件。第二部分，中国大湾区战略。这一部分以全球湾区经济发展规律为依据，对我国东南沿海湾区经济发展进行分析，进而提出我国大湾区发展战略。本部分从粤港澳大湾区出发，深入分析粤港澳大湾区、沪杭甬大湾区和环渤海大湾区发展条件、战略定位和基本策略，通过与世界各国湾区进行比较，前瞻性地提出了"3+2+X"中国大湾区战略，即我国东南沿海将以粤港澳大湾区、沪杭甬大湾区、环渤海大湾区三大湾区为核心，推动北部湾湾区和厦门湾区发展，并带动汕头湾区、湛江湾区、台州湾区等共同构成我国大湾区战略，推动我国形成湾区引领的对外开放新格局，为我国实现从不均衡到均衡的高质量发展从而建设社会主义现代化强国提供路径保障。

按照上述思路，本书各章基本内容如下。

第一章：从湾区经济和粤港澳大湾区的提出出发，总结归纳世界三大著名湾区演变过程和共性特点，阐明湾区和湾区经济的基本概念，分析湾区经济独特的经济特征，进而提出湾区经济产生的基本条件。

第二章：通过对全球湾区经济发展以及三大一流湾区的成功经验对比，分析湾区经济形成的拥海、抱湾、合群、联陆四大要素，提出湾区演变过程中形成的对外开放机制、要素聚集机制、效应叠加机制和海陆联动机制。

第三章：通过对全球湾区发展的案例分析，比较了湾区经济与沿海经济、城市经济的差异性，阐明了湾区经济存在的独特价值和高级形态，依据湾区经济的地理结构、湾区的外形以及湾区经济的发展程度对湾区经济进行系统分类。

第四章：依据世界地理状况及经济发展情况，对全球 50 个湾区经济体进行逐个分析，制作了全球湾区地图，分析了各湾区港口群和城市群发展的基本状况，探求世界湾区经济分布规律及其原因，提出世界湾区发展的演变规律和基本逻辑。

第五章：分析粤港澳大湾区发展的基本条件，阐明粤港澳大湾区建设世界一流湾区和世界级城市群的战略定位和目标，经过对粤港澳大湾区和旧金山湾区的科技创新能力进行比较，提出了粤港澳大湾区的发展思路。

第六章：根据《长江三角洲区域一体化发展规划纲要》提出的"大湾区"建设要求，提出了沪杭甬大湾区建设的必要性、基本范围和目标定位，针对大湾区建设国际金融中心的现状，对上海国际金融中心与纽约国际金融中心进行对比分析，提出沪杭甬大湾区建设国际金融中心、国际科技创新中心、世界一流大都市圈等重点战略的具体举措。

第七章：分析环渤海湾区基本条件和建设环渤海大湾区的战略意义，

针对环渤海大湾区建设的难题，阐明了建设环渤海大湾区的空间布局和实施路径，并就环渤海大湾区建设提出相关对策建议。

第八章：中国东南沿海有着与美国东北沿海相近似的海湾条件，因此本章首先比较分析了中国东南沿海与美国东北沿海湾经济发展情况，据此提出我国依托东南沿海构筑大湾区战略的思路，即广东构筑"一主两副"的湾区经济发展格局，东南沿海"一核两翼"湾区经济发展格局，整个国家形成"3+2+X"湾区经济发展格局。

工业革命以来，科学技术和市场经济的发展大大促进了人类的生产力水平，世界贸易规模得到空前扩大，资源配置不再局限于本国范围而是面向全球。湾区经济在工业化和城市化中应运而生，并首先在工业革命的发源地英国产生，继而在美国、欧洲、日本等世界发达国家出现，形成了一批在全球范围配置资源并引领世界经济增长的一流湾区和世界级城市群，伦敦、波士顿、纽约、旧金山、东京相继成为世界成功湾区经济的典范，深圳、大阪、悉尼、迪拜、胡志明市等一大批新兴的湾区城市正在成为引领本国经济发展的湾区城市群，它们逐步朝着世界经济中心迈进。因此，如果我们能够对湾区经济这个现象进行完整的总结，全面认识各国湾区经济发展规律，对于发现一些新的经济增长极和动力源，促进世界范围内资源配置的进一步全球化，推动中国与世界经济的全面对接和融合，具有十分重要的现实意义。并且，从"一带一路"发展现实看，迫切需要湾区作为我国连接沿线的核心枢纽。从中国改革开放和国内国际双循环战略现实看，迫切需要湾区作为国家发展的核心引擎带动国内国际双循环，推动国家东西部实现均衡协调发展。

当今世界正经历百年未有之大变局，2020年新冠肺炎疫情全球大流行将给全球化、区域经济带来巨大挑战。中国已经基本实现迈向全面小康社会的第一个百年目标，正在向建设社会主义现代化强国的第二个百年目标前行。本书将证明，湾区经济是工业化城市化的高级形态，是国家通往现代化强国的必由之路，对于实现我国第二个百年奋斗目标，加快建成社会主义现代化强国具有十分重要的现实意义。

上 篇
湾区经济形成机理

《粤港澳大湾区发展规划纲要》明确要求：粤港澳大湾区要"建设富有活力和国际竞争力的一流湾区和世界级城市群"，到2022年，基本形成国际一流湾区和世界级城市群框架，到2035年，全面建成国际一流湾区。① 要建设成为世界一流湾区，必然要求深入了解世界一流湾区发展规律以及世界湾区形成的理论逻辑。从世界湾区成长和发展规律中，我们可以得出以下基本观点：第一，湾区经济是世界湾区发展的基本经济形态，具有拥海、抱湾、合群、联陆的独特空间要素和地理结构，并以此区别于沿海经济、港口经济、城市经济，形成自己独特的发展方式。第二，全球湾区得以快速成长并对世界发展发挥如此重大作用，在于其依托共享湾区的有利条件，顺应了工业化城市化发展规律，经历了港口经济、工业经济、服务经济和创新经济发展历程，② 实现了"港口群+产业群+城市群+创新群"的叠加效应。第三，全球除三大一流湾区外，还分布着其他各种各样湾区，这些湾区的一个共同特点是，他们都处于某个国家的边缘地带，经过一段时间发展，有些已经成为国家经济中心，有些正在向世界经济中心演变。

---

① 《粤港澳大湾区发展规划纲要》，人民出版社2019年版，第9—11页。
② 黄勇、陈文杰：《对湾区经济的一些认识和思考》，《全球化》2019年第1期。

第一章　湾区经济基本概念与内涵

作为世界湾区发展的基本经济形态，湾区经济对世界经济发展发挥了积极作用，越来越受到世界各国的重视。湾区经济的发展改变了资源配置的方式与范围，为世界颇具影响力和竞争力的全球一流城市的产生提供了肥沃土壤，促进了湾区城市群的成长，推动全球工业化和城市化进入到以创新和都市圈为重点的新阶段。本章将通过对国内外湾区经济发展现象进行抽丝剥茧、寻踪觅源，提出湾区经济的基本概念和内涵，揭示湾区经济存在的客观必要条件以及战略意义。

第一节　湾区经济的提出

纵观对湾区经济的认识过程，可以分为以下三个阶段。

第一阶段，对湾区经济认识的萌芽阶段（2014年1月以前）。这一阶段，有专家零散地提出了与湾区经济相关的一些想法以及发展湾区的一些思考，但缺乏对湾区经济进行全面的科学论证。

我国海洋出版社于1991年出版的《中国海湾志》对我国所有湾区进行了全面系统梳理，并且已经开始认识到湾区对于经济发展的作用。该书指出："港湾水域空间资源的开发更是促进地方经济发展的重要因素，纵观世界海岸,优良的海湾多被用作港口建设,港口的建设又无不促进地方经济的发展。所以海岸线上港湾海岸较之平直海岸产业发达、城市密集、经济繁荣。目前我国沿海开放城市的建设也莫不以港口为依托,充分反映'城以港兴,港为城用'的社会经济的基本规律。"① 这是研究我国湾区最为全面的一本著作,总共有十四分册,在当时也是最为透彻地认识湾区与经济发展关系的一本书。该书不仅描述了湾区的经济功能,而且还介绍了我国所有的海湾和河流及其生态体系,为后人研究湾区及湾区经济打下了坚实基础。1998年,香港科技大学校长吴家玮依据湾区经济发展的事实提出了"香港湾区"的概念,被理论界认为是最早提出湾区经济的学者。他在《一飞冲天还是一败涂地——兼论"港深湾区"》一文中写道:"'香港湾区'可与拥有硅谷以及多所世界著名大学的'三藩市湾区'相媲美。所谓香港湾区,就是从香港入深圳——宝安——深圳机场——东莞——虎门大桥——南沙,转而向南经中山——珠海——澳门,最后折返香港。简单地说,就是以深圳、南沙、珠海为顶点划出一个等边三角形,由深圳、香港、珠澳、南沙共同组成一个类似三藩市湾区的21世纪大都会。"② 2013年1月,中国人民大学出版社翻译出版的由世界经济大师藤田昌久、保罗·R.克鲁格曼、安东尼·J.维纳布尔斯合作写成的《空间经济学》也揭示了湾区经济的存在,该书认为:"许多城市的起源恰恰要归因于它们所在的河流、运河和优良的港湾等诸如此类的地理位置。确实,世界上绝大多数大城市都坐落在这样或那样的交通枢纽处。"③ 从政府层面,广东、广西等地政府也陆续注意到湾区带来的经济集聚发展效果,提出并制定了一些相关规划。例如,广东省政府2012年5月4日就出台了《广东省海洋经济地图》,提出广东沿海要依托大汕头湾区、大红海湾区、环大亚湾湾区、环珠江口湾区、大广海湾区、大海陵湾区以及雷州半岛即所谓的"六湾区一半岛"来

---

① 中国海湾志编纂委员会:《中国海湾志(第一分册)》,海洋出版社1991年版,第iii页。
② 吴家玮:《一飞冲天还是一败涂地——兼论"港深湾区"》,《香港中国评论》2001年7月。
③ 藤田昌久、保罗·克鲁格曼、安东尼·维纳布尔斯:《空间经济学》,染琦主译,中国人民大学出版社2013年版,第201页。

发展。①而早在2008年，国家发改委就发布了《广西北部湾经济发展规划》，开始关注北部湾湾区南宁、北海等城市的区域合作发展。

第二阶段，对湾区经济认识的提升阶段（2014年1月至2017年7月）。这一阶段，无论是理论界还是政府层面，都对湾区经济有了新的认识。除了区域经济外，人们开始从城市经济、产业经济、地理经济、流量经济、生态经济等方面进行系统研究，为湾区经济上升为国家战略打下了坚实基础。

如果我国市场经济的提出是改革开放的产物，湾区经济的正式提出则是与"一带一路"倡议密不可分的。2013年9月和10月，习近平主席分别在哈萨克斯坦和印尼的访问演讲中倡议建设"丝绸之路经济带"和"21世纪海上丝绸之路"，正式发出了新时代建设"一带一路"的总动员。作为经济特区和沿海城市的深圳立即响应，在寻求"一带一路"的功能定位中率先提出发展湾区经济。2014年1月，深圳市《政府工作报告》首次提出要发展湾区经济，指出："要紧紧抓住建设21世纪海上丝绸之路及世界经济重心东移等重大机遇，发挥经济繁荣、市场开放、创新活跃、改革领先的综合优势，加快构建开放型经济体系，拓展经济纵深，联手打造产业发达、功能强大、开放互动、区域协同的湾区经济，在更大范围、更高层次参与全球经济竞争合作，实现更高质量、更高能级的发展。"②深圳当时之所以提出湾区经济这个概念，主要是基于区域经济和深圳自身发展的需要。而下面"三问"则成为湾区经济浮出水面的助推器，一是习近平总书记发出"一带一路"倡议后，深圳在"一带一路"建设中应该如何定位？二是当时国家提出了"一带一路"、京津冀协同发展、长三角经济带三大区域协调重点发展战略，深圳在国家区域版图中将如何谋求自身发展地位？三是深圳当时提出了建设现代化国际化城市的目标，专家们在讨论时普遍以旧金山、东京、纽约等一流国际城市进行对比分析，深圳该如何追赶和超越？而这三大城市恰恰都位于湾区边上，处于湾区核心位置，具

---

① 钟晓文：《基于熵权TOPSIS模型的广东省海洋产业竞争力研究》，广东海洋大学，博士论文，2020年。
② 许勤：《2014年深圳市政府工作报告》，《深圳特区报》2014年2月7日。

有湾区城市群发展特点。有了上述基本共识,湾区经济的提出则显得更加顺理成章。2014年12月,深圳市委市政府出台重要文件《关于大力发展湾区经济建设21世纪海上丝绸之路桥头堡的若干意见》,提出了湾区经济和粤港澳大湾区这个概念,指出:"统筹陆海资源,扩大开放合作,强化创新驱动,提升核心功能,以高质量的湾区经济推动海上丝绸之路桥头堡建设,以多层次的区域合作筑牢海上丝绸之路发展基础。""积极推进粤港澳世界一流湾区建设,参与推进粤港澳大湾区的开放合作,促进湾区内交通全面对接和发展要素高效便捷流动,提升国际竞争合力,共同打造亚太地区最具活力的世界级城市群。"[①] 可见,深圳提出湾区经济,不是心血来潮、标新立异,而是对习近平总书记"一带一路"倡议的积极响应,是国家区域经济发展蓝图的地方性谋划,是习近平新时代中国特色社会主义思想的深圳实践。

自从2014年1月深圳市提出湾区经济以后,在习近平总书记亲自推动下,粤港澳大湾区多次在国家相关文件中被提及。一是2015年3月,经中国政府授权,国家发改委、外交部、商务部共同发布的《推动共建丝绸之路经济带和21世纪海上丝绸之路的愿景与行动》中指出,"充分发挥深圳前海、广州南沙、珠海横琴、福建平潭等开放合作区作用,打造粤港澳大湾区"[②]。二是2016年3月,国家"十三五"规划中再次提出要"支持港澳在泛珠三角区域合作中发挥重要作用,推动粤港澳大湾区和跨省区重大合作平台建设"[③]。2016年3月,国务院出台的《关于深化泛珠三角区域合作的指导意见》中也强调,要"携手港澳共同打造粤港澳大湾区,建设世界级城市群。构建以粤港澳大湾区为龙头,以珠江—西江经济带为腹地,带动中南、西南地区发展,辐射东南亚、南亚的重要经济

---

① 《关于大力发展湾区经济建设21世纪海上丝绸之路桥头堡的若干意见》,2014年12月25日,见 https://wenku.baidu.com/view/fcd6417d846a561252d380eb6294dd88d1d23dd7.html。

② 《推动共建丝绸之路经济带和21世纪海上丝绸之路的愿景与行动》,人民出版社2015年版,第18页。

③ 《中华人民共和国国民经济和社会发展第十三个五年规划纲要》,人民出版社2016年版,第133页。

支撑带"①。三是2017年3月,《政府工作报告》提出,要"推动内地与港澳深化合作,研究制定粤港澳大湾区城市群发展规划"②。

理论界对于湾区经济的研究也日趋活跃,渐成系统,分别从湾区经济的存在、湾区经济学科的独立性以及湾区经济的研究内容进行探究。一是论证了湾区经济的存在性和湾区经济的发展意义。许勤认为,湾区经济是当今世界经济版图最突出的亮点,随着全球化的不断推进,会形成以纽约、东京、旧金山为代表的世界级湾区经济集群。③陈俊达认为,作为我国改革开放前沿的广东,具备发展湾区经济基础,发展湾区经济势在必行。④鲁志国分析指出,湾区经济已经成为众多一流国际城市发展的共同趋势。⑤李睿认为,湾区经济已经成为全球经济发展的重要增长极。⑥二是部分专家系统分析了国外湾区发展的经验。他们对国外湾区经济如美国纽约、旧金山、英国伦敦和日本东京等湾区进行了较为系统全面的研究。鲁剡歌分析了东京湾区、旧金山湾区、纽约湾区的特征和成功启示。⑦刘艳霞通过分析国外湾区经济,认为创新是美国湾区成功的重要经验。⑧三是有部分专家开始分析中国湾区经济发展现状,对中国湾区经济发展提出了战略性对策。郭楚等认为深港条件互补,要加强合作打造湾区经济。申勇、马忠新对比分析了国外三大湾区与我国粤港澳大湾区、上海杭州湾区的发展差异,首次论证了湾区经济与沿海经济和城市群经济的区别,以及湾区经济作为一门独特学科的意义,提出了构建湾区引领的对外开放新格局的思路。

---

① 《关于深化泛珠三角区域合作的指导意见》,2016年3月15日,见 http://www.gov.cn/zhengce/content/2016-03/15/content_5053647.htm。
② 《2017年政府工作报告》,《人民日报》2017年3月17日。
③ 许勤:《加快发展湾区经济,服务"一带一路"战略》,《人民论坛》2015年第6期。
④ 陈俊达等:《大力发展广东湾区经济,全面建设黄金海岸带》,《中国商贸》2015年第9期。
⑤ 鲁志国等:《全球湾区经济比较与综合评价研究》,《科技进步与对策》2015年第11期。
⑥ 李睿:《国际著名"湾区"发展经验及启示》,《港口经济》2015年第9期。
⑦ 鲁剡歌:《湾区经济:揭示成熟都市形象的璀璨转型》,《上海城市管理》2014年第3期。
⑧ 刘艳霞:《国内外湾区经济发展研究与启示》,《城市观察》2014年第3期。

2017年3月，两会之后，理论界更是掀起了湾区经济研究热潮，研究文献急剧增加。谭刚、申勇在《深圳特区报（理论版）》发文，分析了湾区经济形成特点，认为湾区经济时代已经到来。① 陶一桃认为，湾区经济是从外向型经济向开放型经济转变的重要途径，是我国进一步开放的必然选择。② 邓志旺认为，粤港澳大湾区完全有理由被定位为世界级湾区，应该将港澳广深确定为湾区枢纽城市。③ 曾强建议在全球范围内将粤港澳大湾区建设成为世界创新中心。④ 同时，深圳市发展研究中心、深圳市委党校、香港相关研究机构以及深圳综合开发院纷纷召开高端座谈会，很多智库和专家通过多种方式发布自己的观点。这一阶段，专家们主要讨论了粤港澳大湾区的规划意义、国外借鉴、区域范围、发展路径和一些具体建议，但对有些核心问题意见仍旧不统一。例如，对于粤港澳大湾区的空间范围，专家们仁者见仁、智者见智、看法不一，有些从区域经济的圈层和流量理论出发，认为粤港澳大湾区可以划分为核心层、外围层和辐射层三个层次；有些从区域经济发展轴带理论出发，认为粤港澳大湾区可以分为东轴、中轴和西轴；有些从区域经济和开放经济出发，认为粤港澳大湾区将呈现从点轴发展到网格化发展态势。这些观点对于大湾区上升为国家战略非常有益。

第三阶段，湾区经济上升到国家重大战略高度阶段（2017年7月至今）。这一阶段，习近平总书记亲自谋划、亲自部署、亲自推动，将粤港澳大湾区战略上升为国家重大战略，对湾区经济的研究不再局限于区域经济方面，而是上升到包括经济、政治、文化、社会、生态等全方位的国家战略层面，粤港澳大湾区建设成为新时代推动形成全面开放新格局的新举措，成为推动"一国两制"事业发展的新实践。⑤

---

① 谭刚、申勇：《粤港澳大湾区：打造世界湾区经济新高地》，《深圳特区报》2017年3月14日。
② 陶一桃：《中国湾区将肩负以开放促改革的制度创新使命》，《深圳特区报》2017年4月28日。
③ 邓志旺：《粤港澳大湾区：最具增长潜力的世界级经济区域》，《深圳特区报》2017年4月11日。
④ 曾强：《粤港澳大湾区：建成世界创新中心》，《深圳特区报》2017年3月28日。
⑤ 《粤港澳大湾区发展规划纲要》，人民出版社2020年版，第58页。

2017年7月1日，习近平总书记出席庆祝香港回归20周年活动并发表重要讲话。他指出，中央政府将一如既往"支持香港发展经济、改善民生；支持香港在推进'一带一路'建设、粤港澳大湾区建设、人民币国际化等重大发展战略中发挥优势和作用"①。并亲自见证国家发改委与粤港澳三地共同签署《深化粤港澳合作推进大湾区建设框架协议》。这表明，中央政府十分重视香港在粤港澳大湾区战略中的地位和作用；粤港澳大湾区从此正式成为国家重大战略；粤港澳大湾区建设将与"一带一路"倡议、人民币国际化一起成为中国新时代改革开放和建设社会主义现代化强国的重要抓手，建设意义十分重大和深远。

2017年10月，中共中央第十九次全国代表大会召开，习近平总书记在大会报告中再次强调要发展粤港澳大湾区。他指出："要支持香港、澳门融入国家发展大局，以粤港澳大湾区建设、粤港澳合作、泛珠三角区域合作等为重点，全面推进内地同香港、澳门互利合作，制定完善便利香港、澳门居民在内地发展的政策措施。"② 这是中共中央最高级别会议报告中首次提到粤港澳大湾区。

2018年全国两会期间，习近平总书记来到广东省代表团，对广东发展粤港澳大湾区提出了新的要求："要抓住建设粤港澳大湾区重大机遇，携手港澳加快推进相关工作，打造国际一流湾区和世界级城市群。"③ 首次提出了粤港澳大湾区的建设目标。

2018年5月10日和5月31日，习近平总书记先后主持召开中央政治局常委会会议和中央政治局会议，对《粤港澳大湾区发展规划纲要》进行审议。④

---

① 习近平：《在庆祝香港回归祖国二十周年大会暨香港特别行政区第五届政府就职典礼上的讲话》，人民出版社2017年版，第10页。
② 《决胜全面建成小康社会 夺取新时代中国特色社会主义伟大胜利——在中国共产党第十九次全国代表大会上的报告》，人民出版社2017年版，第55—56页。
③ 张晓明：《粤港澳大湾区定位国际一流湾区和世界级城市群》，《人民日报》2018年3月9日。
④ 《着眼发展大局 共享时代荣光——以习近平同志为核心的党中央关心粤港澳大湾区建设纪实》，《人民日报》2019年2月22日。

2018年10月，习近平总书记又一次来到广东。他强调，要把粤港澳大湾区建设作为广东改革开放的大机遇、大文章，抓紧抓实办好。①

2018年11月5日，在首届中国国际进口博览会开幕式上的主旨演讲中，习近平总书记再次提到粤港澳大湾区。他指出："将支持长江三角洲区域一体化发展并上升为国家战略，……，同'一带一路'建设、京津冀协同发展、长江经济带发展、粤港澳大湾区建设相互配合，完善中国改革开放空间布局。"② 这是我国领导人首次将粤港澳大湾区与国家改革开放联系在一起，并首次提出由"一带一路"、长江经济带以及粤港澳大湾区、长江三角洲一体化、京津冀协同发展共同形成我国新时代改革开放的新引领，实际上宣告了我国将在推进"一带一路"的同时，构筑粤港澳大湾区、长江三角洲一体化、京津冀协同发展三大湾区引领的改革开放空间布局，从而推动形成"陆海内外联动，东西双向互济"的全面开放格局。

2018年12月26日，习近平总书记对深圳工作作出重要批示："抓住粤港澳大湾区建设重大机遇，增强核心引擎功能，朝着建设中国特色社会主义先行示范区的方向前行，努力创建社会主义现代化强国的城市范例。"③ 首次对深圳发展作出了新的战略定位。

2019年2月和8月，中共中央、国务院发布《粤港澳大湾区发展规划纲要》和《关于支持深圳建设中国特色社会主义先行示范区的意见》。对于一个地方的战略规划，由中共中央和国务院发布，这也是开了一个先例。

2021年3月，《中华人民共和国国民经济和社会发展第十四个五年规划和2035年远景目标纲要》正式发布，其中多次提到粤港澳大湾区建设，如"支持北京、上海、粤港澳大湾区形成国际科技创新中心"④。并在第

---

① 《着眼发展大局 共享时代荣光——以习近平同志为核心的党中央关心粤港澳大湾区建设纪实》，《人民日报》2019年2月22日。

② 习近平：《共建创新包容的开放型世界经济——在首届中国国际进口博览会开幕式上的主旨演讲》，人民出版社2018年版，第11页。

③ 《习近平总书记对深圳工作作出重要批示》，《深圳特区报》2019年1月6日。

④ 《中华人民共和国国民经济和社会发展第十四个五年规划和2035年远景目标纲要》，人民出版社2012年版，第16页。

十三章"深入实施区域重大战略"中,用整个第三节阐明积极推进粤港澳大湾区建设的具体路径。

这一阶段的一个突出特点是,习近平总书记亲自谋划、亲自部署、亲自推动粤港澳大湾区上升为国家战略。粤港澳大湾区作为时代的产物,充分体现了我国新时代改革开放再出发的急迫性,充分反映了建设社会主义现代化强国和中华民族伟大复兴的伟大时代使命,充分印证了中国特色社会主义制度的强大生命力。正如中共中央政治局常委、全国政协主席汪洋所指出的:"推进粤港澳大湾区建设,是以习近平同志为核心的党中央作出的重大决策,是新时代推动'一国两制'事业发展的新实践。要从中华民族伟大复兴的大视角认识大湾区建设,用改革开放的新举措成就大湾区建设,以稳中求进的总基调推进大湾区建设,坚守'一国'之本,善用'两制'之利,整合优化三地优势,建设富有活力和国际竞争力的一流湾区和世界级城市群。"① 国务院副总理、国家粤港澳大湾区建设领导小组组长韩正也指出,要"从实现中华民族伟大复兴的战略高度深刻认识大湾区建设的重大意义"②。

纵观湾区经济的提出和形成过程,湾区经济和粤港澳大湾区战略能够上升到如此战略高度,成为各界高度关注的重要话题,主要得益于三个方面:一是习近平总书记高瞻远瞩、慧眼识珠,面对错综复杂的国际形势,及时将粤港澳大湾区战略上升为国家重大战略,促使湾区经济从理论研究上升为国家战略实践,上升为建设社会主义现代化强国和实现中华民族伟大复兴的重大战略路径。二是理论研究的持之以恒、驰而不息。这期间,理论界和各类智库承担了中央和地方各级政府的横向和纵向课题,撰写了一批高质量的学术论文和课题研究报告,对于认识湾区经济,推动湾区经济学科建设发挥了积极作用。三是湾区经济本身所具有的客观规律和超常

---

① 《全国政协召开双周协商座谈会 围绕粤港澳大湾区建设建言资政 汪洋主持》,《人民日报》2018年7月28日。
② 《韩正在粤港澳大湾区建设领导小组全体会议上强调充分发挥粤港澳综合优势深化内地与香港澳门合作建设富有活力和国际竞争力的一流湾区和世界级城市群》,《人民日报》2018年8月16日。

价值。当湾区经济刚被提出来时，有些人有疑虑，觉得我们国家早就提出了经济特区引领的沿海、沿边和内陆开放战略，湾区经济应该就是沿海经济的一部分，还有独立存在的必要吗？也有人认为，湾区经济是城市群经济的重要内容，不是独立的城市经济形态，既然已经有珠三角城市群，为什么还要提粤港澳大湾区城市群？经过这一阶段的研究，大家终于逐步形成了一些共识。一方面，世界经济发展已经到了一个新的阶段，各国之间的竞争量级正在发生改变和提升，科技竞争将成为国家竞争的主流，城市之间的竞争已经从单个城市上升到城市群之间的竞争，而城市群之间的竞争又主要向沿海集中，形成以湾区城市群为重点的竞争。另一方面，湾区经济生于沿海但由于凹入内陆而区别于普通的沿海经济，傍依城市群但由于共享水曲而不同于普通城市群。正是这种天然存在的特征以及我们还未认识到的其他规律决定了湾区经济的存在性和影响力，使得湾区经济从提出伊始就成为有识之士致力研究的重要课题。

第二节　全球三大一流湾区的特征与共性

纵观全球湾区经济发展情况，我们可以将其分成以下三类：第一类是世界上普遍公认的全球一流湾区，主要有美国的旧金山湾区、纽约湾区、日本的东京湾区。这三大湾区无论从湾区本身的发展水平还是对世界经济的影响程度，都是其他湾区难以比拟的。第二类是相对发展比较好的一些湾区，其湾区形态比较成熟，但与上述三大湾区还有较大差距，如伦敦湾区、悉尼湾区、粤港澳大湾区、沪杭甬大湾区等。第三类则是目前正在起步的一些湾区，虽然他们有港口、产业和城市，具有湾区经济的某些特点，但并没有形成所预期的湾区经济，至少到目前为止还没有产生"港口群+产业群+城市群+创新群"的叠加效应。本节主要分析大家公认的国际三大一流湾区的成功因素，以便探寻湾区经济的内在规律，认知湾区经济的基本概念和内涵。

一、纽约湾区

纽约湾区主要由纽约州、康涅狄格州和新泽西州三个州围绕湾区相邻的 31 个县共同组成,[①] 以金融湾区而著称,是最具全球影响力的国际金融中心。纽约的核心区曼哈顿由东河、哈德逊河、哈莱姆河包围而成,所以部分当地人都把纽约称为河口地区,他们把哈德逊河当作纽约的母亲河。然而,曼哈顿河口连接上纽约湾和下纽约湾,直通纽约海湾,海路开阔,如果严格地从地理位置考察,应该是河口型湾区。[②] 纽约湾区之所以能够成为国际一流湾区,一是得益于拓展腹地、海陆联动。纽约湾区位于美国东北海岸沿线各大中城市的中间位置,是连接欧洲地区的重要枢纽,纽约湾区通过港口和内河航运加强与欧洲的联系,特别是哈德逊河与五大湖地区的成功连通,形成了海陆联动并直面大西洋的对外开放模式。由于阿巴拉契亚山脉的阻隔,美国东部沿海与内陆之间缺乏可靠的交通运输方式,美国政府花了 8 年时间于 1825 年顺利开通伊利运河,使五大湖地区所产的棉花、面粉等大量农产品和其他商品通过纽约源源不断地运往发达的欧洲地区和世界其他地方,纽约因此而拥有大片经济腹地并快速成为世界贸易中心和国际航运中心。尽管目前的伊利运河的功能发生了重大改变,从运输主动脉变成了观光景观河,但其对于纽约湾区的形成和发展功不可没。二是得益于产业高端、要素集聚。主要体现在金融业的大发展以及引领高端生产性服务业和实体经济的发展。随着贸易的扩大和发展,纽约高端服务业发展迅速,逐步成为全球有影响力的国际金融中心。金融业成为纽约湾区产业的尖端,创造了最大的附加值,对全球经济和美国经济产生了巨大的影响。目前纽约湾区的金融业、奢侈品业和都市文化都具有世界性的影响力,华尔街是世界金融的心脏,集聚了美国 7 大银行的 6 家和 2900 多家世界证券、期货及保险等金融和外贸机构,金融保险产业

[①] 杨爱平、林振群:《世界三大湾区建设"湾区智库"的经验及启示》,《特区实践与理论》2020 年第 4 期。

[②] 笔者为此于 2018 年 7 月专门考察纽约湾区,经过对当地民众访谈和实地考察,认定纽约是河口也是湾区,属于河口型湾区。

占 GDP 的比重达 16%，云集了世界 500 强的大部分总部，拥有纽交所和纳斯达克交易所。① 在纽约湾区，制造业也十分发达，湾区东北的康涅狄格州地区就集聚了大量的传统制造业，湾区西北的新泽西州也集聚了一大批制药企业，包括辉瑞制药有限公司在内的世界上最大的 21 家制药和医疗技术公司的工厂都在这里。据初步统计，纽约湾区作为全球第一经济中心，2018 年纽约湾区的地区生产总值约为 1.77 万亿美元。三是得益于分工协作、城市群集。纽约不仅拥有世界上最发达的港口，相对发达的城市基础设施，最多的摩天大楼，城市之都时代广场，而且教育发达，城市文明程度高。随着城市化的进程，围绕纽约湾区，形成了"纽士华"大都市圈集群，包括纽约、波士顿、费城、巴尔的摩、华盛顿五座大都会区。目前该区域人口超过 7000 万人，占美国总人口的 20%，城市化率达到 90% 以上，制造业产值占到美国的 30% 以上。② 各城市之间形成了相应的产业链分工，纽约发展成为全球金融中心，成为都市圈的核心引擎；波士顿环境优美，区位优势明显，成为大学、生物和微电子工业发展基地；费城积极转型，成为重化工业生产重地；巴尔的摩资源丰富，冶炼工业比较发达；华盛顿则是首都功能全球领先。他们形成了分工协作、合作大于竞争的都市圈集群，促进了城市群发展以及大都市圈集群的城市功能叠加。四是得益于创新驱动、不断转型。2008 年金融危机以后，纽约已经认识到急需弥补自己的创新短板，提出了打造"全球科技创新领袖"的新战略，利用纽约的金融中心、文化产业集聚地和移民文化等特点，发挥哥伦比亚大学、康奈尔大学、纽约大学等大学优势，依托互联网和信息技术产业发展，在第五大道、百老汇等地集聚了大量新媒体、网络科技、信息技术等高科技产业，产生了"硅巷"、罗斯福岛等世界科技创新基地，不仅实现了创新与产业的有机结合，而且还成功地将金融与科技有机地融合起来。

---

① 王珺、袁俊主编：《粤港澳大湾区建设报告（2018）》，社会科学文献出版社 2018 年版，第 303 页。
② 林贡钦：《著名湾区发展比较及对我国的启示》，《深圳大学学报（人文社会科学版）》2017 年第 5 期。

二、东京湾区

东京湾区位于环太平洋区域，经浦贺海峡南出太平洋，属于内凹型湾区，南北长约 50 千米，东西宽约 30 千米，大小适中，视野开阔，是天然的优质湾区形态。港口群、产业群和城市群相依相生的特征非常明显，以产业湾区著称，是最具全球影响力的国际产业聚集中心。在凹入内陆逾 80 千米的半封闭海域里，分布着东京港、横滨港、川崎港、千叶港、木更津港和横须贺港等六大港口并形成分工协作、共享湾区的港口群，分别对应着湾区内东京、横滨、川崎、千叶、木更津、横须贺等六大城市并形成以东京为核心引擎的城市群。2018 年东京湾区地区生产总值约为 1.8 万亿美元。东京湾区之所以能够称之为国际一流湾区，一是拥有一流的港口运输能力。东京湾区港口条件十分优越，六大港口分布其中，日本于 1959 年 5 月 31 日颁布《港湾法》，明确规定由政府统一规划部署国家的港口发展数量、规模和政策，为了加强港口协调，成立了运输省，统一协调各港口的定价，推动港口内部协调合作并转向对外竞争，东京港、横滨港和千叶港由于分工不同而承担了不同的运输功能，成为世界湾区港口分工协作最为明确合理的区域。二是拥有名副其实的"世界工厂"地位。由于上述港口的带动，东京湾区产业集聚度非常高，以集群发展的方式不断延伸。早在江户时代，东京就沿横滨、京叶两条产业带集聚了包括钢铁、有色冶金、炼油、石化、机械、电子、汽车、造船等工业产业。从 20 世纪 60 年代开始，他们就采取"工业分散"战略，在保留高端制造和精密制造的情况下，将制造业、石油、化工、钢铁等产业逐步外迁，逐步形成对外贸易、金融服务、精密机械、高新技术等高端产业为主的新格局，构筑了京滨、京叶两大具有全球影响力的产业聚集带，成为全球著名的"世界工厂"。相对于其他湾区，东京湾区的最大特点是产业转型的可持续性，不管企业如何外迁，他们总是能够保留自己的高端产业，而且对世界产业发展产生重要影响力和控制力。例如，在传统产业受到冲击的时候，他们主动退出传统家电和石化产业市场，积极依托创新链布局医疗、能源、机器人等新兴产业和产业链，成功地进入全球能源和智能产业链高端。三是拥有服务实业的一流金融中心。仅银座所在地的中央区就集聚了以三菱日联银行、三井住友银行和瑞穗银行三大金融集团为代表的日本金融业,并集聚了世界500强和本地龙头制造业公司总部。在东京,金融中心的建设突出地体现了为产业服务的特点,正是这种金融与产业的有机结合,推动了东京湾区在产业转型的同时,仍然保留着大量优质的工业基础,港口、产业、城市的叠加优势相当明显。四是拥有世界一流的城市交通系统和都市圈融合发展体系。东京城市规划经过多次修订,功能十分发达,布局相当合理。东京都市圈的地铁、轻轨和公交线路密密麻麻,形成了市内主要以地铁为主,城市之间主要以快速轻轨为主的快速交通网络,交通十分方便,这为东京城市群的不断扩大和人口的不断集聚提供了可行性。东京作为湾区的核心引擎,从20世纪50年代起就开始以伦敦都市圈规划为借鉴,制定长远的都市圈层结构和发展构想,引导都市圈逐步外延到50千米范围并形成新的湾区都市圈集群结构。① 五是拥有基础研究与产业结合的创新体系。1995年11月,日本国会通过了《科学技术基本法》,明确提出"科学技术创造立国"战略,开始从重技术转向科学和技术并重,从技术模仿转向强化自主基础性研究,促使半导体等领域走在世界前列。② 东京湾区利用首都特点,充分发挥大学和产业优势,围绕生命科学、信息科学、环境科学、纳米与材料科技、绿色创新、人工智能等领域部署科技基础研究,布局产业结构,很多企业直接参与科学基础研究,形成基础研究与技术结合的发展新模式。③

三、旧金山湾区

旧金山湾区是依托旧金山湾形成的典型的湾区经济形态,美国人眼中

---

① 谭刚、申勇等主编:《粤港澳大湾区核心引擎的深圳探索》,中国社会科学出版社2020年版,第21页。
② 沈燕:《日本科技人才管理与开发的经验与启示》,《科技管理研究》2012年第21期。
③ 胡智慧、王溯:《"科技立国战略"与"诺贝尔奖计划"》,《中国科学院院刊》2018年第33卷第5期。

的湾区通常就是指旧金山湾区，它是美国的科技和区域金融中心，特别是以科技发达而著称，是最具影响力的国际科技中心，2018年旧金山湾区地区生产总值为0.76万亿美元，人均GDP达到9.9万美元，列全球湾区最高。旧金山湾区分为北湾、南湾和东湾，湾区最早起源于湾头，以淘金热为契机，带动航运和制造业发展，推动了湾区与世界之间的贸易，其中旧金山市是最早发展的城市和最核心的城市。随着后淘金时代的到来以及集装箱的发明，东岸的奥克兰的集装箱生产和运输得到了快速发展，带动了制造业的转移，旧金山市的金融业得到迅速发展。再后来依托斯坦福大学形成了高科技研究和产业中心，在南湾区域建成了世界著名的硅谷。在硅谷的带动下，区域内集聚了像惠普、英特尔、苹果、思科等近30个世界闻名的科技公司。随着信息技术和生物技术的发展，硅谷地区已经成为计算机和电子产品、通信、多媒体、生物科技、环境技术，以及银行金融和服务业的集聚区，成为名副其实的高科技大都会区，硅谷成为科技创新的"代名词"，旧金山湾区也逐步成为"科技湾区"。旧金山湾区发展有以下一些特点：一是十分重视湾区内部的区域合作。与一般湾区不同的是，旧金山湾区专门设立了协调湾区事务的民间机构，不仅通过规划协调都市圈经济发展，还成立了非政府组织湾区委员会，负责投资咨询与湾区内城市服务工作；同时，为了促进东、北两岸的联系，修建了旧金山—奥克兰的海湾大桥、金门大桥、里士满—圣拉斐尔大桥等桥梁，形成了湾区经济发展的闭环都市区，使各中心城市之间的交通联系更加紧密；旧金山湾区的核心城市的产业分工也比较合理，湾区形成了旧金山市、半岛、南湾、东湾、北湾五大区域格局，以及旧金山、奥克兰和圣何赛三大城市核心引擎，形成了各具特色、优势互补的金融中心、制造和航运中心、科技中心的都市圈层分工体系。二是十分重视科技创新体系构建。湾区拥有完整的科技创新链，基础研究雄厚，创新企业集聚，科技金融发达，高科技产品层出不穷。拥有斯坦福大学、加州大学伯克利分校和加州大学旧金山分校等世界一流名校和实验室，拥有众多世界顶尖的科学研究大师，像斯坦福大学这样的研究型大学采取了与传统大学不同的办学路径，实行了大学发展与地方工业发展相随相生，产学研无缝对接带动了计算机、通信、互网、新能源等地方新兴产业发展。三是十分重视多元化投资机制建设。不仅依托旧金山金融中心在国家层面形成对科技投资的公共资助，而且以风险投资、私人基金会等新的投资方式推动投资项目，形成独特的科技金融支撑体系，推动科技经济的不断进步。

表1-1 截至2018年底三大一流湾区发展情况对比表

名称	纽约湾区	旧金山湾区	东京湾区
GDP（万亿美元）	1.77	0.76	1.8
人均GDP（万美元/人）	8.8	9.9	4.1
地均GDP（亿美元/平方千米）	0.48	0.42	0.7
核心城市	纽约市	旧金山市	东京市
代表产业	金融、航运、计算机	电子、互联网、生物	装备制造、化工、钢铁、金融、物流
世界影响	金融湾区	科技湾区	产业湾区

数据来源：《数说世界四大湾区》，《中国国家地理》2020年第11期。

通过对以上三大一流湾区的分析，我们发现，全球一流湾区不仅经济实力明显超强，城市功能全球领先，高端人才高度集聚，生态环境十分优美，更重要的是他们都有一项具有全球影响力的独门利器，至少能够在某个方面引领和带动世界经济发展。例如，纽约的金融能够影响世界并控制全球经济，东京的产业和科技对世界的发展极具影响力，而旧金山的科技创新则是全球独一无二的，引领世界科技进步的潮流。这是衡量世界一流湾区的一个重要条件。

四、三大一流湾区的共性

从这三大一流湾区的演变过程，可以发现以下基于湾区一般的共同点。

第一，都有一个"共享"湾区。三大湾区的地理特点十分鲜明，他们拥有一个共同湾区而且在较小的区域内占据较长的海岸线。由于湾区是"共享"的，谁也不可能独占，使周边的城市或者更远的城市都会享有同一个出海口、共同的航道、公共的生态环境，甚至形成相同的生活习惯和城市文明。湾区的"共享"性，大大降低了各种各样的交易成本，减少了城市发展的外部性，增加了人们的共同预期和价值理念，湾区成为周边城市的共享家园，也是他们创造财富的核心资源。依托共享湾区，他们建设不同类型的港口并形成分工严密细致的交通枢纽，使湾区成为国内国际两大经济循环的重要节点；依托共享湾区，他们在布局产业链和城市群的同时加强生态环境保护，使湾区成为世界羡慕的优质生活和工作区域；依托共享湾区，他们加大区域内的基础设施建设，加强区域间城市的快速连接，推动区域经济一体化发展，使湾区成为区域经济的最高级形态。

第二，都是在全球范围内配置资源。三大湾区都处于国家的边缘，位于沿海地带，是国家最开放的区域。通过湾区内的港口，产品可以畅销到世界各地，世界各地的物资也可以通过海路运到湾区，推动对外贸易不断向世界各地扩展。正是湾区城市的这个独特特点，推动城市成为某个国家最开放的地区，其资源配置不再局限于城市内部或者湾区内部，而是面向全球配置资源，从而成为全球资源配置的集散地。随着区域内人、财、物的交换实现了全球配置，带动区域内的制度设计、市场规则、法律条例等全方位地与国外不同的国家对接，使湾区不仅成为全球资源配置的重要节点，甚至有可能掌控金融、科技等高端资源，成为湾区最有影响力和控制力的金融、数据和科技中心，最终成为全球要素聚集以及制度创新的制高点。[①]

第三，都形成了极点带动、都市圈集群空间格局。三大一流湾区都有核心引擎城市带动发展，例如，纽约湾区主要依靠纽约市为龙头，纽约、新泽西、纽瓦克为核心引擎带动整个区域发展，而且形成纽约都市圈、新泽西都市圈等大中小城市搭配的都市圈集群；东京湾区则是以东京市为龙

---

① 谭刚、申勇等主编：《粤港澳大湾区核心引擎的深圳探索》，中国社会科学出版社2020年版，第15页。

头城市，东京、横滨、千叶为核心引擎形成产业带，而且形成相应的都市圈集群；旧金山湾区从旧金山开始发展，以旧金山为龙头，旧金山、奥克兰、圣何赛为核心引擎带动发展，分别形成旧金山大都市、圣何赛大都市等都市圈集群。三大湾区核心引擎城市的分布也比较有规律，要么位于湾头位置，要么位于湾顶位置，通过桥梁、高速公路和城际铁路连接形成网络化空间格局。

第四，都采取了合理的规划手段。三大一流湾区都十分重视规划，纽约湾区作为最发达的都市圈，早在1929年就制定了世界上第一个关于大都市区的全面规划——《纽约及其周边地区的区域规划》，1968年完成了大纽约地区第二次区域规划，1993年又发布了第三次区域规划——《危机挑战区域发展》，2014年对纽约大都市地区进行了第四次规划编制，提出了"经济、包容性和宜居性"的目标。① 日本东京湾区充分发挥了规划的牵引作用，推动湾区港口精细分工、产业合作，早在1960年，日本就推出《东京规划1960——东京结构改革的方案》，2006年、2011年、2014年，日本相继推出《10年后的东京——东京将改变》《2020年的东京——跨越大震灾，日本的再生》《创造未来——东京都长期愿景》等专项湾区规划。不仅如此，千叶县也推出了"三角"新产业城市建设计划，推动成田机场、木更津等地建立新产业城市带。②

第五，都有相似的成长经历。从三大湾区的成长过程可以看出，都经历了港口经济、工业经济、服务经济和创新经济等四个发展阶段。③ 从港口经济阶段到创新经济阶段不是简单的相互替代关系，而是逐步积淀形成叠加关系。而每个阶段都是以"群"的形态出现，港口经济阶段是"港口群"形态，工业经济是以"产业群"为基础，服务经济发展则是以"城市群"为载体，创新经济则是通过"创新群"方式推进。通过四个阶段的演进，

---

① 王珺、袁俊主编：《粤港澳大湾区建设报告（2018年）》，社会科学文献出版社2018年版，第324页。

② 王珺、袁俊主编：《粤港澳大湾区建设报告（2018年）》，社会科学文献出版社2018年版，第324—331页。

③ 吴思康：《发展湾区经济服务国家战略》，《经济特区报》2014年4月23日。

湾区将会形成"港口群+产业群+城市群+创新群"的叠加效应，从港口经济到创新经济，不断带动湾区从低级向高级阶段过渡，形成金融服务支撑、科技创新引领、都市圈带动的"三驾马车"高级形态，成为全球最具竞争力、影响力和控制力的经济体，拥有战略引擎能力的世界级中心城市群和都市圈。[①]

第六，都形成了自己独特的移民文化。由于湾区位于沿海地带，最早要么是小渔村，要么就是农村小镇，随着湾区经济发展，大量需要劳动人口，全国乃至全球的劳动力和各种人才从五湖四海汇聚到湾区。正是这种不同人群的融合，才产生了不同于一般的移民文化，首先由于来自不同地区，必须相互理解、相互融合，在文化上表现为极强包容性，敢于开放、敢于试错的创新性；其次，来到一个新的地方，他们面对新的陌生环境，必须要生存下去，形成了不同于大陆固有文化的冒险精神，敢闯敢干是他们的重要特点，这种在流动中聚合的移民文化对于湾区的成长发挥了极其重要的影响。

第七，都成为世界经济的中心和引擎。三大湾区都发展成为世界一流湾区，不仅经济总量位于世界前列，而且打造了金融、科技、都市圈同步发力的"三驾马车"，从不同方面影响和引领世界经济发展。随着一流湾区的形成与发展，每个湾区都产生了世界级标杆城市，如纽约、东京、旧金山，这些城市不仅是区域的核心引擎，而且都发展成为全球城市标杆。

第八，都把科技创新作为未来湾区发展核心引擎。虽然三大湾区有着不同的侧重点，纽约湾区以"金融湾区"著称，东京湾区以"产业湾区"著称，旧金山湾区以"科技湾区"著称，但湾区发展始终离不开工业化城市化这条主线，第一次工业革命出现在英国，传导到美国和其他地方，在伦敦、波士顿、纽约等地方形成了湾区经济雏形，第二、三次工业革命带来了电气化和互联网革命，使城市更加便利的电梯、汽车、火车、地铁、手机、互联网等科技产品相继问世，推动美国、日本等国的工业化城市化

---

① 谭刚、申勇等主编：《粤港澳大湾区核心引擎的深圳探索》，中国社会科学出版社2020年版，第18页。

加速并向沿海地带发展，使纽约、东京、旧金山等湾区迅速发展成为世界一流湾区。随着工业化城市化不断深入和第四次工业革命的到来，数字化、智能化、新能源、新材料和新技术不断涌现，科技创新越来越成为全球竞争的焦点，创新将越来越成为湾区发展的重点。纽约湾区不仅是科技信息汇聚和交易中心，而且拥有国际金融中心地位，自然利用其金融中心的优势推动金融与科技结合，形成科技创新新优势；东京湾区利用其产业优势，将科学研究注入企业中，形成产业与科技结合的新优势；旧金山湾区则充分发挥硅谷的科技优势和品牌，利用现有创新链和产业链完善的特点，继续占据科技创新的制高点。因此，工业革命时期，产业链是推动区域合作的重要因素，是湾区经济发展的重要动因，随着第四次工业革命和智能时代的到来，创新链有可能成为区域合作的主因，科技创新将成为世界湾区未来方向和主战场。

第三节　湾区和湾区经济的基本概念

对于湾区经济的内涵，目前学术界还没有完全形成共识，人们对于湾区经济的内在规律尚待进一步认知。本节将在分析世界三大一流湾区的基础上，进一步阐述湾区经济形成条件和基本概念。

一、湾区的认知

湾区是由于海洋（或湖泊）移动而形成的凹入内陆的海洋入口处，一般有一块"U"形水曲。据《中国海湾志》记载，我国目前 10 平方千米以上的湾区大约有 150 个，5 平方千米以上的湾区大约有 200 个。① 国际上对海湾的认定有严格的限制，1982 年 12 月 10 日，第三次联合国海洋

---

① 中国海湾志编纂委员会：《中国湾区志(第一分册)》，海洋出版社 1991 年版，第 V 页。

法会议在牙买加的蒙特哥湾召开，会议最后通过的《联合国海洋法公约》第10条第2款规定："海湾是明显的水曲，其凹入程度和曲口宽度的比例，使其有被陆地环抱的水域，而不仅为海岸的弯曲，但水曲除其面积等于或大于横越的曲口所划的直线作为直径的半圆形面积外，不应视为海湾。"①为研究起见，本书所包括的湾区一般是指更加广义的湾区。从湾区本身来看，除上述说的水曲部分外，还应该包括陆域部分，包括海水、水盆、周围和空域共同组成的综合自然体。②如果从更广泛的范围来看，也可以包括河口。由于在经济建设方面，河口因开放度低于湾区且确实具有与湾区不一样的特性，所以本书暂时没有将独立的河口纳入研究范畴。

湾区通常具有以下特征。

第一，湾区具有独立于沿海的地理特质，是海洋凹入内陆并与之交叉的边缘地带。根据上述对于湾区的规定，湾区的母体是海洋，生于沿海但融入陆地并伸入内陆被陆地环抱。从区域位置来看，湾区是国家的领土但又是一个国家直接面向海域的边缘，是通过沿海连接世界的最重要的出海通道。因此湾区具有海洋的地理区位优势，并兼具陆地的资源优势。从地理构造来看，湾区可分为原生湾和次生湾，原生湾又由构造湾、基岩侵蚀湾、河口湾和火山口湾，次生湾又包括潟湖湾、连岛坝湾、三角洲湾和环礁湾等。③湾区形成了独特的海湾型地理结构，其水动力、海水进出、岩石形成、平原构造等因素对于湾区的地理形态发挥着明显的作用，一般海水和淡水合力冲击会形成土地肥沃的海积平原，有些还会形成河流段、河海过渡段、湾口段等地理结构。这种地理结构又使得湾区在形成过程中不完全等同于沿海，其躲避台风能力远远强于平直沿海。以粤港澳大湾区为例，湾区南面面向海洋，直接连通南海，并通过伶仃洋连接珠江口、西江、北江和东江连接广西、云南、贵州、海南、湖南、江西、福建等区域，海河及其支流冲击托顶形成珠江三角洲平原，构成一个岩石分布的珠

---

① 《联合国海洋法公约》，2012年12月15日，见 http://ocean.china.com.cn/2012-12/15/content_27423552.htm。
② 中国海湾志编纂委员会：《中国湾区志(第一分册)》，海洋出版社1991年版，第V页。
③ 中国海湾志编纂委员会：《中国湾区志(第一分册)》，海洋出版社1991年版，第V页。

江三角洲浅海河口湾，海岸线长约370千米，形成独特的地理基础。正是这些特质，湾区具有成为国家对外开放重要枢纽的自然地理条件。

第二，湾区兼具海陆空综合资源禀赋，是发展经济的最好场所。由于海湾处于海洋的入口处，同时又兼具海洋与大陆自然环境特点，陆地资源和海洋资源都十分丰富。一是具有十分丰富的水产资源。主要包括海洋生物和植物资源等，有些湾区的鱼类资源十分丰富，如广东沿海的红海湾，海湾的水产品十分丰富优质，有带鱼、鲍鱼、石斑、龙虾、海参、海胆、马鲛等海产品，这些优质的海产品在东南亚地区都属于免检产品。有些湾区还有非常丰富的红树林等植被资源。① 二是具有独特的港口和工业资源。一般来说，由于湾区是由海水倒灌而成，深水区域比较多而且适宜建设港口，所以湾区都具有十分重要的港口资源。湾区海岸是海陆两个基本地理单元的结合处，往往可作为钢铁、电力等运量大、耗水多的工业产业的首选场所。以日本东京湾区为例，目前湾区内已经修建的大型港口就有六个，还有一些散货港口，港口的发展带动部分重化工业如钢铁、化工、电力、机械等产业落户聚集此地，海岸线的作用发挥到了极点，成为不可或缺的重要资源。三是具有丰富的陆地资源。湾区周边陆地不仅盛产水稻、水果、蔬菜以及丰富的大陆型食物，而且有丰富的矿产资源。有些河口型湾区还有一条甚至多条河流连接内陆，形成四通八达的水路和陆路交通，使湾区能够汇聚各种大陆资源。四是具有丰富的能源。除比较适合建设核电站以外，有些湾区还具有丰富的水能、风能和潮汐能源。不仅如此，湾区还有较好的空中资源。可以建设桥梁助力湾区融合，建设各类机场连通全世界。

第三，湾区具有优良的生态和人文资源，为人类提供了优良的生活条件。由于湾区处于海洋和陆地的交叉口，一般来说生态环境大都非常优良。一是山海资源丰富。沿海湾区一般都有海拔达四五百米以上的山体、大大小小的海岛以及各种优质沙滩和红树林，与大海一起叠成十分优美的

---

① 红树林特别适合生长于陆地与海洋交界的滩涂浅滩，生长介于海水与淡水之间的水泽中，是陆地向海洋过渡的特殊生态系统，是一种天然的水资源保护植物和候鸟栖息地。

生态海景。例如，香港的维多利亚港湾自然生态环境就十分优美，周边有太平山和各种山海景观，青山环抱，山海相连，还是世界三大夜景之一，有"东方之珠"之美称。二是气候比较宜人。由于湾区靠近海洋，具有海陆两地气候，相对湿度变化不大，比较适宜人类居住。例如，旧金山湾区气候就十分宜人，四季如春，全年平均气温为9℃—18℃，白天平均温度为18℃，冬天比较温暖，阳光充足，非常宜居。三是相对陆地来说，海洋季风的影响较大，有利于吹散形成的雾霾，空气一般比较干净，还具有躲避台风、军事防卫等优点。正是这些优良的生态环境，吸引了全球各地的人们到海湾居住。据统计，大多数湾区地带的人群都是移民人群。如悉尼等湾区的移民人群高达90%，位于粤港澳大湾区的深圳也是一个移民城市，除当地最初拥有的3万人以外，其余都是从全国各地移民而来。由于主要是移民人口，形成了湾区内自己独特的政治、经济、社会和文化特色，其政治地缘性更加强烈，经济结构更加多元，社会层次更加多样化，从而更容易形成多层次和谐共处的社会架构。不同地区移民的汇聚导致了文化的碰撞，产生了文化的多样性，包括海洋文化、广府文化、客家文化、潮汕文化等各种文化在湾区区域交融，形成有利于创新、开放、包容的独特湾区文化特质。美国旧金山湾区委员会经济研究所总裁肖恩·伦道夫认为，旧金山湾区之所以发展成为世界级湾区的一个重要原因在于它足够开放、足够包容，全世界各地的文化都可以在这里共生。①

二、湾区经济的概念与特征

对于湾区经济的概念，目前并没有一致的说法，学术界主要存在以下几种观点：吴思康认为，湾区经济是依托世界级港口（群），发挥地理和生态环境优势，背靠湾区广阔腹地，开放创新、集聚发展、产业发达、功能强大、区域协同，具有世界影响的区域经济。②张日新、谷卓桐等认为，

---

① 谭刚、申勇等主编：《粤港澳大湾区核心引擎的深圳探索》，中国社会科学出版社2020年版，第192页。

② 吴思康：《发展湾区经济服务国家战略》，《深圳特区报》2014年4月23日。

湾区经济是以海港为依托，以湾区自然地理条件为基础，城镇群与港湾地理聚变融合发展形成的拥有国际影响力的独特的区域一体化经济形态。①卢文彬则认为，湾区经济是由拥有较多发达港口群、产业群和城市群的区域所衍生的一种经济形态，是港口经济、滨海经济、都市圈经济与湾区地理形态聚合裂变而成的一种特有经济格局。②李红等认为，湾区是一片三面环陆的海洋及沿岸地区，是海洋与陆地的结合部，湾区经济是海洋区域经济学范畴。③谢志强认为，湾区经济一个最大特点是临港临湾，是联通大陆和海洋的关键点。④

通过对世界著名湾区的分析，我们认为，湾区经济是指依托共享湾区（或湾区群）形成的港口密集、产业聚集、城市群集的开放型区域经济的高级形态。湾区经济作为独特的经济形态，是依托共享湾区形成的多种经济效应叠加的城市群经济，是国际公认的资源全球配置的开放型经济。湾区经济虽然生于沿海但由于凹入内陆而不等同于沿海经济，傍依城市群但由于共享水体而又有别于普通城市经济。⑤作为独特的经济形态，湾区经济具有自己独特的经济特征，从某种意义上讲，湾区经济不在于"名"而更重于"实"，换言之，湾区并不依称呼而存在，而是依形态而存在，湾区经济体在很多国家或地区并不叫"湾区"，但湾区形态以及湾区城市群依然存在。

（一）湾区经济是共享经济

湾区经济的共享性主要体现为非独占性和非排他性。湾区经济的共享性主要应该从四个方面来理解：一是湾区必须足够大到能够让众多城市和参与者共享。如果湾区太小，以至于仅仅容纳一个港口，就不是湾区经

---

① 张日新、谷卓桐：《粤港澳大湾区的来龙去脉与下一步》，《改革》2017年第5期。
② 卢文彬：《湾区经济：探索与实践》，社会科学文献出版社2018年版，第7页。
③ 李红、丁嵩等：《多中心跨境合作视角下粤港澳湾区研究综述》，《工业技术经济》2011年第8期。
④ 谢志强：《深圳湾区经济助推中国开放》，《人民论坛》2015年2月。
⑤ 申勇、马忠新：《构筑湾区经济引领的对外开放新格局》，《上海行政学院学报》2017年第1期。

济,而只是港口经济。例如,深圳大鹏湾虽然有盐田港,但由于面积太小,只容纳盐田港一个港口,难以构建中心城市,不可能单独形成湾区经济形态,只能与环珠江口共同组成湾区。二是共享主体主要是指湾区周边陆地。但共享的概念应该是广义的,并不单指围绕湾区周边,还应该包括与湾区水曲有一定距离但同样享受着湾区资源的岸线、港口和通道等设施的城市。例如,伦敦作为英国的首都,主要依托总长不到 350 千米的泰晤士河直接连接出海口,由于有了宽阔的河流作为黄金水道,伦敦轻而易举地将自己的港口与 80 千米开外的出海口连接在一块。这样,伦敦的货物基本上都可以通过出海口运送到全世界,在湾区里面形成自己的航道和利益,并与沿湾区城市互相影响、互相合作,所以也属于共享湾区的范畴,并且较早形成了湾区经济发展态势,成为当时世界的政治经济中心,为英国走向强国发挥了重要作用。三是生态环境的保护是湾区共享经济的重要内容。共享湾区还应该包括大家共同维护湾区的环境,减少互相之间的外部性竞争导致的"公地悲剧"。一般情况下,鱼和熊掌不可兼得,试想,如果因为湾区发展最终导致湾区的生态环境破坏了,甚至整个湾区都被填海了,何存湾区经济?四是共享不仅是指共享水曲边上的陆地,而且还包括空中和水域部分。例如,因为共享某一个湾区,沿岸城市就不能独自决定在水域上空架设桥梁,因为架设桥梁有可能影响其他港口的船只航行,产生海运经济的负外部性。

(二)湾区经济是"三集"经济

一是港口密集。湾区经济与港口经济最大的不同,在于其港口不是单个港口,而是至少两个以上港口共同组成的港口群。湾区经济凹入内陆且在较小的范围内形成较长的海岸线,同时湾区的水深、避风、浪小、防冻等特点促使人们将港口建于湾区内,而共享湾区的特点又形成了港口建设的非排他性,这就形成了湾区内港口建设的共享性和多样性,最终导致湾区港口的密集建设和运营。尽管人们对于港口聚集所带来的竞争存在某种担忧,但恰恰是这种港口的多样性和竞争性带来了湾区的繁荣。例如,粤港澳大湾区就有七个以上的大型集装箱港口,包括位于香港维多利亚海湾的香港港、位于深圳大鹏湾和蛇口的盐田港和蛇口港、广州港、东莞港、中山港、珠海港等，这些港口有竞争、有合作，推动了湾区经济的形成与发展。表1–2为全球重要湾区经济体的港口数量，说明港口密集是湾区经济形成和发展的重要特征。

表1–2 全球重要湾区经济体的港口数量（等于或大于）

（单位：个）

纽约湾	伦敦湾	东京湾	杭州湾	大阪湾	泰国湾	波斯湾	芬兰湾	利物浦湾	粤港澳大湾区
10	6	6	10	10	10	15	13	8	7

数据来源：由各城市统计部门的统计资料得来。

二是产业聚集。港口的集中建设带来了交通便利，特别是集装箱技术的发明和进步，推动世界各个国家之间开始了更加密集的贸易往来。运输成本的降低和贸易的不断增大促使产业围绕港口集聚，原料的进口和商品的出口最终都会促使企业在湾区内选址建厂。这种集聚的形式随着港口的升级而逐步扩大，而且随着港口数量的增多而逐步多样化。一开始可能是一般的加工贸易，即通过港口从世界各地运进原材料，湾区就近建立工厂加工成成品或半成品，然后再运送到世界各地，这是产业集聚的初级阶段。随着国际贸易不断扩大，企业家们绝对不会满足于这种初级的加工贸易，他们从世界各地学到技术，开始创新并研究新技术开发新产品，建立自己的品牌。这时候产业就会从产业链低端逐步向高端进发，有些企业不仅自己变得强大，而且不断产生裂变，形成产业链齐全的产业聚集区。在粤港澳大湾区中，香港港口的建设带来了大量的转口贸易，进而催生了大量的加工贸易企业。这些企业开始在香港集中，后来逐步转移到深圳和珠三角其他地区，再后来转移到整个华南地区。刚开始仅仅是一些毫无创新能力的简单的"三来一补"企业，随着产业链条的扩展，形成了一批具有自主品牌的企业，再后来形成了以电子信息、新能源、新材料、文化创意、互联网等战略新兴产业为主的新兴产业集聚群体，这个集聚过程推动整个珠三角地区成为闻名全球的

"世界工厂"。旧金山湾区也是如此,由于集装箱技术的突破,奥克兰建成了美国仅次于纽约的第二大集装箱港口,加之拥有横跨全美的铁路,推动了旧金山的制造工业集聚,大量企业到此建厂,成为美国重要的工业经济中心。

三是城市群集。湾区经济的产生大多是先建港口,然后再带动产业集聚,产业的集聚必然会带来移民人口的增加,最终形成各种各样的城市。一般来说,湾区平原是由海水跟河流托顶而形成的,形成时往往处于人烟稀少、经济落后的状态,"小渔村"一般是他们的前身。特别是在第一次工业革命以前,湾区周边的人们基本上是靠渔业为生,所以人们都处于散状生活状态,城市化和湾区经济难以形成。工业革命以后,国际贸易扩大,小城镇不断增加,导致城市迅速扩大,并促进城市功能和服务不断完善。这就使得基础设施不断增加,城市面积不断扩大,再加之高速公路、高速铁路的出现,以前只依靠水运的交通成为多样化交通,城市功能变得更加完善。不仅如此,港口的密集性带来了城市的多样化,湾区内出现了不同类型的城市,如大城市、中小城市和小城镇,城市体系逐步形成,城市之间自动形成了分工与合作,推动城市群向大都市圈发展。旧金山湾区就是一个典型的例子,旧金山最早只是一个小渔村,人烟稀少、人迹罕至,随着"淘金热"和湾区发展,来自全世界各地的移民人群纷至沓来,聚沙成塔,聚人成城,他们带来了不同国家的文化与风俗,使旧金山湾区逐步发展成为国际大都会。

(三)湾区经济是叠加经济

湾区经济的形成不同于其他经济体,它是依托湾区这个独特空间结构形态从港口经济到产业经济再到城市群经济,形成了"港口群+产业群+城市群+创新群"的叠加效应。① 由于这种港口、产业和城市等湾区因素的叠加效应,使得湾区经济的布局更依赖空间结构,形成以多元要素

---

① 申勇:《湾区经济的形成机理与粤港澳大湾区定位探究》,《特区实践与理论》2017年第5期。

和功能共同组合的点轴结合的网络化空间格局。相对来说，对于"港口群+产业群+城市群"三者叠加一般比较好理解，对于"创新群"比较难以理解。① 我认为对于"创新群"可以从以下几个方面来理解：一是它是湾区经济的高级形态，是作为一流湾区必须具备的重要条件，一般来说，湾区经济发展到高级阶段，会形成金融、科技创新和产业、都市圈经济共同推动的新局面；二是突出创新要素集聚，也就是不断从产业链推动创新链，使研究型大学、高端实验室、重要研究机构、高科技人才、高科技企业、科技创新交易市场等要素不断集聚，形成湾区内部创新链的合理分工；三是科技创新供给能力强劲，包括创新制度、创新产品、创新专利、创新标准等方面要在世界领先，创新产品的换代能力强；四是创新群体效应明显，创新与产业结合紧密，创新链和产业链互相配合，产学研高度契合，创新成果转化速度超前，大部分会成为科技创新和产业高地。

（四）湾区经济是联动经济

湾区经济不同于一般城市群的最大特点是海陆联动，即沿海和内陆两个区域的双向合作，人财物双向流动。在此基础上，形成外海与内河联动、沿海城市与内陆城市联动、海运与铁运、空运联动。纽约的伊利运河的开通开创了外海与内河联动的先河。我国正在规划建设的西部陆海通道也将是湾区经济联动的典范，如果成功的话，一方面，我国将依托北部湾防城港、铁山港、湛江港等港口作为出海口，通过高速铁路将重庆与防城港进行连通，形成2小时快速通道，然后将我国包括重庆、成都、甘肃、新疆、陕西等在内的西部地区连通起来；另一方面，充分发挥广西百色与云南、贵州相邻的有利区位条件，加强百色与北部湾港口的快速城际线建设，以百色为枢纽，将云南、贵州、广西等区域连成一片。形成海运、铁运、公路运输全面对接、东西全面协作的西部大开发、大循环、大发展的新模式。

---

① 马化腾等：《粤港澳大湾区：数字化革命开启中国湾区时代》，中信出版集团2018年版，第18页。

三、湾区经济产生的条件

全世界这么多湾区,为什么有些能够形成湾区经济,有些却不能形成湾区经济?地理条件显然是其形成的基本因素,但不是全部,对外开放和区域合作同样是湾区经济形成的重要前提。

(一)共享优良湾区是湾区经济形成的基础条件

所谓优良湾区包含四层意思:一是湾区的区位非常优越。通过对世界湾区经济发展的比较,我们发现,湾区本身的区位状况是湾区经济产生的首要条件。例如新加坡湾区处于马六甲海峡,连接太平洋和印度洋,是世界能源运输的交通要道,拥有天然的发展湾区经济的基础条件。湾区除了对外拥有上述条件外,一般对内还连通内河,形成较好的辐射区域,如美国的纽约湾区区位就非常好,对外直接连通大西洋融入欧洲市场,对内通过哈德逊河与伊利运河可连接五大湖区域,从而形成海陆内外联动的格局。所以,优良的湾区区位应该具备通往世界的航道,具有面向世界重要经济体的通道,同时还要有广阔的腹地。一般情况下,腹地的范围决定了湾区的影响力。二是一定要有优良的建设港口群的条件。例如,深水条件、岸线资源、运输航道等。除此还要具备宜居的优良生态环境。例如位于墨西哥的加利福尼亚湾,尽管拥有良好的区位条件,湾区形态也非常好,但是,湾区狭窄不利于航行,难以建设港口群并发展湾区经济;相反,澳大利亚的悉尼湾区则由于港口资源丰富,拥有世界一流的港口群和城市群,吸引世界移民并形成大都会区,形成了优良的湾区经济形态。三是湾区面积大小要非常适中。一般来说,湾区面积越大,湾区的岸线资源越充足,共享湾区的城市也会更多,城市群互补效应就越明显;但是,如果湾区面积过大,湾区各城市之间的距离就会更长,城市之间的运输时间和成本也会更大,城市群的形成将受制于交通而变得更加困难。同时,湾区如果太小,小到仅仅容纳一个港口,这只能称之为港口经济,显然难以形成湾区经济。中国有200多个湾区,尽管许多湾区的港口资源也相当丰富,但由于面积太小,只能建设单一港口,难以形成港口群效应。四是湾区必须由多个城市共享。湾区经济对世界经济增长之所以能够发挥如此巨大的引领作用,一个重要原因在于湾区城市群的相互促进和相互融合,其城市群的凝聚力和向心力比一般城市群要大得多。只有围绕共享湾区才能形成湾区城市群,产生以湾区为中心的湾区资源配置手段和独特的要素流动方式。纵观世界湾区城市群,大都具有一个共同特点即共享一个优良湾区。美国旧金山湾区的旧金山市、奥克兰和圣何赛都共享一个湾区;日本的东京湾区则分别由东京、横滨、千叶等城市共享;中国的粤港澳大湾区则由香港、澳门、深圳、广州等11个城市共享。从共享湾区的演变过程看,湾区共享区域是逐步扩大并表现为动态发展的态势,根据纽约和东京的情况,辐射范围一般在50千米左右,随着交通技术的提高,每小时通勤范围有可能变得更大,湾区共享范围也会越来越大。所以湾区面积一般是动态的并且是不断扩大的,湾区城市也是不断增加并且持续扩容的,随着高铁技术的不断进步,湾区可能延伸到500千米范围。

(二)对外开放是湾区经济形成的前提条件

对外开放是与对外封闭相对应的,其根本要求是商品、资源和要素在国家与全球间实现较便捷的流动,实现资源超出国界的更大范围、更优化的配置。所谓前提条件是指,湾区经济形成必须以开放为前提,只有开放才能形成资源的全球配置,否则,再好的湾区条件也不可能最终形成湾区经济。[1] 从经济发展的逻辑上来看,一个国家如果实行对外开放,必定要与外国发生货物往来,从而带动资本、技术和物资等要素的交流。从现在交通情况看,世界货物往来的主要运输工具仍然是船运,铁路运输和其他运输的成本相对较高。那么就必然要建设港口,要有分工不同的港口来承担这一功能,并推动周边产业和城市的集聚发展。如果这个国家不对外开放,显然就不需要发生货物的国际往来,也不需要建设通往世界的港口,

---

[1] 申勇:《湾区经济的形成机制与粤港澳大湾区定位探究》,《特区实践与理论》2017年第5期。

湾区就只能闭关、与世隔绝，其结果将使区域内难以形成湾区经济的外部性和聚集性，难以形成港口经济到产业经济再到城市经济的演变过程。所以说，对外开放是湾区经济形成的前提条件。

纽约、东京、旧金山湾区之所以最终能够形成湾区经济，最重要的一条就是其充分发挥了对外开放的引领作用。在旧金山湾区的奥克兰，随着集装箱技术的产生，带来海上运输的大提升，带动奥克兰快速融入世界，促进其港口货物贸易和加工工业的大发展，形成了沿港产业和城市互动融合的态势。纽约湾区也是如此，由于纽约港面向欧洲的航线不断开通，使得美国大量的农产品从五大湖地区通过伊利运河运往纽约再到欧洲，使纽约成为美国的贸易中心并带来大量外国移民和投资，纽约也因此成为引领世界的全球城市。如果没有对外开放，一个国家处于封闭状态，再好的地理优势也都难以形成湾区经济。朝鲜和韩国同样位于朝鲜半岛，两国都拥有差不多的湾区和沿海资源，然而，由于韩国实行了对外开放政策，沿海经济取得了举世瞩目的成就，形成了釜山、仁川等大城市；而朝鲜由于采取闭国政策而导致湾区经济一直停滞不前。[1] 越南也是一个典型的例子，实行开放改革以后，越南依托湄公河口大湾区，建立头顿—昆岛经济特区，形成了以胡志明市为核心的湾区经济发展态势，经济成就比较巨大且令世人侧目。

可见，开放是在更大范围配置资源的基本条件，是湾区经济形成的重要前提和基础。没有开放就没有湾区经济，要发展湾区经济，必须将开放放在第一位。

（三）区域融合是湾区经济形成的实现条件

湾区经济除了上述条件以外，还必然以区域融合作为实现条件，区域融合是湾区发展之本。所谓区域融合主要包括两个方面，一是湾区区域内部各种要素互相补充和融合发展。这是由湾区经济的本质决定的，湾区

---

[1] 申勇：《湾区经济形成机理与粤港澳大湾区定位探究》，《特区实践与理论》2017年第5期。

经济的效率和价值由"港口群＋产业群＋城市群"的叠加效应决定。如果港口、产业和城市不能融合发展，湾区内不仅难以产生叠加效应，相反恶性竞争所带来的相互排斥必然会导致交易成本上升，产生区域合作中的负外部性。最明显的例子是位于波斯湾的海湾地区，尽管该区域具有湾区经济发展的基础，石油资源也十分丰富，周边也形成了大大小小的城市群，产业也比较发达。但由于伊朗、伊拉克、叙利亚、沙特阿拉伯、科威特等国家之间经常勾心斗角、以邻为壑、纷争不断，难以形成区域资源整合，石油等资源不仅不能给当地带来湾区经济的正效应，反而给当地人们带来战争与灾难。区域港口、产业、城市的融合不仅要求水上运输的连通，更要求加强基础设施建设，通过建设城际快速交通和桥梁等加强城市之间的连接。例如，纽约湾区的曼哈顿与伊斯特河东岸就通过布鲁克林大桥、曼哈顿大桥、威廉斯堡大桥连接，推动两岸人流、物流和资金流的自由流动。二是湾区经济与周边腹地的合作。拓展腹地是湾区经济成功的重要因素，如果没有较好的腹地，湾区经济只是孤立而无纵深的经济体。一方面，难以降低湾区经济体内居高不下的交易成本；另一方面，难以形成区域交易枢纽和经济中心。东京就是一个典型例子，他们在加强东京都内部合作的同时，以东京市为核心，加强对外辐射，通过产业链分工与合作，推动形成了由东京到横滨的宽5千米多、长60余千米，工业产值占整个日本的40%的带状海湾地区，以及东京到千叶的重化工业产业带。① 在此过程中，东京市并没有以首都的名义压制横滨等地区的发展，而是主动与横滨进行交通连通、产业融合、港口分工。不仅推动东京成为全球一流的国际化大都会，而且也促进了横滨的发展并使之成为国际化大都会，东京湾区正是通过区域融合发展得以实现，并发展成为世界一流湾区。

---

① 申勇：《湾区经济形成机理与粤港澳大湾区定位探究》，《特区实践与理论》2017年第5期。

第二章 湾区经济形成要素与机制

一台机器的机械结构是由若干机构共同组成，每个机构又是由很多零件构成。这些机构之间以及零件之间会形成一定的运动关系，这种关系最终促成了机器所要达到的功能。就像机器运转需要电动机、减速箱和操作系统一样，湾区经济的形成也具有自己的基本要素并构建自己的相互作用关系，通过要素之间的相互作用促进其正常运行和发展。研究表明，湾区经济的空间要素是由海、湾、城和腹地等组成，"拥海抱湾、合群联陆"形成了各要素之间的相互作用关系，拥海抱湾的地理结构，形成了独特聚集形态的空间地理基础，构筑了开放引领和区域融合发展新格局；合群联陆的运行方式，产生了"港口群+产业群+城市群+创新群"的叠加效应，形成了海陆联动和集群发展新范式。① 本章通过对全球湾区经济发展以及世界三大一流湾区的成功经验对比，运用适当的数理模型和实证分析，揭示湾区经济的形成机理和世界湾区发展逻辑。

第一节 拥海：形成对外开放机制

拥海是指湾区经济体或城市群依托沿海地理环境直接拥有海洋以及相

---

① 申勇：《湾区经济的形成机理与粤港澳大湾区定位探究》，《特区实践与理论》2017年第5期。

关资源,依托港口群形成货物的进出口枢纽和对外开放平台,并通过四通八达的公海直接连通世界各地,使资源配置范围通达到全世界。拥海是湾区经济的最基本要素。

一、拥海开放的基本条件

湾区的形成具有多样性,无论是凹入内陆而形成的海湾还是河水冲积而形成的入海口,湾区一般都是与海洋直接相连,这种连接带来的不仅仅是满足本地居民生活所需的优越条件,更是提供了该国与世界连接的通道,形成国家开放的基本条件。国内研究湾区经济的大部分专家都认为开放是湾区经济的重要前提,吴思康认为,湾区经济具有高度开放性、创新引领性、宜居宜业性和区域协同性等共同特点。[①] 鲁志国、潘凤等认为,全球湾区经济的共同特征包括:开放的经济结构、高效的资源配置能力、强大的集聚外溢功能、发达的国际交往网络。[②] 目前全球连通的方式主要有海上运输、陆上运输(铁路运输和公路运输等)和空中运输。陆上运输具有点对点直达的特点,运输相对安全可靠,成本较低,但是陆上铁路运输最大的问题在于必须经过某个或多个国家而又缺乏公海之类的通道,道路使用过程中出现变数和突发风险的可能性相对较高,领土之争成为国际间陆上交通的最大障碍;空中运输具有速度快,安全可靠的特点,但是却存在价格高昂,运费贵的缺点,一般用于运输附加值高的产品;相对于陆上运输,海上运输经过的一般是公海,拥有自由航行的世界准则,具有更加广阔的开放视野、更加方便的运输航道、更加便宜的交通运输费用,运输规模相对较大。从目前来看,尽管某个国家内部有可能出现陆上运输和空中运输逐步替代海上运输的趋势,但从全球范围来看,陆上运输和空中运输仍然很难取代海上运输,海上运输仍然是全球货物贸易的主要运输手段,更是一个国家对外开放的重要途径,换言之,海权仍然是一个国家建

---

① 吴思康:《发展湾区经济服务国家战略》,《深圳特区报》2014年4月23日。
② 鲁志国、潘凤等:《全球湾区经济比较与综合评价研究》,《科技进步与对策》2015年第11期。

设海洋强国和现代化强国不可或缺的力量。

影响湾区开放的基本因素主要包括以下几点。

第一,国际贸易。国际贸易的产生源于各个国家之间的比较优势和产业分工,随着工业化发展而不断扩大。国际贸易是衡量湾区开放度的一个重要指标,英国就是一个典型例子,由于第一次工业革命最早在英国发生,机械化导致生产规模扩大,所生产的产品难以完全被国内市场消化,带来了大量工业产品剩余,他们依托有利的岛国和湾区条件,积极向全世界推销自己的产品,通过海运、海军和殖民地等手段将工业品大量销往包括中国在内的世界各地,形成了称霸全球的国际贸易,推动了国家湾区经济的快速发展,使英国成为当时湾区开放度最高的国家,也因此成为世界上湾区经济发展最早的国家。美国利用伊利运河的开通将产于五大湖地区的棉花和面粉通过河道运经哈德逊河,并通过纽约港口送达世界各地,促进了纽约湾区的出口和国际贸易发展,使纽约成为世界自由贸易最发达的地区,并因此带来纽约湾区的开放与繁荣。可见,湾区一般是国际贸易的发源地和承载地,进出口贸易越发达,说明湾区的开放程度越高。

第二,港口规模和数量。湾区具有水深、避风、岸线长、近海、军事要塞等特点,靠近海洋又位于国内,能够在一个很小的空间内形成互相补充和竞争的大型港口群,在内陆领地形成通向海洋的港口枢纽,成为陆海联动的重要"分岔点"[①]。从全球一流湾区城市群的形成来看,所有的湾区城市都能充分发挥其拥海的地理特征,积极兴建港口并形成港口群优势,通过港口群的"分岔点"效应,形成连接国内外市场的重要阵地。一般来讲,湾区的港口群越发达,港口数量和吞吐量越多,湾区就越开放。

第三,海上运输。海上运输是指通过散、杂货运输、集装箱运输等进行港到港的运输,特别是随着集装箱运输技术的进步,国与国之间的货物交易大多由海运来承担。海运推动了国际贸易的发展,带动了湾区的进一步开放。航线是决定海运的重要条件,国际航线越多,说明与其他国家的

---

① 藤田昌夫、保罗·克鲁格曼安东尼·维纳布尔斯:《空间经济学》,梁琦主译,中国人民大学出版社 2013 年版,第 201 页。

贸易往来越密切，湾区显然更加开放。

第四，相关政策。拥海并不完全意味着开放，如果没有好的开放政策，也只能望洋兴叹。因此，国家的开放政策也是决定湾区经济开放程度的重要前提，其中，外资政策、进出口关税、生产成本和运费的高低都是主要因素，而国家的产业政策、区域经济政策、人才政策等都会对湾区的开放程度产生一定影响。

二、拥海开放的运行机制

（一）增长极理论及应用

增长极理论最早是由法国经济学家弗郎索瓦·佩鲁在1950年提出来的，他试图通过增长极理论解释经济发展的不平衡问题，强调极点对于空间布局和区域经济发展的重大影响。[①] 他在1950年发表的《经济空间：理论与应用》一书中分析指出："增长不是同时出现在所有地方，它以不同强度首先出现在一些增长点和增长极上，然后通过不同的渠道向外扩散，并对整个经济产生不同的最终影响。"[②] 增长极理论对认识湾区经济的开放引领作用具有非常重要的价值，一是港口作为开放的原始起点，对于区域经济发挥着重要的极点引领作用，特别是在湾区形成初期所产生的"回波效应"十分明显，在这个过程中，港口作为重要的开放极点，会逐步演变到水轴、交通轴、产业轴、城市轴等沿线的发展，为湾区经济形成打下空间基础。二是湾区将在点极基础上形成面上的开放极点，在更大范围内形成回波和扩散效应。随着港口回波功能的进一步发挥，港口群所带来的极化作用叠加推动了湾区的形成，极点依托多个港口实现了从点到面的转变，从而形成以湾区为核心的区域增长极，有可能带动整个国家（或者国家的更大区域）形成扩散性发展新格局。三是湾区经济引领格局一旦形成，区域经济的"回波效应"和"扩散效应"将会形成交叉影响，集聚和

[①] 戴亚南：《区域增长极理论与江苏海洋经济发展战略》，《经济地理》2007年第5期。
[②] 韩康等：《北部湾新区中国经济增长第四极》，中国财政经济出版社2007年版，第2页。

扩散将同时促进湾区经济的开放带动作用,使开放呈梯度层级向更远的范围扩散,产生外溢效应和涟漪现象。

(二) 港口引领

关于港口的作用,《海权论》早有述说,马汉认为:"数量众多的深水港是实力和财富的源泉,如果这些港口还位于通行河流的出口处,将使它们能更便于集中一个国家的内部贸易。"[①] 由于直接连通海洋,湾区可以依托航线构筑通往全球的"水上高速公路",通过公海与全球所有国家形成快速交通往来。其中,港口是湾区通往世界的重要平台,湾区的共享者依托有利条件建设各种类型的港口,将货物运往全世界,形成向全世界开放的格局。随着货物贸易往来数量的增加,公路逐步成为交通运输的重要工具,"水上高速公路"加上陆上高速公路推动货物运输的发展,国内的货物可以很快地运往全世界,国外的物资也非常顺畅地运往国内目标市场。当湾区配置资源的范围进一步扩大,铁路成为国内运输的重要手段,特别是高铁技术的突破,导致人员物资可以迅速地到达自己的目的地,大大降低了运输时间和成本,缩短了内地人财物运往全世界的时间,使湾区能够在更大的空间配置资源。在整个运输系统中,港口发挥了重要作用,凡是湾区经济比较发达、资源配置相对比较开放的地区,港口基础设施建设都非常齐全、分工明确、效率较高,对区域的开放形成了重要支撑作用。例如,美国东北海岸就集中了大量港口,主要有分布在纽约、波士顿、巴士的摩的重要港口,包括纽约港、纽瓦克港、新泽西港、波士顿港、巴尔的摩内港等港口;中国东南沿海港口也比较发达,主要集中在沪杭甬大湾区和粤港澳大湾区,沪杭甬大湾区有上海港、宁波舟山港、杭州港等重要港口,粤港澳大湾区主要集中了香港港、深圳港、广州港等重要港口。

港口分布对于湾区经济的开放和发展有着至关重要的影响,港口集中区域的经济发展水平一般会相对较高。而港口的分布并不完全是由人类

---

① [美] 阿尔弗雷德·塞耶·马汉:《海权论》,冬初阳译,时代出版社 2014 年版,第 34 页。

自身来控制的，自然条件或者湾区水深状况都会对湾区内港口分布产生影响。例如，粤港澳大湾区东岸的香港、深圳、东莞等城市的发展明显快于西岸的珠海、中山、澳门等城市，除了香港因素以外，另一个重要原因是湾区内港口的分布，由于湾区连接东江、北江、西江等河口，西江的含沙量相对较高，而地球自转将大量泥沙沉积在西岸，促使湾区东、西岸的港口建设条件形成巨大反差。据记载，在帆船时代，船只排水量小，包括澳门在内的西岸地区有很多船只停靠，但后来由于西岸大量沉积来自珠江的泥沙，无法满足优质港口建设条件，船只航行需要疏通浚深航道，导致港口建设成本过高。[①] 缺乏港口的澳门、珠海等西岸城市发展自然就慢于东岸的深圳、东莞等城市。

（三）向海发展

向海经济是习近平总书记在2017年4月视察广西时提出来的，他强调，向海之路是一个国家发展的重要途径，要建设好北部湾港口，打造好向海经济。[②] 事实证明，世界发达强国都有从大陆领地向沿海发展的过程。由于海洋连通世界各地，海洋经济和向海经济天生就具有开放性质，海洋与开放是天生的"孪生兄妹"。一方面，海洋的最大特点就是开放和包容，海洋经济由于主要依赖海洋生产和交换资源，无论是资源开发利用本身还是产品交换过程都充分体现了开放包容性；另一方面，海洋经济的开发利用与世界科技进步息息相关，随着科技革命的深入推进，海洋生物、海洋电子信息、海洋智能装备等新兴产业越来越受到各国的关注，只有开放才能推动海洋经济向更高层次发展。同时，由于湾区的宜居性，吸引了来自全球的移民人群，形成了独特的移民文化。发展海洋经济和向海经济也是拥海开放以及湾区经济发展的重要标志。从表2-1可以看出，全球海洋中心城市普遍都位于湾区经济比较发达的地区，例如，新加坡作为全球向海

---

① 周鑫、王潞著：《南海港群——广东海上丝绸之路古港》，广东经济出版社2015年版。第50页。

② 《习近平广西考察 写好新世纪海上丝绸之路新篇章》，《人民日报》2017年4月20日。

经济较为发达的国家,通过建立港口拓展国际转口贸易,与全球123个国家600多个港口建立了业务往来,港口物流业对新加坡GDP的贡献率超过8.6%,建成了"以港兴城、港城互动"全球最具代表性的海洋中心城市。[①] 因此,世界一流湾区国家都十分注重海洋经济发展,借助向海发展战略推动湾区的进一步开放。

表2-1 2019年全球海洋中心城市

排序	总排名	单项排名				
		航运	金融与法律	海洋科技	港口与物流	吸引力与竞争力
1	新加坡	新加坡	伦敦	奥斯陆	新加坡	新加坡
2	汉堡	雅典	纽约	伦敦	鹿特丹	哥本哈根
3	鹿特丹	汉堡	奥斯陆	汉堡	香港	伦敦
4	香港	香港	香港	釜山	上海	鹿特丹
5	伦敦	上海	新加坡	东京	汉堡	汉堡

资料来源:根据挪威海事展等机构历年发布的"全球海洋中心城市"报告整理。

(四)梯度开放

从世界湾区经济发展历程可以看出,一个国家实行开放政策,一般是依托沿海逐步往内地形成梯级开放格局。从湾区经济本身来看,湾区经济开放度最高的往往是湾区周边的内圈城市,然后分层次逐步降低,形成梯级衰减态势。[②] 从某种意义上看,这种减弱一方面说明湾区经济的强大引领功能,另一方面说明湾区有能力带动整个区域从不均衡发展逐步迈向均衡发展。当然,我们说的均衡发展不是平均发展,而是有差异的、能够充分利用本地资源实现合作共赢的一种发展方式。从国家区域开放来看,首

---

① 谭刚、申勇等主编:《粤港澳大湾区核心引擎的深圳探索》,中国社会科学出版社2020年版,第298页。
② 申勇、马忠新:《构筑湾区经济引领的对外开放新格局》,《上海行政学院学报》2017年第1期。

先是最靠海区域的对外开放，然后是外圈层，再就是辐射层次和广大腹地。美国的东北海岸的开放过程就是一个典型例子，由于工业革命起步于欧洲，美国的开放就依托大西洋形成开放梯度，最早是离欧洲地理位置最近的波士顿，然后再传导到纽约以及其他地区，通过纽约带动五大湖等内陆地区开放。我国改革开放同样也形成了梯度开放层次，首先是最靠近海洋的经济特区，然后是沿海的港口城市，再后来就是内陆城市。

从对外开放的时间和顺序来看，我国以往的对外开放主要形成了三个层次：一是经济特区的建立开启了我国对外开放的进程。1980年8月，中共中央批准深圳、珠海、汕头、厦门试办经济特区。经济特区的创办为我国当时处于计划经济体制状态下的封闭经济打开了一扇通往世界的窗口，从引进外资入手，经济特区推行社会主义市场经济体制，实行全面开放政策，构筑了我国对外开放的第一梯队。二是沿海开放城市的确立进一步提升了我国整体开放战略。在我国通过创办经济特区积累了一些对外开放经验后，1984年2月，进一步放开沿海城市并同时开放了大连、天津、上海、秦皇岛、烟台、青岛、连云港、南通、宁波、温州、福州、广州、湛江、北海等14个港口城市。[①]1990年中共中央又决定开发和开放浦东新区。1992—2000年，我国推动了沿边沿江开放，使国家的开放进一步延伸，正式形成了我国开放的第二梯队。三是2000年以后，我国继续加大开放力度，推动西部大开发、振兴东北老工业基地、建设天津滨海新区，全方位提升了整个国家的开放水平，形成了长三角、珠三角、环渤海三大开放经济圈，由此形成了我国经济特区引领的沿海沿边内陆开放的基本格局。

但是，世界经济的演变可谓日新月异，随着全球经济一体化和海洋经济的发展，湾区型城市群经济正在逐步崛起，各国经济正在依托沿海形成以湾区经济为引领的开放新格局。同时，在成为全球第二大经济体后，我国过去形成的梯级开放格局的局限性正日益显现。以单个城市为引领的开放格局难以适应当今世界形势的变化，经济特区的引领作用逐步弱化，沿

[①] 中国海湾志编纂委员会：《中国海湾志（第一分册）》，海洋出版社1991年版，第V页。

边沿江开放也因为受到诸如边境线、交通条件、双方的开放度等方面的限制，开放程度往往有一定的局限性。内陆开放虽然如火如荼，但由于远离沿海导致运输成本高昂、开放度降低。

2013年8月以来，自由贸易区的建立成为我国对外开放的一个新亮点，我国已经在上海、广东、天津、福建、辽宁、浙江、河南、湖北、重庆、四川、陕西、安徽、湖南、北京等共计21省市开展了自贸区试点，并取得了一定的成效。但是，从长远来看，自由贸易区毕竟仍然属于点状开放形态，是从某个点出发实施局部开放，虽然对于我国某个方面体制机制的突破具有示范效应，起到"冲锋"和"尖兵"作用。但是仍然难以从根本上成为对外开放的新引领。尤其是在新的历史时期，我们要推行"一带一路"倡议，面对更加复杂、更加激烈的国际形势，仅仅靠一些"点"显然难以形成集聚和带动能力，必须发挥湾区这个更大区域的引领作用，才能从根本上形成更高层次、更加全面的对外开放新格局。

湾区经济作为依托共享湾区形成的开放型区域经济形态，对于近代世界区域经济发展作用明显。世界区域经济发展的轨迹已经充分表明，只要一个国家处于开放型经济形态，湾区经济和湾区城市群就一定是经济发展的引领者。例如，美国纽约湾区充分利用优良的湾区资源，居于大西洋沿岸大中城市的中间位置，成功地在美国开放型经济中扮演了美洲与欧洲联系人角色，将欧洲工业革命所需要的棉花等农产品源源不断地输送到欧洲各国，将世界各地的工业产品运回国内，推动国内国际双循环，强化与世界经济贸易的联系，从而成为国家和世界的金融中心与经济发展的核心引擎，纽约由此成为整个美国东部沿海发展的第一梯队和引领者，同时成为整个美国经济发展的重要引擎，更成为世界经济发展的引领者。发达国家如此，一些正在发展中的国家同样如此。越南的胡志明市就是利用丰富的湾区资源，充分运用西贡河的航运功能，连接国内外市场并引领国家发展，成为带动国家经济发展的新引擎。

因此，无论是国际还是国内经验都证明，以湾区城市群代替过去的沿海单个城市并形成湾区经济引领的对外开放新格局是国家深化改革开放的必然选择，象征着国家开放的最高阶段。

为了证明湾区经济的梯级开放规律，笔者所带领的国家课题研究团队曾经通过建立开放度分析模型进行实证分析，运用数据分析后发现，湾区的核心区明显是开放度最高的地区，湾区的开放度从湾区到非湾区地区确实呈梯度降低的态势，说明湾区经济的开放引领是客观存在的。①

表 2-2　2000—2014 年粤港澳大湾区分区域的经济开放度

年份	2000	2001	2002	2003	2004	2005	2006	2007
港澳地区	3.68	3.80	4.01	4.01	4.36	4.30	4.36	4.28
环珠江口地区	2.84	2.74	2.91	2.60	2.69	2.68	2.65	2.59
其他地区	1.34	1.29	1.30	1.34	1.36	1.37	1.36	1.35
年份	2008	2009	2010	2011	2012	2013	2014	
港澳地区	3.98	3.72	3.80	3.84	3.85	3.86	3.83	
环珠江口地区	2.41	2.20	2.26	2.19	2.14	2.11	2.03	
其他地区	1.31	1.29	1.32	1.31	1.29	1.28	1.28	

数据来源：选取广东省 21 个地市及港澳共 23 个地区的 15 年面板数据（2000—2014），依据主成分分析方法计算得来。②

表 2-2 表明，各地市经济开放度具有明显的层次性，港澳地区一直处于高开放度水平，引领粤港澳大湾区的对外开放；环珠江口湾区地区的经济开放度比港澳地区的要低，但显著高于广东省内其他地区。从时间来看，港澳地区在回归初期（2000—2007 年）的开放度稳步提升，但在 2008—2009 年金融危机期间出现了急剧下降，然后逐步平稳；环珠江口湾区地区自 2000 年以来整体上呈现逐年下降趋势，近几年趋于平稳；而广东省内其他地区则一直处于比较低的开放度水平。③

---

① 申勇、马忠新：《构筑湾区经济引领的对外开放新格局》，《上海行政学院学报》2017 年第 1 期。

② 实证部分的测算由深圳大学博士马忠新协助完成，该部分成果曾于 2017 年发表于《上海行政学院学报》2017 年第 1 期，作者为申勇、马忠新。

③ 申勇、马忠新：《构筑湾区经济引领的对外开放新格局》，《上海行政学院学报》2017 年第 1 期。

由此可以看出，拥海开放不仅是湾区经济的基本特征，也是湾区经济形成的重要标志。正是湾区从临海到拥海，使得湾区能够充分地调动和配置海洋资源，成为国家开放的重要基地，而且依托湾区形成梯级开放结构，越靠近湾区核心，其开放度越高，离湾区核心越远，开放度越低。湾区中心地区的开放度明显高于内陆地区。这就是湾区经济不同于其他内陆城市群的重要奥秘。

第二节 抱湾：形成要素集聚机制

集聚是近年来区域经济学界比较关注的一个重要话题，其本质是从比较优势出发顺应国际分工从而导致某一区位的产业集聚，从空间出发促进产业和城市群互动形成地理极化效应。如果说通常情况下的集聚与空间位置有联系但不是决定性关系的话，那么湾区经济之所以发生集聚，与湾区的地理位置密切相关，湾区的环形结构给产业和城市集聚带来了不同于一般城市群的结果。

一、空间与集聚的相关理论

（一）冯·杜能（Von Thumen）的农业区位论

如果我们从空间经济学的源头追寻，可以发现，空间与集聚的分析最早来源于德国的古典区位理论。德国学者杜能花了十年时间经营农庄并研究德国农业的空间集聚问题，并于1826年发表了《孤立国同农业和国民经济的关系》一书。他在书中假设了一个孤立国[①]，中心拥有一个独立的中心城市，中心城市由周边农业区域提供食品和相关用品。他观察后认为，与距离相关的地租、运费是决定区域种植圈层的重要因素，并提出了

[①] 孙久文主编：《区域经济学》，首都经济贸易大学出版社2014年版，第32页。

著名的"杜能圈"理论。他认为,市场上出售的农产品的销售成本包括生产成本和运输成本,而运输费用在农产品总生产成本中占决定作用,在城市的周边可以形成以城市为中心的同心圆环形结构,不同圆环上种植不同的农作物,显然蔬菜的种植者更愿意在距离城市最近的地方种植(如图2-1所示)。杜能的同心圆理论不仅开创性地思考了农业经营的区域性问题,最为重要的是将空间引入到经济学分析之中,揭示了空间对产业布局的重要性。尽管我国已经走过了数十年的城市化道路,农业在国民经济中的地位逐渐下降,但杜能的这一理论在我国某些地区仍然适用,陕西太白县就是一个很好的例证。① 由于该县被秦岭山脉环抱,俨然杜能笔下的"孤立国",基本上形成了以县城为中心的圈层供给模式,周边大部分是种植蔬菜的菜地,中心县城的食品都由周边农村提供,这是一种最简单最原始但又非常现实的早期空间集聚模式。

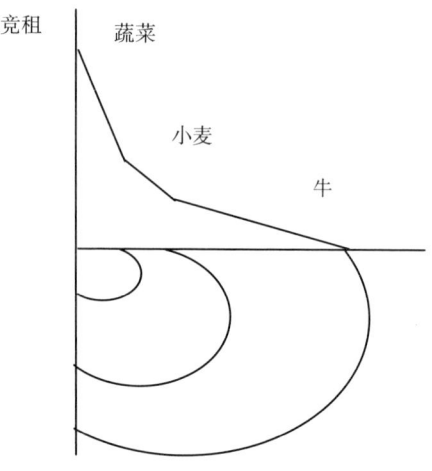

图 2-1 杜能的竞租曲线和土地利用 ②

---

① 笔者曾于 2019 年 8 月到达陕西太白县调研,发现县城四面环山,群山峻岭,处处是青山绿水,气候相当宜人,是名副其实的夏都。该县区位独特,是连接关中与汉中的唯一枢纽,但县城没有工业,服务业落后,形同杜能笔下的"孤立国"。

② 藤田昌久、保罗·克鲁格曼安东尼·维纳布尔斯:《空间经济学》,梁琦主译,中国人民大学出版社 2013 年版,第 16 页。

(二) 劳恩哈特 (W. Launhardt) 和韦伯 (A. Weber) 的工业区位理论

19世纪末，企业迁移和产业布局问题引起了人们的普遍关注。其中劳恩哈特在工业区位的研究中大量运用包括几何学和微积分的数学方法，利用网络结点分析探讨工厂布局的优化问题，提出了以资源供给和产品销售约束的运输成本最小化为基础的厂商区位择优理论。[1] 韦伯出版了《工业区位论》，将影响区位的因素归纳为区域性和集聚性这两类因素。他认为，工业在区域层面上如何布局受区域性因素的影响，而厂商在区域内何地集中则受到集聚因素的影响。[2]

之后，新古典区位理论得到发展。沃尔特·克里斯塔勒 (Walter Christaller) 提出了中心地区理论，贝蒂尔·奥林 (Ohlin B.G.) 提出了区际贸易和生产布局理论，奥古斯特·勒施 (August Losch) 在工业区位论、中心地理论等空间分析的基础上提出了经济区理论，他的贡献在于对经济力的分析。他指出，经济力有两类，一类是向着集中的方向，类似于我们现在的向心力，诸如以专业化和大规模生产的利益为主；另一类则是分散力，即以运费和多样化生产为主。这两种纯经济力的作用将产生经济区，我们现在通常讲的外溢就是分散力的体现。显而易见，他的分析导致国际贸易理论与区位问题有了直接的联系，为空间经济学的形成打下了坚实基础。[3]

(三) 空间经济学对湾区经济理论的贡献

在上述理论基础上，空间经济理论逐步形成自己的范式。空间经济学得以流行，并成为主流经济学的一部分，得益于藤田昌久 (Masahisa Fujita)、保罗·R.克鲁格曼 (Krugman) 等著名经济学家的贡献。湾区经济理论的形成与空间经济学密切相关，湾区的地理经济形态如何转变为产业集聚以及城市集聚形态，这是非常值得空间经济理论研究的一个话题。克鲁格曼的空间经济学涉及的理论相当浩繁，内容十分丰富，其中心—外

---

[1] 梁琦：《产业集聚论》，商务印书馆2006年版，第13—14页。
[2] 梁琦：《产业集聚论》，商务印书馆2006年版，第15—16页。
[3] 梁琦：《产业集聚论》，商务印书馆2006年版，第18—19页。

围模型、分岔点理论以及城市层级体系理论对于研究湾区经济的集聚发展具有较大的作用。

1. 中心—外围（Core — periphery）模型

中心—外围模型是克鲁格曼提出来的。该模型假设一个国家只有两个地区，一个是城市，只生产工业产品；另一个是农村，只生产同质的农产品。生产是在规模报酬不变和完全竞争的情况下进行的。在模型中，克鲁格曼认为行业在地理上趋于集中主要受"市场接近效应""生活成本效应"和"市场拥挤效应"所驱动，受上述三种情景影响和驱动，企业一般会选择市场规模较大的区域、大量厂商集中地区和竞争较少的地区集中。[①]

克鲁格曼的中心—外围模型对于我们进一步研究湾区的空间集聚性有一定的指导作用。首先，湾区虽然不是传统的市场规模较大的地区，较早时也不会是企业集中区，但是在国际贸易日益扩大的全球化时代，湾区拥有港口群，国际贸易会迅速扩大并带来巨额订单，从而促进湾区成为"市场规模较大"的代名词。很多出口企业为了降低运输成本，就会将湾区当成国内的最终市场，从而刺激更多的厂商到此集聚办厂，形成较强的企业与产业的集聚力。由于出口经济的不断提升，这种集聚力将推动工业品出口份额扩大，形成更强的集聚力，并带动要素的聚集，促进城市和人口的集中，从而产生湾区的集聚效应。

2. 分岔点理论

分岔点是空间经济学的一个重要概念，藤田昌久和克鲁格曼等人在《空间经济学》一书中对于分岔点的概念非常重视。他们简单地假设经济体就是在一条直线上，这条线在 B 点出现分岔，每一条分支线分布着农田并延续到 S 点，S 到 O 点的距离是相等的，即 S 点到 O 点的运费几乎是相同的（如图 2-2 所示）。显而易见，相对于已有的城市 O 点，新的城市最有可能出现的地方就是 B 点。[②]

[①] 藤田昌久、保罗·克鲁格曼安东尼·维纳布尔斯：《空间经济学》，梁琦主译，中国人民大学出版社 2013 年版，第 8 页。

[②] 藤田昌久、保罗·克鲁格曼安东尼·维纳布尔斯：《空间经济学》，梁琦主译，中国人民大学出版社 2013 年版，第 114 页。

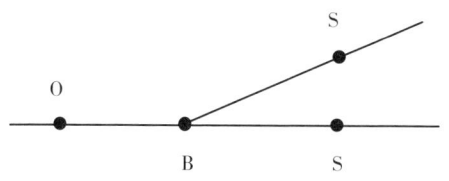

图 2-2 城市选址"分岔点"图示

克鲁格曼空间经济学分岔点理论虽然简单，但非常管用。我们将视线回到湾区的地理形态上，图 2-3 同样是一个简单的湾区形态，一般情况下，B 点和 C 点就是一个连接外海的分岔口，D 点是一个连接内河的河口。如果海上运输不是特别发达的情况下，D 点很有可能就是最为重要的沿河道的分岔点。例如纽约的曼哈顿河口就是一个典型的分岔点，由此可以通过哈德逊河连接五大湖地区，促使曼哈顿成为全世界集聚度最高的地区。随着海洋运输不断进步，特别是集装箱运输日益发达，海上的公海通道就成为四通八达的水上交通。B 点和 C 点有可能成为通向全世界的分岔点，显然，与其他的点相比，这两个点到达世界的任何一个点相较于其他的点运费都是最低的，B 点、C 点和 D 点就是在湾区形态下的分岔点，是最容易产生集聚和新城市的地方。正如克鲁格曼所言，许多城市的起源恰恰要归因于它们所在的河流、运河和优良港湾等等诸如此类的地理位置。①

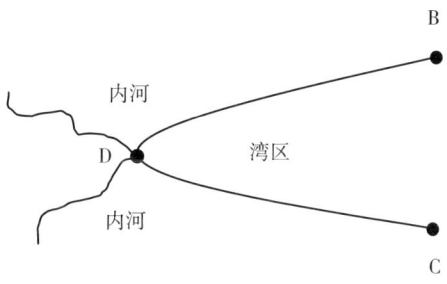

图 2-3 湾区极点城市图示

---

① 藤田昌久、保罗·克鲁格曼安东尼·维纳布尔斯：《空间经济学》，梁琦主译，中国人民大学出版社 2013 年版，第 201 页。

3. 城市层级体系理论

空间经济学认为，在城市群中有一个城市层级体系，即有"高等级"城市和"低等级"城市之分，而"高等级"城市往往又是从现有的"低等级"城市升级而来的。[①] 城市体系的形成有其规律性，水运交通对城市体系的形成发挥了重要作用。而随着各种类型和等级的经济体的成长，自然而然地会形成城市层级体系。回到湾区上，我们可以发现，同样存在着城市层级问题。分岔口城市的作用在于推动产业和城市成群地发展，先是形成较多的小城市，然后，很多大型企业发生裂变形成更多的企业，企业和人口的集聚形成更多的大城市，这种裂变不同于普通的产业链接，而是一种爆炸式的扩张。例如，某个人可以先在某个企业打工，一旦条件成熟，他就有可能变成企业主而自己创办一个新企业。由此，一个企业可以裂变很多企业，城市也一样，随着企业的裂变、外溢及迁移而发生变化，企业的增加会带动产业人口的变化，企业迁移会产生新的城市，城市就会从单个城市演变成城市群，但城市群在初期一般处于碎片化状态，各个城市之间规划不对接、政策不衔接、交通不连接，湾区的发展对城市功能提出了新的要求，都市圈的产生就是为了解决城市群碎片问题，推动城市逐渐由"低等级"演变成"高等级"。

二、湾区集聚的效应产生逻辑

（一）区位形态效应

梁琦认为，报酬递增和外部性是分工和集聚的纽带，"经济活动的空间集中确实一部分是由于地区间资源禀赋的差异性，然而，资源禀赋的多样性并不是问题的全部答案。"[②] 湾区经济的集聚性并非完全决定于湾区的性质，但是湾区的形态显然是湾区集聚的重要因素之一。从地理上看，湾区的形态一般呈内凹状态，这种内凹形态拥有自己独有的特点，就是会在

[①] 藤田昌久、保罗·克鲁格曼安东尼·维纳布尔斯：《空间经济学》，梁琦主译，中国人民大学出版社2013年版，第162页。

[②] 梁琦：《分工、集聚与增长》，商务印书馆2009年版，第24页。

一个更小的区域内拥有更长的海岸线（如图 2-4 所示），我们如果将其展开后就可以发现，非湾区形态在同样长度海岸线的情况下所占有的区域明显要比湾区形态所占有的区域大得多，这种在其他条件不变的情况下，最小区域形成了最长岸线的现象就是湾区经济能够高度集聚的重要前提。岸线绝对是湾区经济发展的"本钱"，这是湾区经济得以形成和发展的另一个奥秘。

湾区经济产业集聚性更加取决于运输成本、收益递增和关联效应。湾区的一个重要特质就是"抱湾"，是指湾区不仅具有由海岸凹入的内环型陆地，而且还有一片共享的湾区水体，湾区经济体（或城市）主要是依托湾区岸线及周围陆地有序地开展建设，以湾区水体为共享中心进行资源配置和整合并形成产业集聚的过程。① 这种"抱湾"的形态决定了湾区经济的集聚性不同于其他经济体的集聚性。由于"抱湾"，湾区形成了"内环形+共享水体"的地理形态，一条狭长的甚至可能需要很长距离才能容得下的岸线在更加狭小的湾区空间内生成。例如，原来伸展开来 100 千米长的岸线现在可能被折叠成圆形、椭圆形、长方形等湾区形态（一般为了分析，我们假定为半圆形形态），岸线总长还是原来的 100 千米，但是缩小在一个更小的范围。这就促使每个港口带来的产业集聚更容易发生关联效应从而降低交易成本，甚至产生裂变而形成更多的企业和企业家，产生更多的城市。不仅如此，这种"内环形+共享水体"海陆共生的自然生态系统提供了最适合人类居住的多样性生态环境，吸收了大量知识移民的聚集和溢出，形成了包容性极强的移民文化。海岸线是国家的稀缺资源，湾区岸线更是国家的优质资源。湾区经济"抱湾"所形成的产业集聚的秘诀或许恰好在于这里，岸线的折叠带来了港口群的集中，并为交易成本的降低以及外部性形成带来了可能，促使企业能够获得意想不到的超额利润。图 2-4 表示同一条但位于不同区域的海岸线，AB 这一条岸线位于湾区区域，折叠在一个较小的空间，A1B1 是一根同样长的岸线，但位于沿海地区，

---

① 申勇：《湾区经济的形成机理与粤港澳大湾区定位探究》，《特区实践与理论》2017年第 5 期。

从图中我们很明显地发现，在湾区形态下，假定 AB 线代表的岸线长度与 A1B1 等长，但两者所覆盖的范围是不一样大小的，以 AB 为代表的湾区形态所覆盖的范围明显要比 A1B1 所覆盖的范围要小得多。这就说明，湾区形态更加容易让港口和产业集聚在一个更小的范围内，产业链上下游之间可以在运输距离更少的情况下发生交易和联系。如果两岸通过桥梁连接，则通达性会更好，人财物的便捷流动使得湾区的集聚性更加明显。深圳前海"扩区"就是一个非常典型的例子。为了进一步促进前海发展，中共中央决定实施前海"扩区"方案，面积从 14.92 平方千米扩展到 120.56 平方千米，扩区范围包括深圳机场、会展新城、海洋新城等靠海区域。扩区强化了前海宝安的"湾区核心"[①] 功能，增强了"抱湾"岸线区域的聚集叠加效应。

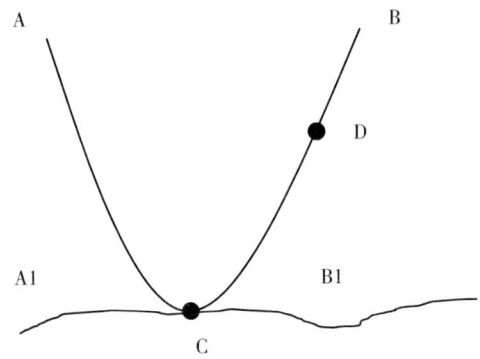

图 2-4 湾区经济空间集聚示意图

（二）分岔点效应

空间经济学分岔点原理告诉我们，在图 2-5 中的湾区形态下，A、B、C 点都有可能成为区域的分岔点，通常情况下，C 点由于通过内河连接国内市场，极有可能成为湾区产业集聚地的原料来源地，由于 B 点位于

---

① 笔者有幸于 2017 年与深圳市委党校课题组参与宝安定位课题研究，立足于"拥海抱湾"湾区经济基本原理，共同讨论形成了"湾区核心、智造高地、共享家园"的宝安定位，一直使用至今。

出海口的位置，也就是产品的市场代理点，假定产品运到A点或者B点就等于运到客户手中，A、B两点就可能成为港口建设的最佳位置，如果这里恰好具备建设港口条件的话，港口所带来的市场红利自然落到这一区域。

如果要满足运输费用最小的条件，工厂就应该建设在D处，而不是A点和B点往两边延伸的海岸线上。① 在湾区经济形态下，分岔点成为原料的集散地和港口的集中地，要么是原料的来源地，要么是港口的产品销售地，非常有可能成为产业和各种要素最为集中的地区，形成集聚的极点效果，而湾区的岸线上，有可能会形成若干个分散的散点，这些散点将成为生产的集中地。这就形成了湾区的分岔点并带来的最优集聚效应。

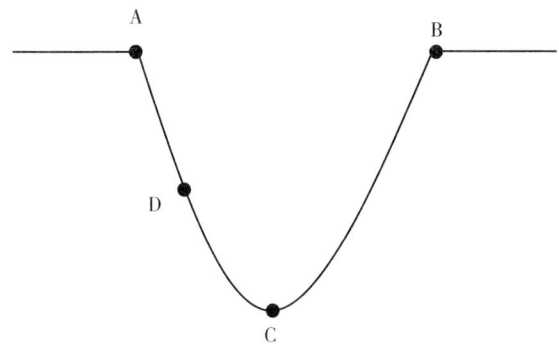

图 2-5 湾区岸线示意图

湾区的集聚性不仅表现在空间方面，同时也反映在时间上。随着时间推移和湾区发展，支撑湾区经济的生产要素将会发生变化，导致生产要素的集聚对象也会发生变化。往往在湾区发展初期，大量聚集劳动力、资金、加工型企业等初级生产要素，一旦进入到湾区发展的高级阶段，以科技创新为主的要素会成为湾区集聚的重点，一些重要的大学、实验室、高级技术人员和科学家、科技园区、大科学装置、生产性配套服务业等要素不断集聚，科技创新的集聚效应不断释放，使湾区要素集聚呈现逐步升级态势。

---

① 孙久文主编：《区域经济学》，首都经济贸易大学出版社2014年版，第35页。

第三节 合群：形成效应叠加机制

合群是指依托湾区或湾区群，建设港口群，带动产业集群和城市群的形成。"群"是湾区经济的重要标志，要求港口、产业、城市都要在"群"中协调合作发展。湾区经济的形成过程也是城市群的形成过程，最早是港口群建设，由于湾区海岸线较长，地理位置优越，水深海阔，便有一些先见之明者开始来此修建港口，港口建成后带动周边物流，物流的发展带来商品运输的便利和运输成本的降低，促使人们在港口附近区域建设相关工厂，由此形成产业链。随着产业的不断发展，人们不断向城镇区域聚拢，城市得到快速发展，一批大城市由此而生。合群发展是湾区经济的重要特征。

一、城市群共生的城市命运共同体

共生作为种群生态学理论，最先由德国真菌学家德贝里于1879年提出，后来得到大多数科学家证实并被广泛应用于经济学、城市学、社会学等学科研究中。[①] 共生的本意是指自然界存在这么一种现象，即当一株植物单独生长时，显得矮小、单调，而与众多同类植物一起生长时，则根深叶茂，生机盎然。[②] 事实证明，这种现象不仅适合于自然界，而且还贯穿于人类成长以及城市群的成长过程。湾区城市群成长也存在共生环境，湾区城市群有一个共享的湾区水体，这就决定了湾区城市群之间的互相依赖性以及城市经济的互补性，抱团成长注定会成为他们的共同价值理念。在一个湾区内部，一个城市不可能把所有的生产要素都控制在自己手中，单枪匹马、孤军奋战一般难以成为杰出城市。他们不仅共生，更像是一对对命运相连的孪生兄弟，有着几乎相近的成长环境，最终成为城市命运共同

---

① 冷志明、易夫：《基于共生理论的城市圈经济一体化机理》，《经济地理》2008年第3期。

② 于猛：《我国法官司法豁免制度研究》，郑州大学，博士论文，2020年。

体。尽管在城市发展初期，会出现城市规模小、城市间相互孤散、经济活动分散、缺乏联系并相互割裂、在相对封闭的体系中各自为政，甚至以邻为壑和"经济孤岛"的现象。但随着经济日益增长，城市之间的联系会越来越多，中心城市的外溢现象也越来越明显，导致城市间出现新的分工与重组，如果经济增长不出现逆转，就会形成新的城市群。某些面积比较大的湾区，不仅会形成一个城市群，还可能形成多个城市群或者都市圈集群。

二、点轴到网络的城市群演变路径

（一）点轴是城市空间的基本结构

点轴开发模式最初是由波兰的萨伦巴和马利士提出来的。他们认为，城市群的发展是点轴结构带动的，主要围绕交通运输线将大中城市与周边各级城市联系起来，大中城市成为城市群的核心增长极，产生极点带动效应，形成点、线、面相结合的区域经济空间格局。点轴系统是主导城市空间结构的重要开发模式。对于一般城市群而言，交通枢纽往往会成为点轴延伸的早期节点，并逐步演变成为城市群的中心城市。随着城市化的进一步深化，形成由不同等级的发展轴和中心城镇组成的多层次结构的点轴系统。湾区经济的点轴发展状态与一般区域不同，其极点一般依托港口城市或者岸边"分岔点"城市形成，并逐步以其为中心城市构建都市圈，轴带主要依托高等级公路、水路、桥梁、高速铁路等构成。

（二）从点轴开发到网络式布局

网络式布局是点轴开发进入系统开发阶段城市空间布局的高级结构。按照点轴开发模式，任何一个地区的开发总是最先从一些极点开始，然后沿一定轴线在空间上延伸。网络开发布局重点强调的是点与点之间的经济联系及其相互作用，通过轴线的经纬交织形成经济网络。湾区经济也是从点轴带动开始的，随着经济发展，极点逐步增加，轴带也从一条演变成多条，加之桥梁的建设，会形成纵横交错的复杂动态网络结构。

从世界湾区经济发展的历程看，从点轴结构到网络布局是湾区经济从低级向高级演变的过程。以东京湾区经济的形成为例，最早的起步区在东京及其周边的港口，仅局限于1920年的10千米。随着日本的经济发展，东京附近的钢铁、化工、电力等产业集群相继形成，城市功能和城市之间的连接日益增强，特别是交通有了长足的进步，形成了密密麻麻的新干线、快线为主的轨道交通网，人们的通勤、生活半径和商品市场化水平大大提高，湾区经济发展轴带基本形成，京滨和京叶两大产业带成为点轴结构的典型范例。到1980年，由东京、千叶、埼玉、神奈川组成的城市群基本成型，形成了以东京为核心、横滨等中心城市为增长极点，高速公路、新干线、桥梁为轴带的纵横交错的网状城市群结构。

网状的城市布局不仅带来都市圈的发展，而且促进了城市文明的多样化，产生颇具世界影响的全球城市。从全球城市化进程来看，城市群发展的结果往往会带来大量人口往沿海湾区集聚。不仅是因为港口所带来的产业集聚和城市集中，更是因为沿海城市有着与一般城市不一样的生态环境，海陆交融的生态系统和食物链条决定人们在这里会更舒适、更多样化，人们在这里可以享受多样化的文化，品尝多样化的食物，拥有多样化的生活方式，开展多样化的交流活动，接受多样化的体制制度，正是多样化带来了城市的高集聚度和人口的高移民度。

对于湾区城市群群集的情况，我们从全球城市的分布可窥见一斑。2019年，有机构对全球城市进行了排名，我们可以发现，前十名的全球城市几乎都分布在湾区中，反映了湾区城市群的高级化特征（如表2-3所示）。

表2-3　世界全球城市综合排名①

全球城市	纽约	伦敦	巴黎	东京	北京	香港	洛杉矶	芝加哥	新加坡	华盛顿特区
排名	1	2	3	4	5	6	7	8	9	10
所属湾区	纽约湾区	伦敦湾区	塞纳湾	东京湾区	环渤海大湾区	粤港澳大湾区	圣佩德罗湾区	五大湖湾区	新加坡峡湾	切萨皮克湾区

资料来源：科尔尼管理咨询公司（A.T.Kearney）发布的《2020全球城市指数报告》。

---

① 参见第四章湾区分布状况。

三、合群带来的湾区经济效应

(一) 向心力作用

湾区经济为什么能够形成合群效应？这里面有普通的城市群发展规律，也有湾区城市群自己特有的规律。湾区城市群拥有普通城市群不具备的呈"凹入"状的共享水体，内含的各种经济要素保持着竞争关系的同时，还必然保持互相依存互相促进的命运共同体关系。优美的环境推动湾区城市的共同繁荣，一旦共享水体的环境遭到严重破坏，处在湾区周边的城市都将面临生存危机。这种生命共同体的特征倒逼着湾区内城市之间无形之中形成某种联系，城市功能共通连接，城市产业共筑链接，城市生态共享绿色，以竞争发展为基调逐步走向一体化，这就是湾区经济的"无形之手"所带来的"向心力"。

引力模型为湾区经济向心力研究提供了基础，其最初在物理学领域内使用。德国经济学家谢费尔（Shaffle）较早就运用牛顿万有引力的公式来模拟生产地与消费地的联系程度，其分析模型对于我们理解湾区城市之间的向心力是十分有益的，现在人们普遍运用引力模型来分析地区之间的贸易流量、空间联系强度等，这对于湾区城市的向心力分析和城市间空间相互作用研究仍然有用。

我们用引力模型可以测算城市之间的相互作用强度。一般来说，相互作用强度大，说明城市之间的流量和引力相对较强。如果引力大的城市都集聚在一块，就有可能在相互之间产生一种城市向心力。我们假定城市之间相互吸引、相互联系的作用强度为 P_{ij}，那么，我们用下面公式来表示：

$$P_{ij} = \frac{\sqrt{P_i Y_i \times P_j Y_j}}{D_i j_2}$$

其中，P_{ij} 表示城市 i、j 之间的相互作用的引力强度，P_i、P_j 分别为城市 i 和 j 的非农业人口，Y_i 和 Y_j 分别为城市 i 和 j 的地区生产总值，D_{ij} 表示城市 i 和城市 j 两城市之间的距离。[①]

[①] 胡盈、张津等：《基于引力模型和城市流的长江中游城市群空间联系研究》，《现代城市研究》2016 年第 1 期。

从上述公式我们可以看出,城市间的距离与城市引力成反比,湾区城市一旦通过桥梁建设加强了相互城市间的联系,城市之间的距离也随之减少,湾区城市可以通过陆路和大桥与更多的城市形成引力强度更高的联系,结果会带来城市之间进一步联系的向心力,推动城市人流、物流、资金流和信息流的便捷流动。

对于向心力,我们可以在引力模型的基础上进一步进行推算:

$$P_x = \left(\sum_{ij=1}^{n} P_{ij}\right) R/N$$

式中,P_x 表示湾区的向心力,R 表示向心力系数,取 0—1 之间,与湾区的半径以及湾区形态有关,N 表示城市的数量。湾区城市之间的引力越大,意味着湾区的向心力越大,说明湾区的融合度就越好。

(二)叠加效应

叠加效应在自然界广泛产生和运用。波的叠加原理就是物理学的基本原理之一,介质中同时存在几列波时,每列波能保持各自的传播规律而不互相干扰,他们各行其道、互不干扰,但是,在波的重叠区域里各点的振动的物理量等于各列波在该点引起的物理量的矢量和。[①] 物理现象产生的叠加效应同样适合于湾区经济发展过程中各动力源的分析。从湾区经济的发展过程看,一般情况下要经历以下四个阶段。

一是港口经济阶段。这是湾区经济发展的最初阶段,通常人们利用沿海深水港口的优势建设各类大型港口,大力发展进出口贸易,从而带动临港区域经济发展。近年来,随着集装箱技术快速发展,港口经济对于经济发展的作用越来越明显。特别是在一些具有比较优势的湾区范围内,其经济活动范围直接服务于与港口转运相关的装卸、仓储、运输、设备提供以及船舶修理等,带动了周边的港口服务、海洋运输、旅游服务等产业发展,形成了以港口为依托的物流、资金流和信息流的集聚。

---

① 王飞:《若干电磁辐射方式下的电磁效应仿真计算》,华北电力大学(北京),硕士学位论文,2001 年。

二是工业经济阶段。港口的建设和运作必然会带来产业的集聚,特别是在区域范围内,将形成原料进口、产品出口等不同类型的港口群,各种港口沿湾区分布,必然会产生外部性问题。企业为了追求市场规模和降低交易成本,必然会在港口周边建立自己的生产工厂和基地,利用国外的原料和市场生产产品,最终形成各种企业集聚的产业集群发展阶段。工业集群发展不仅推动区域经济发展,更是为港口经济发展提供了支撑。

三是服务经济阶段。工业集聚发展必然会带来各类人才的集中,城市服务业出现新的发展契机。一方面,港口经济和工业经济导致金融、保险、中介等现代服务业快速发展;另一方面,企业日益拥挤,外溢现象突出,企业外迁导致服务经济比重逐步上升,随着城市功能的逐步增强,第三产业逐步替代第二产业成为经济发展最重要的经济形态。

四是创新经济阶段。这个阶段,工业经济和服务经济加速融合,移民人群带来了新思维、新观念,产生了以信息经济、智能经济、大数据经济为主的创新经济形态,创新的影响力会逐步增强,创新型企业会产生裂变,形成创新集群效应。

从港口经济、工业经济,再到城市经济和创新经济,并不是相互替代的过程,而是相互推动和共同升级的过程。例如,工业经济的形成并不否定和代替港口经济,反而促进港口经济进一步提升。同时每个阶段形成要素和动力是不一样的,以形成动力为例,如果我们将湾区经济动力分为基础性动力、内生性动力和外源性动力,则各个阶段的动力是不同的(如图2-6所示)。例如,港口阶段的基础性动力将发挥关键性作用,内生性动力逐步增强,外源性动力起重要的推动引领作用;到了创新经济阶段,内生性动力将成为主导动力,外源性动力强度占据第二位,基础性动力强度占据第三位。[①] 这种动力的组合演变会形成港口群、产业群、城市群和创新群的叠加效应,推动经济形态向最高级的经济形态演变。

---

① 伍凤兰、陶一桃、申勇:《湾区经济演进的动力机制研究——国际案例与启示》,《科技进步与对策》2015年第23期。

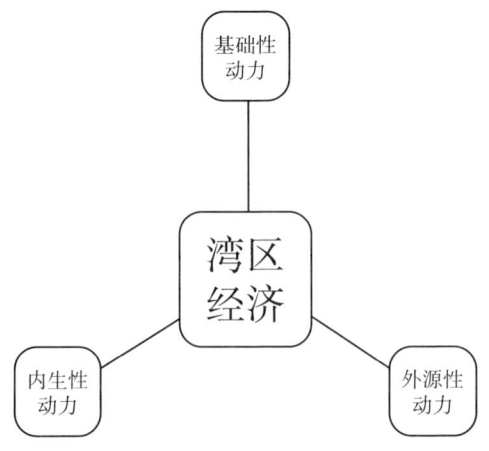

图 2-6　湾区经济发展的"三力模型"①

湾区经济的叠加效应非常重要，它回答了为什么全球一流国际化城市一般都产生在湾区边上，而不是其他的普通城市群。同时也告诉我们，湾区城市如果要发展成为国际一流城市，就一定要提升核心引擎功能，推动形成叠加效应最大化。只有这样，才能从根本上认清湾区经济的本质以及湾区城市的发展之道。

第四节　联陆：形成海陆联动机制

目前对于湾区经济的研究，大多集中在湾区经济的开放性和产业集聚等方面，对于湾区经济的辐射以及腹地建设关注较少。也就是说，人们更加关注湾区自身的建设，很少去关注涉及湾区经济的腹地建设问题。本节的一个重要特点在于对于湾区经济的形成有了一个新的视角，我们仔细研究各大湾区的地图就可以发现，一般来说，早期的湾区经济必然拥有一条

---

① 伍凤兰、陶一桃、申勇：《湾区经济演进的动力机制研究——国际案例与启示》，《科技进步与对策》2015 年第 23 期。

或多条连接内陆的河流，形成通往内地的水上交通。尽管后来的交通方式发生了变化，铁路和高速公路成为国内运输的主力，但河流对于湾区经济的形成和发展始终有着难以替代的作用。从湾区经济形成的历史来看，没有河流的湾区，可能就是一个"死"的湾区，至少在当时很难产生湾区经济形态。① 粤港澳大湾区是从珠三角演变而来，珠三角就是由珠江（主要包括东江、北江、西江）冲积而成。在过去，这三条江就是大湾区连接内陆的命脉。现在运输工具有了新的特点，即对外的货物运输仍然依赖水运，但与内地的联系方式正在随着科技的进步发生改变。高速公路和铁路的发展对于人流和货物的运输起着非常重要的作用，湾区经济不仅有水运而且有更实惠的陆运和空运方式，还可能通过河流、铁路、公路等形成新的腹地，可见腹地永远是湾区经济发展的重要因素。交通工具的改变并没有改变湾区需要腹地的事实，反而使湾区的腹地更广阔、更多样、更紧密了。

从古至今、从内到外，这一特点对于湾区经济的形成都发挥了巨大的作用。国内比较典型的是丝绸之路的形成，仔细研究海上丝绸之路的形成就可以发现，我国海上丝绸之路的起点大部分发源于湾区地区，如广州、徐闻、合浦、泉州、宁波等海上丝绸之路的发源地都位于湾区地区。当时中国的丝绸、茶叶、陶瓷等产品之所以能够源源不断地运往国外，国外的咖啡、机械设备之所以能够进入我国内地，主要是通过湾区进入所连接的内河，然后再进入我国广大的内陆城市。② 有专家研究湖南的长沙窑后发现，长沙窑并非处于沿海湾区，其瓷器之所以能够遍布全球 30 多个国家，就是因为湘江能够连接出海港口。据吴小平的《百问长沙窑》记载，唐朝时期长沙窑的外贸瓷大多顺湘江进入洞庭，然后经过岳阳（岳州）城陵矶而进入长江，再从长江进入扬州而运往世界各地。③ 虽然长沙不靠海，但

---

① 申勇：《湾区经济的形成机理与粤港澳大湾区定位探究》，《特区实践与理论》2017 年第 5 期。

② 申勇：《湾区经济的形成机理与粤港澳大湾区定位探究》，《特区实践与理论》2017 年第 5 期。

③ 吴小平：《百问长沙窑》（上卷），广东红旗出版社 2016 年版，第 146 页。

通过湘江可以直达长江并连通海运。这足以说明，当时依靠水运的情况下，任何港口只有与内河相连才能形成真正的辐射与开放。

海陆联动主要有以下几种方式。

一、交通连接

交通连接是湾区海陆联动的主要形式和重要的实现方式。交通连接主要包括水路、公路、铁路。水路是最早使用的最常用方式，美国纽约湾区与五大湖地区的连接最早就主要靠人工修建的伊利运河；随着交通运输技术的不断进步，公路和铁路成为海陆联运的重要方式，人们通过公路或铁路将集装箱和货物运往湾区港口，通过港口货轮运往目的地，实现了海铁联运，旧金山湾区核心奥克兰地区的发展就得益于铁路，由于铁路的兴建，使其拥有了更大的腹地；高速铁路技术的突破使湾区辐射的范围进一步扩大，原来需要1天以上的里程现在两三个小时就可以了，至少可以形成500千米以内的3小时经济圈，粤港澳大湾区的深圳通过厦深高铁、赣深高铁、广深高铁、昆深高铁等实现了深圳与泛珠三角主要城市的快速连接，扩大了深圳辐射范围。

二、产业链接

产业外溢是湾区发展到一定阶段的必然结果，是湾区海陆联动的主要手段。一般情况下，随着湾区快速发展，湾区内的房价迅速上涨，人力成本大幅提升，导致制造业营商成本明显高于非湾区地区，部分湾区产业由于成本过高，开始将自己的制造业部分转移到其他地区，湾区与这些地区形成了"总部+制造加工"的产业链密切联系。除了这种市场因素影响的产业迁移外，有些湾区城市是通过政府采取规划的方式将部分产业转移到内陆，帮助或带动内陆地区发展。日本东京湾区千叶县就是一个典型例子，他们最早是湾区食品、酒业等产业的生产基地，后来发展成为以钢铁、石化为主的重工业地带，为了实现产业的海陆联动，他们于1983年出台了《千叶新产业三角构想》，将先进高端制造业外溢到内陆地区，推动临海重工业与内陆加工组装产业互补发展，1994年他们出台了《千叶新产业战略》，2006年又制定了《千叶新产业振兴战略》，采取"跬跳"的方式推动先进产业进行跨区域布局，将大量制造业基地迁入内陆，实现了沿海带动内陆发展的想法，使沿海和内陆产业形成了比较合理的分工和对接。

三、城市对接

城市对接是湾区与内陆联动的重要内容，有利于进一步深化海陆城市联动。城市联动主要包括：城市服务功能对接，如基础设施和交通设施的有效对接；城市某一特殊领域的合作，如科技合作、文化合作等；也包括城市之间的产业、人员等方面的合作。位于长江三角洲的上海与安徽之间的科技合作就是海陆城市联动的范例，上海位于沿海地带，是长三角一体化与大湾区的核心城市，合肥位于长三角内陆地区，也是长三角经济圈的重要城市，两者相距大约400多千米，近年来，在国家科技兴国的总体战略下，上海与合肥都分别制定了科技创新发展战略。上海不仅拥有大学优势，还有产业和金融中心优势，合肥则拥有大学和人才队伍等优势，两地都有综合性国家科学中心品牌，两个城市以"两心共创"为基础加强城市科技合作，正在书写沿海城市与内陆城市海陆联动新篇章。

四、体制衔接

以湾区为核心的沿海地区与内陆城市的开放程度、文化背景、人员结构、科技发展水平、产业发展政策、市场发育程度都存在比较大的差异，一般来讲，沿海地区开放程度高，市场经济发育比较完善，移民文化所带来的包容性比较强，经济体制相对比较灵活，如何发挥湾区与内地的体制机制对接对于推动海陆联动十分重要。例如，粤港澳大湾区就包括"9+2"个城市，在"一个国家"下就存在"两种制度、三个关税区、三种货币"

并带来了城市之间的巨大体制差异，区域内不仅存在社会主义和资本主义两种不同的社会制度，还有香港、澳门两个自由贸易港，前海、南沙、横琴三个自由贸易区和深圳、珠海两个经济特区，如何实现体制融合以及与泛珠三角地区之间的体制衔接是一个必须面对的难题。

由此可见，一个完整的湾区经济结构不仅具有"抱湾合群"高度集聚的叠加功能，更要具有"海陆联动"的全面开放功能。这里的全面开放主要包括两个方面，即拥海开放和联陆开放，拥海开放是湾区经济对外开放的主要途径，是充分利用国际资源的重要手段。相比之下，联陆开放则是湾区对内拓展腹地，形成海陆联动、调配国内资源的重要举措。一个国家从外向型经济走向开放型经济，不仅是开放度得到提高，开放方式和开放水平也应该进一步提升，原来的梯度开放方式将被由更高级别的海陆联动方式所取代。特别是高铁等新的交通运输工具的出现，促使沿海与内地的物理距离缩小了，海陆联动的现实性作用更加明显。

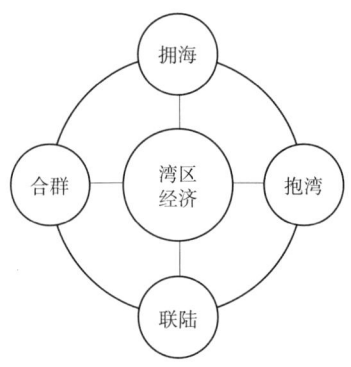

图 2-7 湾区经济要素形成图示

湾区的发展高度看湾心，湾区的发展厚度看腹地。湾区经济拥海抱湾、合群联陆发展非常契合我国目前发展新格局布局（如图2-7所示）。我国虽然已是世界第二大经济体，但国际环境、全球化和国际循环瞬息万变，国家经济分布仍然处于严重不均衡状态，东西部地区的差距还比较大，国内循环还不十分顺畅。只有构建新的海陆通道，增强湾区腹地的力量，湾区发展才能更持久，才能进一步发挥我国湾区在国内国际双循环的重要作用，加快构建国内国际双循环发展新格局。从空间方面发挥湾区在外循环的连接作用、在内循环的引领作用，加大湾区与内陆空间的交通连接，将湾区建设成为我国国内国际双循环的支点和核心节点；从产业方面发挥湾区全球资源配置和科技领先的优势，促进科技创新的自立自强，主动弥补产业链短板，将湾区建设成为连接国内国际双循环的产业链供应链第一护卫舰；从城市方面发挥湾区城市群的服务功能和都市圈经济消费的引领作用，积极扩大内需，将湾区建成国内国际双循环扩大内需的重要引擎；从体制方面发挥湾区市场经济体制相对完善的优势，通过加强与国际市场经济体制对接，为国内体制机制改革提供先行示范，将湾区建设成为国内国际双循环的体制改革先行区。

第三章 湾区经济存在价值与类型

《粤港澳大湾区发展规划纲要》指出:"建设粤港澳大湾区,既是新时代推动形成全面开放新格局的新尝试,也是推动'一国两制'事业发展的新实践。"① 世界湾区发展历史证明,湾区经济作为湾区发展的重要方面,与港口经济、沿海经济、城市经济有着本质上的区别,具有自身发展的独特逻辑。本章将从湾区经济与沿海经济、城市经济的差异性入手,阐明湾区经济的客观存在价值,进而分析湾区经济存在的主要类型。

第一节 湾区经济具有独特的存在价值

尽管人们分别从地理经济、产业经济、城市经济、区域经济、开放型经济等角度对湾区经济的内涵进行了剖析,但是大多数人忽视了湾区经济本质性的成长规律,没有从根本上说清楚湾区经济与沿海经济、湾区经济与城市经济的内在区别。本节将通过分析湾区经济与沿海经济、城市经济的本质差异揭示湾区经济的客观存在性。

---

① 《粤港澳大湾区发展规划纲要》,人民出版社2019年版,第1页。

一、湾区经济与沿海经济的区别

我国对于沿海经济的研究，主要集中在改革开放以后。在这之前，人们对于沿海经济的研究很少。但是，有两篇文章是非常重要的，一篇是毛泽东同志于 1956 年发表的《论十大关系》，他论述的第二大关系中就提到沿海工业与内地工业的关系。他认为，所谓沿海，是指辽宁、河北、北京、天津、河南东部、山东、安徽、江苏、上海、浙江、福建、广东、广西。① 当时 70% 的工业集中在沿海，内地只有 30%。他在提出改变这一状况的同时，要求"好好地利用和发展沿海的工业老底子"，"必须更多地利用和发展沿海工业，特别是轻工业"。② 另一篇是时隔 20 年后，谷牧同志在 1983 年答《国际贸易》记者问的访谈，他提出要"发挥沿海优势，加强对外经济贸易"③，要求沿海地区要发挥地理位置优势、交通方便和经济基础好的优势，加快发展经济。这两篇文章虽然发表于不同时期，侧重点也不同，但都点到了沿海工业和沿海经济发展的独特优势，对促进我国沿海开放具有十分重要的战略意义。

随着沿海经济的迅猛发展，我国研究沿海经济的有关文献从 1984 年开始逐步增加，呈现出两次研究高潮，一次是从 1980 年前的个位数直线上升到 1995 年左右的近 2000 篇；另一次是在 2010 年左右，研究文献上升到 5000 多篇。第一次研究高潮说明，沿海经济的正式提出已经引起人们的关注。第二次研究高潮说明，经过十多年发展的沿海经济已经取得了很大成绩。从图 3-1 可以看出，随着改革开放的推进，沿海经济慢慢进入人们的视线并逐渐成为人们研究的热点，说明沿海经济的研究是与我国沿海经济的发展成正相关关系。

---

① 毛泽东：《论十大关系》，《人民日报》1976 年 12 月 26 日。
② 毛泽东：《论十大关系》，《人民日报》1976 年 12 月 26 日。
③ 谷牧：《发挥沿海地区优势，加强对外经济贸易——谷牧同志答〈国际贸易〉记者问》，《经济与管理》1983 年第 3 期。

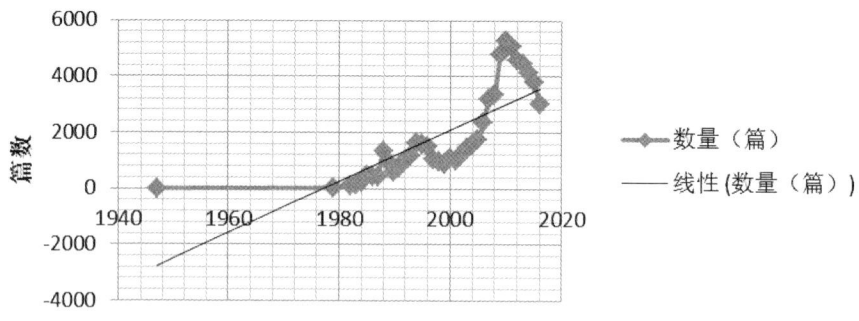

图 3-1 沿海经济文献发表变化图①

对于沿海经济，目前我国学术界并没有统一的定义。从历年研究文献可以看出，沿海经济主要是背靠我国沿海地理优势，依托沿海城市积极发展外向型经济而提出的重大战略。从表面上看，湾区经济似乎就是沿海经济，因为湾区本来就生于沿海，湾区经济是由海湾衍生而来的，具有沿海经济的基本特性。如果按照这个逻辑，湾区经济显然就没有独立的存在价值了，湾区经济顶多就是沿海经济的一部分或者一种特殊形式。事实上，湾区经济作为一种依赖于特殊空间地理关系而存在的经济形态，之所以长久没有被人发现，即使被发现了也很少引起人们的关注，原因就在于此。

但是，如果我们仔细分析，就可以发现，湾区经济与沿海经济还是存在着较大区别。

第一，地域位置差异。一是从区位上看，沿海经济涵盖的区域大，地域比较分散，而湾区经济涵盖的区域比较小，相对比较集中。湾区经济的发展主要集中在凹入内陆的湾区区域，有些还延伸到广大腹地。湾区经济的资源配置、交通布局以及城市功能分工都是围绕湾区来进行的。例如，我们将广东省沿海经济带与粤港澳大湾区进行比较，就可以发现，粤港澳大湾区主要集中在"9+2"城市群中，而广东沿海经济带

---

① 数据由中国知网整理得来，见 https://www.cnki.net/。

则主要指从湛江到汕头一带的沿海区域。① 所以，粤港澳大湾区相对比较集中，是区域核心，而沿海经济带则相对分散，发展极不均衡。从表3-1 中我们也可以看出，广东省沿海经济带就包括东、西两翼，粤港澳大湾区则不包括这两大区域，主要集中在珠三角地区。如果把粤港澳大湾区与整个广东省沿海放在一起看，就可以发现，广东是全国经济最发达的地区，同时也是全国经济发展最不均衡的地区。二是从地理上看，沿海经济往往呈"一字型"平直排列，每个城市都必然生在海边，都有自己的出海口，依托出海口发展自己的外向型经济，但不可能形成集"群"式经济发展态势。非洲西部和南部沿海就是一个非常典型的例子，其沿海岸线比较平直，有港口但基本上没有成型的湾区，难以形成能聚集经济要素的湾区经济。湾区经济则不同，每个湾区城市都有不同的地理结构，有些是完全在海边，有些则不一定靠海，并且每个湾区形状不同、大小不一，大部分与内河相连，拥有大片腹地。虽然湾区内拥有出海口，但并不意味着每个城市都必须有自己的出海港口，一般情况下，他们会共同享有一个或多个出海口，形成比较系统的分工，在一个狭小的地理空间内构筑湾区经济发展平台，聚集经济发展要素。例如，伦敦市区虽然距离湾区出海口大约 80 多千米，但由于泰晤士河直通出海口，共享出海通道，也属于湾区经济的重要形态。三是相对于沿海经济，湾区的大小对于湾区经济的产生和形成也有较大影响，太小或太大都难以形成湾区经济。我国的环渤海湾区到目前为止还没有形成湾区经济的更高级形态，原因就在于其水曲面积太大，尤其是从大连到烟台的湾口距离相隔太远，无论是修建大桥还是隧道，都需要花费大量的资金克服较大的风险。除此之外，湾区经济还包括连海湖泊所产生的湾区经济形态，这也是沿海经济所不具有的。

---

① 为了进一步推动粤港澳大湾区发展，广东省委省政府明确提出"一核一带一区"战略，其中，"一带"指广东省的沿海经济带。

表 3-1　2019 年广东省分区域主要指标

区域	地区生产总值（亿元）	比上年增长（%）	固定资产投资增长（%）	社会消费品零售总额增长（%）	地方一般性公共预算收入增长（%）
珠三角核心区	86899.05	6.4	12.3	7.3	4.5
东翼	6957.09	5.0	12.7	7.3	1.6
西翼	7609.24	4.9	—1.2	8.2	4.6
北部生态发展区	6205.69	5.5	10.2	7.5	2.5

资料来源：广东省 2019 年统计公报。

第二，发展对象差异。沿海经济的发展对象主要是单个城市，湾区经济的发展对象主要是城市群甚至是大都市圈集群。沿海经济是在我国改革开放初期提出来的，当时我国处于城市化起步阶段，在全球经济中的地位也不高，即使在 1984 年提出开放沿海十四个城市的时候，我国经济水平和城市化水平都相当低。不仅如此，我们也没有加入 WTO，还没有参与全球化分工，沿海城市化是在单个城市发展的基础上进行的，沿海城市只能以单个城市向外开放。而湾区城市由于共享一个湾区，具有共同的向心力，会产生"港口群 + 产业群 + 城市群"的叠加效应，形成沿海城市与内陆城市群合作发展态势，其发展动力和手段以及最后结果都明显好于沿海经济。从某种意义上来说，湾区城市群是城市群中的航空母舰。

第三，对外开放水平差异。改革开放初期，我国要发展商品经济，缺乏资金、技术和人才，只有尽快将国外资金和技术引进国内，为我所用，才能将国内的低价劳动力资源与国外的资金、技术有效结合起来。当时我国选择了外向型经济发展战略，通过引进外资和技术，紧紧抓住了世界新一轮产业转移浪潮，在沿海城市发展加工制造业，"三来一补"企业像雨后春笋般不断涌现，促使中国不断开放并参与全球经济分工体系。由此可见，沿海经济是在全国从计划经济向商品经济过渡过程中提出来的，是实行外向型经济的重要步骤。相比之下，湾区经济是在我国已经全面实行市场经济，从外向型经济向开放型经济演进的过程中提出来的，其开放度和开放水平远远高于当时的沿海经济。正如深圳大学陶一桃教授所指出的："湾区经济将以其自身的探索和发展，促进中国社会由政策开放走向制度开放，由外向型经济向开放型经济转型……在不断深化改革和大力推进'一带一路'战略实施的大背景下，湾区经济不仅是一种新的开放模式和发展理念，是继特区、自贸区后出现的我国新一轮对外开放的区域引擎，而且还肩负着探索国际间区域合作的可行模式，探寻共同繁荣、分享发展的改革有效方式，开拓以开放促改革的制度变迁创新路径之使命。"①

第四，发展战略差异。沿海经济是推动我国改革开放的重要手段，主要侧重于经济方面。而湾区经济不仅包括推动区域经济发展，也包括实现湾区内政治、社会、文化、生态等全方位发展，是关乎国家现代化的长远发展大计。甚至在某个阶段，政治问题还成为湾区内最突出的问题。例如，粤港澳大湾区发展规划的提出，一个重要任务是要推动香港、澳门融入国家发展大局，推动"一国两制"事业发展新实践，保持香港、澳门长期繁荣稳定发展。因此，我国制定的《粤港澳大湾区发展规划纲要》，不仅仅是经济和城市圈发展规划，而且是包括政治、经济、文化、社会和生态等多方面全方位的战略定位和发展方略，从总体上看，比当时的沿海经济发展战略更高一筹。

湾区生于沿海，但区别于沿海；湾区经济始于沿海经济，但胜于沿海经济。对于湾区经济与沿海经济的区别，可以用一句大家非常熟悉的围棋术语来比喻，即"金角银边草肚皮"②。如果说湾区经济是围棋中的"金角"的话，那么可以形象地将沿海经济比作"银边"。这样，湾区经济与沿海经济的关系就通俗易懂了，湾区经济区别于沿海经济的独立存在性也就显而易见了。

---

① 陶一桃：《中国湾区经济肩负以开放促改革的制度创新使命》，《深圳特区报》2017年4月28日。

② 在对弈过程中，角是金角，围的目数最多；边是银边，围的目数次之；中腹最不易围空。

二、湾区城市群的独特性

城市群是当今世界城市和区域发展的主要载体,是工业化和城市化的必然产物。从全球范围来看,有关城市群的研究文献最早出现在第二次世界大战后,当时主要针对几个城市带提出来的,如东京到大阪、伦敦到曼彻斯特、波士顿到华盛顿。由于我国工业化起步时间远远落后于西方发达国家,而较长一段时间的主要精力放在小城镇发展上,城市化和城市群发展起步相对比较晚,一直到改革开放后的20世纪90年代才出现珠三角、长三角和环渤海城市群。因此,对于城市群的研究相对比较滞后,20世纪80年代才起步,但此后的研究数量增加较快,基本上是每十年上一个台阶,2016年达到6000多篇(如图3–2所示)[①]。与研究沿海经济不同的是,研究城市群的文献数量目前还处于上升期。对于城市群,虽然还没有一致的说法,但普遍认为是由多个城市组成的城市体系或城市群体。朱林兴认为,城市群是指一定区域内若干个自然经济条件相似,经济上互为依存的,以中心城市为核心和依托所组成的城市体系。[②] 这是我国比较早研究城市群的文献。姚士谋认为,城市群是由多个不同等级规模的城市,随着交通更加便捷,相互之间发生一定的内在关系,共同构成较为相对完整的群体。[③] 从早期我国对于城市群的研究来看,学者虽然认识到某种特定的地理状态对于城市群的产生会发挥一定的作用,但是由于我国城市经济发展的阶段性和滞后性,人们难以辨别湾区对于城市群形成的影响与差异性。

城市经济是湾区经济的一部分,但不是全部。由于共享湾区水体而存在许多与城市群经济不同的经济社会特点,独特的地理位置、独特的空间构造、独特的城市关系以及独特的经济结构,决定其本身具有一定的与一般城市群不一样的独特性。

第一,湾区城市群地理条件独特。在区域位置上,湾区城市群依托沿海岸线布局,有一块共同的湾区水体,其地理空间具有普通城市群难以具

[①] 数据由中国知网整理得来,见 https://www.cnki.net/。
[②] 朱林兴:《试论发展城市群体经济》,《改革》1985年第3期。
[③] 姚士谋:《我国城市群的特征、类型与空间布局》,《城市问题》1992年第1期。

备的独特性。具体体现为：一是湾区城市群一般生于国家的边缘地带，位于国家的出海口位置，拥有港口等交通枢纽并成为城市群重要的增长极点。二是地理结构独特，由于共享湾区水体，城市群往往沿湾区水体岸线逐步展开形成，某些湾区还有可能沿两岸形成多个城市群。三是桥梁在湾区城市群形成过程中具有独特的作用，一旦一座新的大桥开通，意味着湾区城市群将发生重组变化。某些原来因水体阻隔而难以联系的城市之间也许会重组成为新的城市群，从而导致整个湾区的城市群格局重新洗牌。

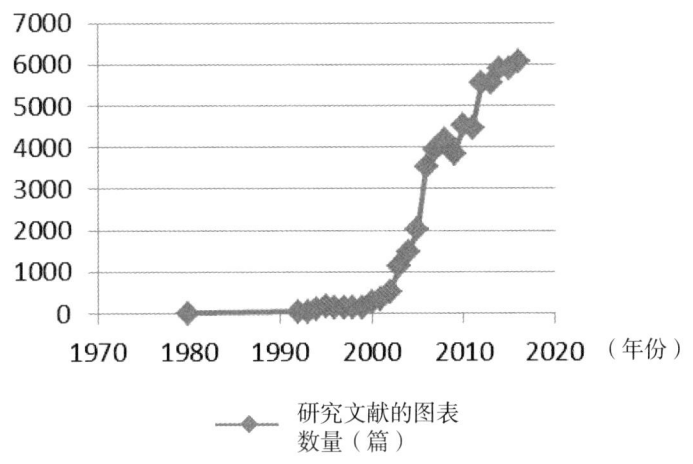

图 3-2　城市群经济研究文献变化图①

第二，湾区城市群发展路径独特。由于存在一个不同于一般城市群的湾区水体，湾区城市群的形成路径有其独特性。一方面，湾区城市群的形成与港口的存在息息相关。无论是伦敦湾区、东京湾区、旧金山湾区还是粤港澳大湾区的形成，都与港口密切相关。因此，湾区城市群的形成有着自己独特的路径，即港口——产业——城市——城市群，普遍城市群的形成过程缺乏这样一个完整的成长链条。另一方面，由于拥有海洋，湾区城市群除了在城市内部之间形成人财物的高效流通和配置外，在外部则形成了对外开放的城市经济体系。

---

① 数据由中国知网整理得来，见 https://www.cnki.net/。

第三，湾区城市群关联对象独特。表现为城市数量和每个城市的邻居数不同，所产生的外部效应不一样。湾区城市群与一般城市群相比，其城市数量和单个城市的邻居数量也不相同。首先，从单个城市的邻居数量来看，一般城市群中最紧密连接的单个城市最多4—5个，这是因为每个城市与周边陆路接壤的城市数量有限。例如，北京在京津冀城市群中处于核心位置，但是与北京相邻的城市也只有保定、天津、唐山、张家口、承德等城市。相比之下，天津由于拥抱渤海湾，其相邻的城市就比较多，除陆上与北京、保定、唐山、沧州等城市接壤以外，通过湾区水体还与秦皇岛、葫芦岛、锦州、盘锦、营口、大连、东营、烟台等水路接壤。同样，粤港澳大湾区的深圳分别与香港、惠州、东莞陆上相邻外，还与珠海、澳门、中山、佛山、广州等城市以湾区水体为载体相连。由于单个城市接壤的城市数量多，因此每个城市对其产生城市群之间的正外部效应显然要比一般城市群要大得多，其资源配置的能力要强得多，城市之间的流量也多得多。

第四，湾区城市群城市文化独特。一是移民文化。移民文化区别于原生土长的本土文化，是由多种文化融合而成的新文化。与一般城市群形成历史较长、具有自己固有的生活习惯与文化根基不同，湾区城市文化一般形成时间短，缺乏城市历史和文化根基，大部分城市居民来自全国各地甚至世界各地，这种移民的特质形成了互不排斥、互相学习、团结合作、相互包容的移民文化，塑造了独特的湾区人文精神。纽约湾区和旧金山湾区文化是最典型的移民文化，粤港澳大湾区文化同样也是移民文化的代表。粤港澳大湾区中的深圳集聚了来自全国各地的移民人群，他们很早就喊出了"来了就是深圳人"的口号，充分显示了深圳湾区城市的包容精神和对后来人的关爱之心。当然，这种移民文化大多发生在移民时期，有些湾区城市经过移民时期以后，会出现沉淀而导致新的文化固化，也有可能会与移民文化背道而驰。香港就是一个典型例子，香港最初是由全国甚至世界各地的移民人群组成，但是达到700万人以后，他们开始排斥内地移民，形成固有的只接受西方文明而抵制大陆文明的半封闭式的半移民文化，导致香港城市发展逐步游离于大陆文化之外，缺乏移民文化应有的包容特质，需要通过湾区城市群融合发展逐步弥合。二是海陆文化。海洋文化是依托海洋而形成的开放性文化，是与大陆文化对应而生的。湾区的"拥海抱湾、合群联陆"的特性决定其既拥有海洋文化又具有大陆文化，是海洋文化和大陆文化的结合体。因此湾区城市群与一般城市群不同，他们在拥有大陆文化的同时还拥有海洋文化，而且很快形成融合并出现一种新的海陆兼容的湾区文化，即：一方面具有海洋文化的开放性、冒险性、开拓性、进取性；另一方面又兼具所在国的大陆文化。三是创新文化。敢于冒险和容忍失败是科技创新的文化底蕴。习近平总书记在中国科学院第十九次院士大会、中国工程院第十四次院士大会上指出，"创新从来都是九死一生"。正是这种九死一生的冒险精神才使湾区孕育了不同于一般城市群的创新文化。一般城市群正是因为文化思维的固定性而缺乏移民文化的包容性和海洋文化的冒险性，导致它们在创新方面远远落后于湾区城市群。加州伯克利大学金融系教授格雷戈里·拉布兰克在接受深圳卫视采访时表示，粤港澳大湾区到处都散发着强烈的创新精神，这里的创业者不仅思想更开放，也更具有冒险精神。

第五，湾区城市群发展层级独特。湾区城市群是从小渔村开始的，相较于一般城市群的起点比较低。但经过一段时间发展后，无论是发展规模还是发展层级都有别于一般城市群，根据湾区形态和大小不同，有些湾区会发展成为全球最大的城市群，甚至发展成为层级严格的超大都市圈集群。其内部会形成大都市会、大都市、城市群、全球城市、国家一线城市、大城市、城镇等城市层级，形成不同于一般城市的城市分工，集聚性和外部性效应都比较高，城市经济发展处于最高水平。目前我国已经形成了上海大都市圈、北京大都市圈、深圳大都市圈、广州大都市圈、南京都市圈、成都都市圈、杭州都市圈、重庆都市圈、武汉都市圈、长株潭都市圈等十大都市圈，其中，上海大都市圈、北京大都市圈、深圳大都市圈、广州大都市圈、杭州都市圈等超大都市圈都是依托湾区发展起来的，湾区成为我国产生超大都市群的重要平台。

第二节　湾区经济具有最高级的经济形态

湾区经济的独立存在性不仅取决于其与沿海经济、城市群经济的差异性，同时也取决于湾区经济的高级性，即到目前为止，湾区经济是所有经济体中最高级的经济体。

一、湾区是总部集聚地

湾区开放程度高，资源配置能力强，区域合作范围广，位于产业链高端以及具有独特的品牌效应，受羊群效应驱使，大部分全球企业都愿意将总部设置在湾区。美国纽约湾区就集聚了较多的跨国公司总部，包括世界著名的威瑞森电信、摩根大通公司、花旗集团、国际商业机器公司、百事公司、辉瑞制药有限公司、高盛、摩根士丹利等公司都将总部设在纽约；而美国旧金山湾区也集聚了较多的世界著名的互联网公司总部，如英特尔、苹果、谷歌、脸书、雅虎等；日本东京湾区则集聚了丰田、索尼、松下等著名制造业跨国公司总部；中国环渤海湾区的北京集聚了中国石油化工集团公司、国家电网公司、中国石油天然气集团公司、中国建筑集团有限公司等世界 500 强排名居前的国有大型企业总部；粤港澳大湾区则集聚了中国平安、华为、正威国际、中国恒大、招商银行、腾讯、万科、华润、联想集团、招商局集团、怡和集团、长江和记实业有限公司、友邦保险、中国太平洋保险等世界 500 强企业总部；沪杭甬湾区集聚了大量外国跨国公司的中国总部，成为中国总部经济之都。

这些著名企业将公司总部设在湾区有多种方式，一是将全球总部设在湾区核心区，将制造业加工企业放在湾区其他地区，形成"总部＋制造"的产业链布局形式，例如总部设在纽约的辉瑞制药有限公司，将制造业分部设在其他地区；二是将总部和科技研发中心设立在湾区，将加工部分分布在全球多个地区，如美国波音公司的总部就设在芝加哥市，而其飞机零部件的生产基地则散落在全世界多个地方；三是将总部分为全球总部、国家或地区总部，分别在不同的湾区设立不同的总部。例如，中国华为有限公司最早从深圳发展起来的，将全球总部设立在深圳的龙岗坂田，将研发中心逐步迁入东莞的松山湖，其中国地区总部则设立在北京；阿里巴巴的全球总部设立在杭州湾区，而武汉则有其国内的总部。

同时，湾区也是总部企业的产生地，有很多世界著名企业本身就是与湾区同生共长、携手前行，如果离开湾区这个发展环境，也许很难取得现在这么辉煌的业绩。例如，2020年新冠肺炎疫情暴发后，以辉瑞为代表的制药企业十分抢眼。其实，辉瑞公司于1849年由德国迁移到纽约后，一直是一家纽约土生土长的本土化工产品生产企业。像辉瑞这样从纽约起步并成为世界著名企业的不计其数，他们不仅得益于企业面临的各种机遇，同样也得益于纽约湾区对世界开放、包容的移民文化，更得益于纽约湾区敢于创新的冒险精神。

二、湾区是金融中心

金融中心建设是湾区经济发展的重要方面，也是世界一流湾区的主要特征。纵观纽约湾区、旧金山湾区和东京湾区等世界一流湾区，他们或者是全球金融中心，或者是国家金融中心，或者是区域性金融中心。根据2020年9月英国智库Z/Yen集团与中国（深圳）综合开发研究院共同编制第28期全球金融指数报告显示，全球前十大金融中心排名依次为：纽约、伦敦、上海、东京、香港、新加坡、北京、旧金山、深圳和苏黎世。[①] 从上述排名中我们可以看出，大部分金融中心都位于湾区，对世界经济或者国家经济发挥重大作用。

纽约和伦敦都是依托各自湾区形成世界顶尖的全球金融中心的湾区城市。如果说美国是世界第一大经济体，依托纽约湾区形成的金融中心则是

---

① 21世纪经济报道：《最新全球金融中心排名：上海第3、北京第7，深圳第9》，2020年9月24日，见 https://baijiahao.baidu.com/s?id=1678830412402843411&wfr=spider&for=pc。

美国或世界经济的发动机。纽约湾区金融业十分发达，核心地带的曼哈顿华尔街几乎成为世界金融的心脏，拥有纽交所和纳斯达克等交易所，集聚了7大银行的6家和3000多家世界证券、期货、保险等金融和外资机构，云集了世界500强的大部分总部，具有控制世界经济发展的重大影响力。[①] 伦敦作为排名第二的国际金融中心，仍然是全球重要的世界黄金、外汇和贸易中心，集聚了英国中央银行、劳埃德保险行和皇家交易所等一系列世界最大的金融、保险机构的总部和几百家英国银行，以及外国银行的分支机构，还拥有全球四大证券交易所之一的伦敦证券交易所。[②] 由于伦敦金融业发达，融资体系完善，在第一次工业革命后，其城市基础设施的很多方面都远远领先于世界，如其地铁建设和楯构机就早于其他国家30年问世，这不仅是伦敦工业化和城市化的结果，也是伦敦金融业发达的体现。

对于一般湾区而言，金融中心的建设伴随着湾区发展的全过程，是湾区产业不断升级的结果。香港建设国际金融中心的过程就是产业逐步升级的过程。香港最早是一个小渔村，本地人口仅有3.3万人，后来，广东和福建一带的商人大都移居香港从事转口贸易，英国的公司也由广州迁往香港，从事英国——印度——香港之间的三角贸易。这样，香港凭借维多利亚港的优势一举成为我国对外贸易的转口港。1950年后，香港从港口贸易转向工业经济，借助港口推动工业经济发展，最初以纺织业为主，其后扩展到成衣、电子制品、钟表及印刷等产业。再后来，随着经济发展，香港本地成本不断上升，企业面临的竞争压力不断增大，很多企业开始沿湾区向周边内地转移，香港开始向更高端的现代服务产业升级，集聚了中国银行（香港）有限公司、汇丰银行、恒生银行、东亚银行等金融机构，拥有香港交易所、香港期货交易所、香港贵金属所等交易平台，逐步转型成为全球重要的国际金融中心。迪拜则依托位于海湾国家中心、欧亚大陆中心以及波斯湾霍尔木兹海峡内湾咽喉的有利位置，采取积极的自由区战略，大量吸引海湾"富国"，如沙特、伊拉克、伊朗等国家的资金和西方

---

① 谭刚、申勇等主编：《粤港澳大湾区核心引擎的深圳探索》，中国社会科学出版社2020年版，第20页。

② 李安强主编：《世界地图集》，中国地图出版社2017年版，第160页。

发达国家的投资，尤其致力于打造全球性伊斯兰金融中心。按照伊斯兰教义创建了迪拜伊斯兰银行、酋长国伊斯兰银行、努尔银行等伊斯兰银行，而且充分发挥两大证券交易所迪拜金融市场和纳斯达克迪拜的作用，促进资本市场发展，形成了覆盖纽约、伦敦、上海、东京全球东西两大时差区的世界最大金融交易市场。从2004年设立国际金融中心起，经过15年的发展最终成为全球性的国际金融中心。

在湾区金融体系的建设过程中，许多金融企业与湾区共同成长，从一个名不见经传的小公司发展成为世界级的金融公司。位于粤港澳大湾区的深圳中国平安保险（集团）股份有限公司（以下简称"中国平安"），就是与粤港澳大湾区同步成长，从一个小公司成长为2020年世界500强排名21位的国际金融巨头。中国平安成立于1988年，最早是一家只有13人的做产险的小保险公司，1994年成功成为中国大陆地区首家引入寿险业务的保险公司，并分别于2004年、2007年在香港证券交易所和上海证券交易所上市，2008年以180亿美元的营业收入首次进入《财富》世界500强，名列第462名。30多年来，中国平安紧紧抓住粤港澳大湾区发展机遇，从产险到寿险，将自己的业务延伸到信托、证券、银行等多个领域，成为一家羽翼丰满的综合金融公司。

三、湾区是创新高地

所谓创新高地，是指这个地方或区域集聚了大量的创新要素，形成了较好的创新链条，大量科技创新企业在此聚集，世界一流科技成果从这里产生。当今，创新高地对于湾区来说十分重要，因为第四次工业革命的到来已经为创新提供了更加广阔的舞台。

湾区不断将大学、实验室、学校产业园、风险投资、企业等创新要素有机组合，形成完整的创新链并叠加出出乎人们想象的研究成果。湾区是大学的摇篮，许多湾区都依托优良的大学基础建立了自己完整的创新产业链。例如，旧金山湾区有加州大学伯克利分校、斯坦福大学等，许多优秀的互联网公司就来源于这些一流大学。1994年，雅虎公司就是从斯坦福大学起步并逐步发展成为全球最亮眼的互联网公司。波士顿湾区则拥有哈佛大学、麻省理工学院等世界一流大学，吸引了许多生物公司集聚于此。粤港澳大湾区的香港拥有香港大学、香港中文大学和香港理工大学等世界一流大学，这些大学同样在大湾区创新中发挥了较大的作用，推动了香港的科技创新链与珠三角创新产业链的结合。无人机产业"从无到有"成为大湾区的重要产业，正是香港科技大学毕业的研究生将自己的相关研究成果带到深圳的结果。总部位于上海的商汤科技由香港中文大学教授创立，并利用大湾区进行国际化布局，成为人工智能研究重要创新平台。

  以美国为首的发达国家利用湾区集聚了大量高端要素资源，从而促进科技要素和资源的高度集中，成为世界科技供给的重要来源，构筑了科技进步的强大动力。例如，在美国东北海岸湾区，集聚了世界最多的科学实验室和研究机构，顶尖实验室占世界同类实验室比例达到31.5%，在美国则占比高达50%以上，可见，美国东北海岸原始科学创新在全球占有十分重要的分量。除了这些顶尖的实验室，美国很多500强企业如谷歌、苹果、亚马逊、微软、IBM等都在纽约设有自己的实验室。为了支持科学实验室建设和原始创新，联邦政府更是花费了大量物力和财力。据有关资料统计，仅纽约、波士顿湾区就拥有大量由联邦资金支持的世界顶尖的研究中心和实验室、独立实验室和研究机构。他们支持的方法很多，一是政府直接支持。例如，波士顿的麻省理工学院的林肯实验室就得到了军方的资助，他们把高科技应用与国家安全问题结合起来，为美国军队的防空系统以及电子系统能力提升发挥了巨大作用。位于曼哈顿的橡树岭国家实验室（ORNL）、位于美国纽约州长岛的冷泉港实验室（CSHL）等大都或多或少地得到了国家相关部门的支持。二是通过采购间接支持。例如，美国联邦政府的采购对于推动半导体产业的发展起到了举足轻重的作用。在20世纪50年代，晶体管价格相当昂贵且缺乏市场需求支撑，美国军方便直接进行采购，促使半导体工业生存下来。不仅如此，美国联邦政府还将大量采购合同更多地给予了那些新成立的专业化半导体厂家，这种直接采购的方法推动了美国半导体生产技术全面领先其他国家。三是政府支持与企业自身推动。半导体制造技术公司（SEMATECH）的成立就是一个很好的例子，1987年，美国半导体开始落后日本，为此，在政府支持下，14家半导体公司组建研究与发展联盟开展新一代芯片制造系统的研究，目标非常明确，就是要在光刻技术上赶超日本。这一举动促进了美国芯片在世界的领先地位，使美国成为全球半导体科技研发的引领者。[①]

作为世界科技创新高地，硅谷已经形成了令世界刮目相看的创新生态链，拥有世界著名的斯坦福大学、圣塔克拉拉大学等，拥有全世界最优秀的高科技人才，集聚了全美近1/3的风险投资，从一片片果园发展成为高科技企业堆集的科技圣地。二战结束后，斯坦福大学建立了自己的研究园，培育了早期的惠普和英特尔等半导体和设备公司，随着计算机技术发展，以SUN为代表的一大批计算机公司集聚于此，成为领先全球计算机行业的跨国企业。20世纪90年代中期，硅谷在全世界率先开启互联网时代，谷歌、苹果、脸书、推特等一大批互联网公司加速集聚。硅谷的成功，不仅是旧金山湾区科技创新的缩影，而且是全球湾区科技创新的榜样，为湾区经济发展提供了方向。

裂变也是科技创新要素在湾区集聚形成创新高地的一个重要方式。产业的集聚会带来高级人才的集聚，同时，高级人才的集聚也会带来产业的升级。这种升级往往伴随着企业的不断裂变，一旦这些高级人才进入企业，他们并不会因为自己拥有丰厚的收入而沾沾自喜地停止裂变过程，往往会选择在取得一定技术后开始进行新的创业，与其他资本结合形成新的甚至超过原企业技术的新企业。这种裂变不仅裂变出一个个更加高端的企业，更是裂变出一堆拥有更高技术的人才以及更加有效的投资，还促使城市基础设施不断高级化，交通更加发达。深圳的发展就是一个典型例子，1980年以前，深圳仅仅是一个农业小镇，人口不足3万，产值不足3亿元，改革开放促使香港的资本与内地廉价的劳动力形成了有效结合，产生

---

① 樊春良：《建立全球领先的科学技术创新体系——美国成为世界科技强国之路》，《中国科学院院刊》2018年第5期。

了大量的加工型低端企业，这些企业不断裂变，一个企业培养出大量技术人才和管理人才，裂变出更多的企业，产生了华为、腾讯、比亚迪等一大批龙头企业。这些龙头企业更加热衷于裂变，一个华为裂变出几十个甚至上千个科技公司，使深圳成为科技产业和科技人才的殿堂。到2019年，深圳国家级高新技术企业数量由2015年的5524家已经达到1.7万家，不仅具有华为、中兴、大疆、华大基因、比亚迪等一大批科技领军企业，在新一代信息技术、互联网、新材料、新能源、生物医药、节能环保等领域，也形成了庞大的战略新兴产业集群，集聚了一大批企业，这些新增企业有很大一批是通过裂变而来的。正是通过裂变，深圳形成了科技创新和先进制造两大发展优势，并在人工智能、航空航天、生命健康、可穿戴智能装备等四大未来产业提前布局，成为国内高科技企业最多、高科技人才最集中、高科技产业最发达的城市之一。

四、湾区是区域中心

从空间本身看，湾区是某个区域空间的地理中心。空间是湾区之母，没有空间就没有湾区。而空间并不是永远一成不变的，是一个动态的过程。正因为如此，湾区并非一生下来就是区域中心，而是逐步演变蜕变成长的结果。从区域经济理论上分析，城市边缘和城市中心往往是一对互补的经济体，他们在城市发展中往往承担着不同的功能分工，如果不是现代科技进步以及带来的交通改善，城市中心与边缘将永远边界清晰，难以更改。但是，随着高速公路和高铁的出现，城市群已经开始从原来的50千米向500千米延伸，原来需要十多个小时才能到达的边缘区域，现在可能几个小时就能够到达，大都市绵延区给区域中心带来了新的观察视角，即我们看到的某个城市的边缘地带有可能是绵延城市群区域观察的中心地带，甚至可能是更大区域的核心地带和发展引擎。例如，从地理分布看，深圳的龙岗、坪山区绝对是深圳粤港澳大湾区的边缘地带，它们是深圳的原特区外地区，也可以说是深圳的郊区，所以，最初制定大湾区发展规划时，往往将他们确定为大湾区发展腹地。但是，随着粤港澳大湾区深圳都市圈建设,特别是深莞惠(深圳、东莞、惠州)一体化发展,如果从整个深圳都市圈区域来观察,无论是从地理区位还是从经济带动能力等角度分析,龙岗、坪山理所当然成为这一区域的中心地带,成为东部区域的发展引擎。因此,深圳在2014年提出"东进战略"区域发展新战略,并将龙岗、坪山定为深圳东部中心。目前龙岗区大运中心已经规划了14号线、16号线等多条地铁和连接大亚湾的城轨,引进了香港中文大学、北理莫斯科大学等国际一流大学,正在向深圳科技与产业结合的科技创新高地发展,成为深圳科技创新的重要一极;坪山区则利用自己的高铁站成为东部区域的交通中心,推动形成深圳对惠州、东莞、河源、汕尾以及深汕特别合作区的辐射带动。尽管在区域经济理论研究中,美国区域经济学家弗里德曼曾经也提出过区域空间一体化理论,但是,湾区经济的边缘到中心理论具有自己的特点,不仅表现为某一个区域的空间转换,而且湾区各兄弟城市还要同时向湾区靠拢,继续"抱湾合群"与大湾区形成"大家庭",其从边缘往中心的转变最终将使整个湾区成为区域或世界中心。

从区域合作看,湾区是辐射周边的核心引擎。湾区经济是区域经济的重要形态之一,"拥海抱湾合群"形成了湾区经济的内部融合,"连河通陆"促使湾区与内陆非湾区地区形成了密切合作。因此,湾区经济不仅意味着湾区经济体内部的区域合作形态,而且由于湾区经济的辐射能力比较强,会通过海河流域、高速公路和高速铁路形成更加广泛的海陆联动的区域经济合作模式。而在这个区域合作中,湾区无论在资本、技术、产业和人才等方面都发挥着龙头引领作用,形成湾区引领的对外开放新格局。我国几大湾区虽然正处于形成过程中,但它们不仅分别承担我国对外开放的引领作用,而且在区域合作方面也发挥了核心作用,粤港澳大湾区将主要带动和辐射泛珠三角区域发展,沪杭甬大湾区将主要带动和辐射长三角区域一体化发展,环渤海湾区将主要带动和辐射东北地区发展,北部湾湾区将主要带动和辐射西南大开发发展。

从增长动力看,湾区是经济增长的极核中心。随着湾区向更高层级的湾区经济进军,港口群、产业群、城市群和创新群的叠加优势会更加明显,影响城市发展的要素也会不断升级,最终会形成导致湾区经济高级化的"三驾马车",即通过金融带动服务业发展,推动城市功能不断升级,有些湾区会成为国际金融中心;通过科技创新和产业集聚,推动城市形成创新引领,有些湾区会成为国际创新中心;通过都市圈解决城市群之间的碎片化问题,推动城市之间规划、产业、制度、交通进一步融合,有些湾区会成为国际大都会连绵区。自然而然,湾区经济就成为区域经济的最高形态。不仅湾区要成为世界中心,成为世界经济的发动机,湾区中的中心城市同样也会成为世界经济增长的重要引擎。世界一流湾区纽约、东京、旧金山三大湾区都有能够引领和带动世界经济的全球标杆城市。在纽约湾区,纽约凭借湾区经济发达的有利条件和世界货币控制地位,发展成为世界经济的重要引擎,在世界经济增长中具有举足轻重的引领作用;在东京湾区,东京发挥了重要的标杆作用,作为日本的首都,通过六大港口与东京湾的核心功能引领,成为日本的政治、文化、经济和消费中心,并带动整个世界制造业不断进行转型;相对来说,旧金山湾区有旧金山市、圣何赛市和奥克兰市三大核心引擎,其中,旧金山是金融文化中心,奥克兰是港口工业中心,圣何赛是高新技术中心,他们在不同的时期从不同的角度均发挥了不同的核心引擎作用,①使湾区成为国家和世界的经济增长极。

五、湾区是生态宜居的优质生活圈

湾区一般生态环境优美,宜业宜居。一是湾区城市居住环境优良。一方面,大部分湾区由于处于海洋与陆地交界处,气候条件十分适合人类居住,例如,旧金山湾区气温常年处于10℃—21℃之间,很多来自中国大陆的华人都喜欢选择居住于此。另一方面,由于受到季风的影响,湾区的空气质量一般都比较好,离湾区较近的城市空气相对要干净一些。如伦敦$PM_{2.5}$平均浓度大约为6—8微克每立方米,东京一般为13微克每立方米左右。二是湾区的旅游休闲特色鲜明。海洋与大陆结合部的特点,使湾区一般

---

① 谭刚、申勇等主编:《粤港澳大湾区核心引擎的深圳探索》,中国社会科学出版社2020年版,第21页。

具有比较明显的旅游休闲资源优势,除了摩天大楼、繁华城区、熙攘人群、特色广场、博物馆等外,海滩是湾区不同于内陆城市比较普遍而又重要的休闲资源,形形色色连接湾区的大桥同样也成为湾区独特的旅游资源,如果到旧金山湾区,就可以观赏到湾区的地标景点悬索桥的杰出代表金门大桥,纽约湾区东河上的布鲁克林大桥、曼哈顿大桥、威廉斯堡大桥更是纽约湾区的标志性景点。波士顿的后海湾集大学、游艇、桥梁、博物馆等于一体,给人一种人间天堂的美好感觉,成为许多年轻人喜欢和向往的休闲地区。三是湾区内部存在一些促进区域环境共治的制度安排。湾区的共享特征决定其必然采取环境治理共同行动,尽管湾区经济是以市场为基础进行资源的自由配置,但这并不排斥为了实现整体利益而进行适当合理的制度安排。通过湾区专门机构和规划来推进城市之间的生态环境保护,达到经济体内资源配置和效率的最大化和可持续发展。旧金山湾区成立了湾区委员会,还成立空气质量管理局和水资源控制委员会来专门处理空气和水的质量问题,实施湾区内空气和海滨水质量的保护,为了保护湾区环境,他们每5年要做一次城市规划,尽量使产业、城市发展与环境保护实现双赢。东京湾区从1959年起先后6次制定相应规划,每次都把生态环境保护放在重要位置。《粤港澳大湾区发展规划纲要》明确指出,要"建设宜居宜业宜游的优质生活圈","积极拓展粤港澳大湾区在教育、文化、旅游、社会保障等领域的合作,共同打造公共服务优质、宜居宜业宜游的优质生活圈"①。

第三节 湾区经济的分类

一、依据湾区水曲构成划分

按照构成湾区共享水曲的水体结构以及它们的区位情况,可将湾区经

---

① 《粤港澳大湾区发展规划纲要》,人民出版社2019年版,第35页。

济分成河口型湾区经济、海湾型湾区经济、湖泊型湾区经济和海峡型湾区经济等。

(一) 河口型湾区经济

所谓河口型湾区经济,是指湾区经济所依托的湾区与一条或多条内河相连接,湾区里面的水体由海水和淡水混合组成,从而形成海湾与河口对接的状况。由于古代主要依靠航运,因此大多数入海口基本上都与内河有连接,形成既有出海口,又有连接内地水道的河、海、湾混合体。从世界湾区发展的状况看,河口型湾区经济是湾区经济的主要形态。如伦敦湾区、纽约湾区、东京湾区、粤港澳大湾区、沪杭甬大湾区等。纽约湾区就是典型的河口型湾区,曼哈顿位于哈德逊河与东河的河口位置,通过上下纽约湾和海峡通道与海洋相接,哈德逊河作为纽约的母亲河连接纽约湾区,并经过下纽约湾直接注入大西洋,成为纽约港口的主要通道,对于纽约湾区的形成和发展起到了重要作用,形成了以曼哈顿为核心的纽约大都会区;伦敦湾区同样是典型的河口型湾区经济形态,根据英国地理资料记载,伦敦位于英国著名的母亲河——泰晤士河的下游,虽然不在海边但距离海岸仅80千米,通过该河直接到达绍森德河口,该河口位于泰晤士河河口湾北岸连接入海口,形成以伦敦为中心的伦敦大都会区;粤港澳大湾区也是河口型湾区,其形成的湾区经济形态更是典型的河口型湾区经济形态,据中国湾区志记载:"全球低海平面时期,珠江口为大陆组成部分。到冰期后期,海平面上升,逐渐形成伶仃洋和黄茅海两个喇叭型湾之间的弧形沿积带。珠江口在纳汇西江、北江、东江、潭江和流溪河等河流后进入三角洲网河区,经过虎门、蕉门等八大口门注入珠江口出南海。"[①] 由此可见,粤港澳大湾区现在的地形仍然是由近河口段、海河混合段和海洋段组成。一般来说,河口型湾区风水相对较好,海河相连、生态宜居,经济生命力旺盛。

---

① 中国海湾志编纂委员会:《中国海湾志(第十四分册上册)》,海洋出版社1991年版,第240页。

河口型湾区经济最主要特点是辐射能力较强，有广阔腹地。河口型湾区经济是依托连接内河的湾区形成的，其区域经济形成过程不仅包括岸线区域的经济合作，更有赖于沿河区域的经济合作。除在海湾区域形成最高级的开放和集聚能力以外，还将沿着河流向内地进行辐射，形成更广泛的湾区经济合作范围。伦敦湾区的十多个城市依托泰晤士河与海湾区域和河流区域进行分工与合作，成为名副其实的世界级大都会圈。粤港澳大湾区则是依托西江、北江和东江形成对我国广西、云南、贵州、湖南、江西、福建等省份的辐射，构筑了湾区引领的泛珠三角经济圈。当然，河口型湾区中河流的作用并不是一成不变的，随着交通工具的进一步改善，以高铁、地铁和高速公路组成的交通网络正在逐步形成，新的交通工具的通达性将逐步替代依赖河流的船泊运输，以河流为通道的辐射方式逐步成为象征性的方式，河口型湾区经济的辐射优势将逐步减弱。

（二）海湾型湾区经济

与河口型湾区不同的是，海湾型湾区不与河流相连接，湾区的水曲全部由海水形成，即便是与河流相通，河水对于湾区水体的影响也非常小。由于湾区经济形成过程是一个漫长的历史过程，水运在很长一段时间内对物资的流通有着无可替代的作用，通常大部分湾区经济都是依托河口型湾区形成的，纯海湾型湾区由于缺乏腹地而很难发展成为湾区经济。但随着交通的改善，特别是高速公路和铁路的开通，港口周边运输越来越不依靠水上运输，大量的新的交通工具带来了物流运输的革命，从而使一些纯海湾型湾区也能够拥有自己的腹地而建设成为湾区经济形态。

（三）湖泊型湾区经济

湖泊型湾区经济主要是指依托与海洋相连的大型湖泊建设港口群，带动当地产业发展并形成城市群集聚的湾区经济形态。湖泊型湾区经济是湾区经济的特例，全世界依靠湖泊形成湾区经济的案例屈指可数，美国的五大湖地区是其中最为典型的一个。五大湖是世界上最大的淡水湖，湖与湖之间互相连通，有北美大陆地中海之称。由于湖区面积较大又与海洋连接,形成了很多天然港湾和城市群,如密歇根湖就依托加里、马斯基根、格林贝、密尔沃基、特拉维斯等众多港口,形成了由芝加哥、克利夫兰、托利多、底特律等35个城市组成的美国第二大都会圈芝加哥—匹兹堡城市群,成为北美最大的制造业中心和金融中心,聚集了美国钢铁产量的70%和汽车产量的80%,[①]成为湖泊型湾区经济的典型案例。

(四) 海峡型湾区经济

海峡型湾区经济主要是指依托湾区与海峡或内海连通,形成较大区域城市合作的湾区经济形态。海峡型湾区经济是湾区经济的一种重要形态,由于占据海峡这种重要的海上要道,具有更加便利的交通通达性,由于海峡是通往各大海洋的重要枢纽,其湾区经济的港口密集等特点更加明显。目前全球主要有新加坡湾区、阿曼湾区、墨尔本港湾、加的斯海湾、大阪湾区等,我国的北部湾湾区从地理形态上与琼州海峡相连,并与南海相通,随着区域经济的发展,这里也可望形成海峡型湾区经济。另外,我国厦门湾区正好与台湾海峡隔海相望,如果能够连成一片发展,也有可能成为海峡型湾区经济。

此类湾区经济最大特点是地理上形成海湾与海峡的连接,从而形成"海湾+海峡"的复合型湾区经济形态,其岸线呈倍数级增长,使湾区经济叠加效应发挥得更加充足。位于马六甲海峡通道上的新加坡、吉隆坡等城市的发展就是一个典型例子,尤其是新加坡充分利用了马六甲海峡的重要通道位置,在狭长的通道上充当印度洋和太平洋的连接枢纽,大力发展转口贸易和金融航运服务,成为继纽约、伦敦、香港之后全球第四大国际金融中心和世界最具竞争力的全球城市。吉隆坡也是利用马六甲海峡优越的地理位置,充分发挥巴生河流域的辐射作用,大力发展港口贸易,发展成为世界新兴的国际大都市。

---

① 百度词条:美国城市群,见 https://baike.baidu.com/item/%E7%BE%8E%E5%9B%BD%E5%9F%8E%E5%B8%82%E7%BE%A4/18603176?fr=aladdin。

二、依据湾区经济外形划分

按照湾区的外形来划分,可以将湾区经济分为典型湾区经济和非典型湾区经济。

(一)典型湾区经济

所谓典型湾区经济是指其所依托的共享湾区比较典型,符合湾区的基本形态要求,湾区经济的发展严格按照湾区依次展开。旧金山湾区、东京湾区、纽约湾区都是典型的湾区经济形态,尤其是旧金山湾区表现出了非常典型的湾区经济特性。一是位于加州北部的美国旧金山湾区(San Francisco Bao Area)具备典型的湾区经济地理形态,具有十分优美的海岸线和岸线资源。旧金山市和北湾共同构成了湾区的湾口,东湾和南湾形成湾区连绵带,东湾、南湾、北湾和半岛构成全部湾区。二是湾区经济发展是围绕湾区逐步展开的。旧金山市是湾区开发最早的地区,也是湾区的政治、经济、文化中心,对于湾区经济的形成与发展发挥了重要的龙头引领作用。在旧金山市发展之后,奥克兰开始建设港口,并利用集装箱技术的进步大力发展世界贸易,并促进工业经济快速发展。接下来,圣何赛主动迎接全球科技革命,大力推动科技创新,成为世界创新中心。三是湾区的交通网络推动了旧金山湾区经济的形成。金门大桥成功地将旧金山与北湾区域联系起来,而旧金山—奥克兰海湾大桥等桥梁的建设促进了湾区东岸和旧金山的联系,目前湾区两岸共建有 5 座大桥,带动了湾区内不同区域的物资、资金、人才的广泛交往。除了港口外,湾区还建有多个国际机场、多条高速公路和铁路,形成了海陆空立体交通网络。

(二)非典型性湾区经济

从湾区的地理形状来看,除了像旧金山、东京一样具有非常规范的湾区形状以外,大部分湾区都是不规范的,有些湾区缺乏规则的湾口而看起来更像一个开口的漏斗,有些湾区狭长细小更像个长条的青瓜。如果严格按照湾区的定义,这些区域似乎不能算湾区。即便是粤港澳大湾区,以前所有的教科书都称之为"河口"。然而，由于有这么一个出海口，很多国家的出口和进口显得更加便利，商品可以直达世界各地。尽管不像其他湾区那样天造地设，但他们却拥有湾区经济的本质特征，具有"港口密集、产业聚集、城市群集"的重要特点。所以我们将围绕此类湾区形成的湾区经济称为非典型性湾区经济。例如，洛杉矶就是一个非典型性湾区经济形态，之所以这么说，是因为美国人往往将旧金山湾区叫作湾区，而认为洛杉矶不是湾区。如果我们打开美国地图就会发现，洛杉矶的湾区地理特质确实不是很明显。但是，如果仅仅因为湾区的形状不典型，就认为洛杉矶不是湾区经济的产物就大错特错了，洛杉矶之所以能够得到迅速发展并成为美国第二大都会，同样得益于其本身的湾区地理结构和优越的区位条件。洛杉矶地处美国西南部，濒临太平洋，依托圣佩德罗湾建设多个港口，以洛杉矶港和长滩港口为核心形成港口群，并依此集聚了大量产业和洛杉矶——长滩——圣安娜大都会区。可见，洛杉矶的非典型性湾区形态同样能够产生和形成湾区经济发展机制。

三、依据湾区经济发展程度划分

按照湾区经济的发展水平以及对世界经济的影响程度来划分，湾区经济可以分为一流湾区经济、发展中湾区经济和初级湾区经济。

（一）一流湾区经济

一流湾区经济主要是指湾区经济比较成熟，对全球城市和经济发展具有强大的影响力。所谓"影响力"不仅仅表现为湾区对世界经济的影响，更要体现在对世界经济发展的某个方面有引领和控制能力。大家通常公认美国的纽约、日本的东京、美国的旧金山是世界一流湾区，因为纽约的金融在全世界是有影响力的，由于美元的世界霸权地位，一旦其金融出现危机，危害的不仅是纽约及美国，更是整个世界；东京拥有世界强大的先进制造业，对世界的制造业发展有着不可替代的引领作用，其产业的影响力到目前仍然举世无双；旧金山的科技创新能力更是举世瞩目，科技供应链的影响力在全球独一无二,特别是其在半导体、生物医药的世界领先地位以及影响力无人可敌。《粤港澳大湾区发展规划纲要》提出粤港澳大湾区将在2035年建设成为世界一流湾区,正是考虑到我们自身缺乏上述影响力。到目前为止,粤港澳大湾区虽然有全球第一的土地面积,有全球第一的人口数量,也有名列前茅的经济总量以及制造业基地,号称"世界工厂"和"中国硅谷",但相对于上述三个世界一流湾区而言,我们还没有足以影响和控制世界经济的某一项或某一方面的实力,无论是金融、科技还是产业都离影响和引领世界还有一段距离。

(二)发展中湾区经济

这是介于一流湾区经济与潜在湾区经济之间的湾区经济形态,与一流湾区经济比较,它已经具备了湾区经济的一般特征,经历了从港口经济到产业经济再到服务经济的全过程,城市化和工业化相当成熟,它们已经拥有成熟的港口经济与城市经济结合形态,实现了从"小渔村"到"大都市"的华丽转身,但不同的是他们没有形成一流湾区经济所具有的对世界经济的影响力和控制力。这类湾区经济占了目前世界湾区经济的很大一部分,世界上的湾区经济大部分处于这种状态。例如,粤港澳大湾区、沪杭甬大湾区、伦敦湾区、悉尼湾区、新加坡湾区等都属于这一种。

(三)初级湾区经济

初级湾区经济主要是指正在向湾区经济过渡,还没有完全形成完整形态的湾区经济,但已经具备湾区经济的某些特征,表现为湾区经济的形成过程还没有完全完成,城市化和工业化仍在进行之中。从目前世界湾区经济发展的现状看,有些处于港口群与产业群形成的初级阶段,有些甚至还停留在港口群的原始阶段。中国的北部湾湾区、环渤海大湾区,越南的胡志明湾区,中亚的波斯湾湾区等都属于这种形态。我国的北部湾湾区近几年来发展比较快,虽然已经建立了一些港口和港口群,海南岛的自由贸易港建设正在推进,以南宁为中心的城市群正在形成,城市之间的联系越来越广泛,但城市化速度相对缓慢,城市与城市之间的融合发展比较滞后,工业化速度更是严重滞后，产业结构处于初级阶段，至今没有形成"港口群+产业群+城市群"的叠加效应。波斯湾湾区从地理结构看是一个典型的湾区经济形态，也形成了依托湾区城市发展起来的国际化城市迪拜等，但由于宗教的缘故，城市之间缺乏足够的信任，勾心斗角、以邻为壑，到目前为止也没有形成令世界侧目的湾区经济。对于这一类湾区经济，我们认为，只要进一步推进城市化和工业化，促进城市之间的合作发展，弥补相应短板，他们会逐步形成成熟的湾区经济形态，有些可能还会迈进令人刮目相看的世界一流湾区行业。

第四章 湾区经济分布状况与演变规律

在全球范围内,湾区经济形态无处不在。美国的纽约、波士顿、旧金山、休斯敦,英国的伦敦、利物浦,日本的东京,印度的孟买,澳大利亚的悉尼、墨尔本,巴西的圣保罗、里约热内卢,意大利的米兰,法国的巴黎、里昂,中国的深圳、广州、上海、杭州、京津冀等都是依托湾区有利条件逐步发展起来的。尽管要完全梳理清楚全球湾区经济的现状是一件十分困难的事情,但是本章还是要坚持迎难而上、义不旋踵,以便我们更加清楚地了解世界湾区经济的版图和前景,探寻湾区经济发展的内在规律。

第一节 全球湾区经济分布状况

在上一章湾区经济的分类中就已经指出,全球湾区经济分布十分广泛,有些是成熟的一流湾区,有些还没有完全成型仍然处于初级阶段,但却正在向湾区经济过渡。本节按照前面所述的"拥海抱湾、合群联陆""港口群+产业群+城市群+创新群"的湾区经济基本特征和运行机制,对全世界五大洲的湾区经济进行梳理。在梳理过程中,我们尽量将具有各种湾区形态的湾区经济归纳进来,其中有些湾区在工业化初期发挥了重要作用,即使现在衰落了,我们也将其列入其中;还有些目前仅仅在港口群建设的起步阶段，考虑到其以后有可能发展成为现实的湾区经济，为了便于对全球湾区经济的"大家族"有一个更清晰的了解，以及对湾区经济进行更广泛研究，本书也将其划归为湾区经济。

一、欧洲地区重要湾区经济

作为第一次工业革命的始发地和曾经的贸易中心，欧洲也是湾区经济的发源地，是早期湾区经济的典型代表，由于近年来世界经济重心在往亚洲转移，其对世界经济的影响在逐步减退，导致湾区经济的影响力主要停留在早期的工业革命时期，难以形成世界级一流湾区。欧洲已经形成或正在形成的湾区经济主要有16个[1]，包括：

1.伦敦湾区（费利克斯托港湾）。位于英国境内，面向英吉利海峡，通过泰晤士河连接入海口形成大湾区。主要港口包括：伦敦港、费利克斯托港、哈利奇港、里德姆港、查塔姆港、拉姆斯盖特港等，其中，费利克斯托港是英国最大的集装箱港口，它在全球集装箱港口排名前十五名。[2] 主要城市有：伦敦、绍森德、哈里奇、罗切斯特、马盖特、格林威治、贝克斯利、法佛舍姆、威斯敏斯特等20多座城市或城区。其中伦敦是英国的首都，是国际上公认的国际大都会、欧洲的经济中心，与美国纽约并列为全球金融中心。伦敦湾目前通过火车轮渡和海底隧道，与多佛尔海峡对岸连成一体，辐射范围已经扩展到法国的加来和比利时的布鲁塞尔、布吕赫、里尔、根特等城市，正在形成更大范围的湾区大都会区。

2.利物浦湾区。位于英国境内，面向爱尔兰海，与莫克姆湾共同构成大湾区，是英格兰中部工业区的出海门户。主要港口有：利物浦港、曼彻斯特港、莫斯庭港、因斯港、彭林港、霍利黑德港等，利物浦港是英国主

---

[1] 这一章所涉及的所有国家和地区的湾区、港口和城市等相关资料主要来源于中国地图出版社出版的《世界港口交通地图集》和《世界地图集》，以下不再一一反复加注，特此一并说明。

[2] 申勇、周会祥：《全球视野下的湾区经济发展战略》，《中国经济特区研究》2017年第1期。

要港口之一。主要城市包括：利物浦、曼彻斯特、切斯特、布莱克木、伯肯黑德等，其中曼彻斯特是英国第二大城市，英国重要的交通枢纽，也是英国重要的商业、金融、工业和文化中心。利物浦市是英国的第四大城市、商业中心和制造业中心，该区域是一个以曼彻斯特为中心的大都会区。

3.布里斯托尔湾区。位于英国境内的威尔士和康沃尔半岛之间。主要港口有：布里斯托尔港、斯旺斯港、加的夫港、巴里港、米尔夫德港、塔尔伯特港等十多个港口。主要城市有：布里斯托尔、加的夫、韦斯顿、布里奇沃特、巴斯、纽波特、斯旺西等城市。布里斯托尔城是英国的十大城市之一，是英国重要的商业港口、航天、高科技工业和金融贸易中心，加的夫是威尔士首府，是英国重要的港口城市之一，是英国威尔士的商业中心、服务中心和工业中心。

4.福斯湾区。位于英国苏格兰东岸，福斯河的入海口，是典型的河口型湾区，由三座公路桥和铁路桥——福斯湾大桥、金卡丁桥、福斯公路桥形成湾区闭环，湾区经济条件相对比较成熟，福斯湾也是工业化初期湾区经济发展的典范。主要港口有：利斯港、豪恩德角港、柯科迪港、巴克哈文港、比伯威克港、罗赛斯港、珀斯港、邓迪港等十多个港口。主要城市有：爱丁堡、斯特灵、柯科迪、北贝里克等，其中，爱丁堡是苏格兰四大城市之一，是苏格兰的司法、银行、保险和投资中心。区内工业发达，有造船、化工、核能、电子、电缆、玻璃等工业集聚于此。

5.克莱德湾区。由很多小湾区，共同组成湾区经济，位于苏格兰西岸，克莱德河的入海口。区域内港口密集，重要港口有：格里诺克港、埃尔港、格拉斯哥港、格文港等。主要城市有：格拉斯哥、基尔马诺克、佩斯利、格里诺克、格文等，通过18世纪对河道的梳通，使湾区与格拉斯哥连通，从而使该区域迅速成为主要工业城市和世界造船中心，格拉斯哥是苏格兰最大的城市，英国第三大城市，主要产业是以造船业为主的制造业，是欧洲十大金融中心之一，该区域逐步形成了以格拉斯哥为核心的大都会区。

6.沃什湾区。位于英格兰境内。湾区内有金斯林港、威斯贝奇港、冈内斯港、尼普豪斯港等近二十个港口，主要城市有：谢菲尔德、诺里奇、彼德伯勒、林肯、唐克斯特、利兹、约克等，其中，谢菲尔德是闻名英国的钢铁城市，目前是一座科技大学城市，区域以谢菲尔德、利兹为中心逐步形成都会区，是英国六大都会区之一。

7. 塞纳湾区。位于法国境内，面对英吉利海峡，是塞纳河沿线的出海口，通过塞纳河连接法国首都巴黎，是典型的"峡湾＋河口"型湾区经济形态，与圣马洛湾区共同构成大都会圈。主要港口有：勒阿佛尔港、翁佛勒尔港、鲁昂港、巴黎港、格郎维尔港、圣马洛港等，其中，勒阿佛尔港是法国第二大港口和最大的集装箱港口，港口资源丰富。大湾区范围是国际上公认的大都会，包括上塞纳省、埃松、伊夫林、瓦勒德瓦兹省、塞纳马恩省等七个省的区域，主要城市有：巴黎、鲁昂、卡昂、巴约、瑟堡、雷恩、圣马洛等，是法国最大的大都市圈。巴黎是法国首都和最大城市，也是四个世界级城市之一。

8. 利翁湾区。位于法国和西班牙境内，面向地中海，位于罗讷河口。主要港口有：马赛港、土伦港、赛特港、旺特勒港、布克港、福斯港、拉韦拉港、圣路易港、拉努韦勒港、巴塞罗那港（西班牙）等，其中，马赛港是法国最大的海港和修船港，法国的第一大商业港，欧洲第三大港口，巴塞罗那港是欧洲最繁忙的港口之一。主要城市有：马赛、巴塞罗那（西班牙）、佩皮里昂、蒙彼利埃、摩纳哥等。马赛是法国第二大城市，通过罗讷河与里昂相连，并有高速公路通往意大利和西班牙，形成了法国第三大都会区，也是法国最大的工业中心。

9. 比斯开湾区。由法国和西班牙共同占有，东临法国，南端接西班牙。主要港口有：法国的波尔多港、南特港、布雷斯特港、洛里昂港、巴约内港、拉罗谢尔港和西班牙的毕尔巴鄂港、圣赛瓦斯蒂安港、桑坦德港、希洪和阿维莱斯港口。其中波尔多港和南特港都是法国西部的大港之一，湾区连接卢瓦尔河、加龙河、比达运输费阿河等多条河流。主要城市有：法国的布雷斯特、拉罗谢尔、波尔多、巴约内、南特，西班牙的圣赛瓦斯蒂安、毕尔巴鄂、桑坦德、希洪等。

10. 艾瑟尔湖湾区。位于荷兰境内，是荷兰第一大湖泊，依托与海相连的湖泊及运河与其他城市连接并形成湾区经济。主要港口有：阿姆斯特丹港、鹿特丹港、希斯丹港、艾默伊登港、赞丹港等。主要城市有：阿姆斯特丹、鹿特丹、海牙、莱利斯培特、吕伐登、莱默等，其中，鹿特丹是世界货运第一大港口，阿姆斯特丹是世界有名的港口城市，著名的城市还有海牙等。

11.威尼斯湾区。位于意大利、斯洛文尼亚境内，是较为古老的贸易港口，曾经是西欧重要的贸易中心。重要港口有：威尼斯港、基奥贾港、拉韦纳港、诺加罗港、蒙法尔科港、的里雅斯特、科佩尔、伊佐拉、普拉等。主要城市包括：意大利的威尼斯城、梅斯特雷、耶索洛、基奥贾，斯洛文尼亚的里雅斯特、格拉多、阿奎莱等，其中，威尼斯是意大利的第四大城市，世界著名的"水城"和"水上都市"。

12.热那亚湾区。位于意大利境内，面向地中海。主要港口有：热那亚港、拉斯佩齐亚港、马里那港、萨活纳港、里窝纳港、瓦达港等，其中，热那亚港是意大利最大的海港之一。主要城市有：热那亚、萨沃纳、沃尔特里、维亚雷焦、马萨等，港口和城市的发展带动了意大利的工业发展，热那亚因此成为意大利最大的商港和重要的工业中心。

13.芬兰湾区。芬兰湾位于芬兰、爱沙尼亚和俄罗斯之间，是波罗的海东部的大海湾，与拉脱维亚的里加湾区相连。主要港口有：芬兰的波卡拉港、赫尔辛基港、科特卡港、洛维萨港、哈米纳港，俄罗斯的维堡港、圣彼得堡港、喀琅施塔得港，爱沙尼亚的塔林港、昆达港、帕迪斯基，拉脱维亚的里加港、卢马萨雷港等10多个港口，主要城市有：爱沙尼亚首都塔林、芬兰首都赫尔辛基、俄罗斯的圣彼得堡、拉脱维尼亚首都里加等。

14.奥斯陆峡湾区。位于挪威境内，连接丹麦，区域内有多达20多个港口，主要港口有：奥斯陆港（挪威的第二大港）、莫斯港、哈尔登港、布鲁港、曼达尔港等。周边城市大都依港而建，奥斯陆作为挪威的首都，经济比较发达，丹麦首都哥本哈根也位于此地，依港而建的城市还有莫斯、德拉门、腓特烈斯塔、托夫特、桑维卡、瓦略、索恩等。

15.基尔湾区。由基尔湾、梅克伦堡湾、费默海峡和朗厄海峡等几个湾区和海峡共同组成，由德国和丹麦共同拥有，面积较大，经济比较发达。其中主要港口有：勒德比港、普特加登港、古尔夫港、斯蒂斯奈斯韦尔克兹港、阿森斯港、海利根港等，围绕港口建设了一批城市，包括基尔、梅克伦堡、奥尔特、莫马克、瑟比等。

16.黑尔戈兰湾区。位于德国北部，此区域工业经济发达，是德国重要的经济区。区内的主要港口有：汉堡港、不来梅港、库克斯港、比苏姆港、威廉斯港等，其中汉堡港是德国最大的港口、欧洲第二大集装箱港，是国际上最现代化的港口。汉堡市、不来梅市等城市就位于该湾区，由于处于易北河、阿尔斯特河与比勒河的入海口，汉堡市作为德国的第二大城市，工业和贸易都十分发达，是空客生产基地，汉堡市到不来梅市已经形成大都会圈。

二、美洲地区重要湾区经济

随着电气和互联网时代的到来，以美国为代表的英国之外的其他国家开启了第二、三次工业革命，推动简单的机器工业时代进入到创新为主的互联网时代，英国进入持续衰退状态，美国崛起成为世界强国，拥有更多的与现代化更加匹配的湾区经济形态。美洲地区目前已经形成或正在形成的湾区经济主要有11个，包括：

1.纽约湾区。位于美国东北部沿海地区，面向大西洋，由纽约州、康涅狄克州、新泽西州沿湾区城市共同组成，哈德逊河、东河等河流经曼哈顿两侧流向纽约海湾洋面，是典型的河口型大湾区经济模式。主要港口有：纽约港、布里奇特波港、纽黑文港、新伦敦港、普利斯茅港、卡姆登港等，其中，纽约港是全美第三大集装箱港口。主要城市有：纽约、新泽西、纽瓦克等，其中纽约是世界公认的国际化大都市、国际金融中心和贸易中心，曼哈顿坐落于河口区域，集中了美国的人才精英、产业精华、都市精粹，发展成为"美国心脏"，是纽约大湾区核心引擎的核心。

2.旧金山湾区。位于美国西北部的加利福尼亚州，是全球科技高地硅谷所在地，直接面向太平洋。重要港口有：旧金山港、里士满港、奥克兰港、红杉市港等。其中旧金山港是世界三大天然良港之一，是太平洋沿岸仅次于洛杉矶的第二大港口。主要城市有：旧金山市、奥克兰市、圣何塞市等，并以此形成大都会区，旧金山湾区属于典型的大湾区经济模式。

3. 洛杉矶湾区（圣佩德罗湾）：位于美国西部地区，面向太平洋，由圣佩德罗湾区、圣莫尼卡湾、圣迭戈湾共同组成。主要港口有：洛杉矶港、长滩港、圣迭戈港、欧申赛德港、圣克利门蒂港、亨廷顿港等，其中，洛杉矶港是美国第二大集装箱港口，长滩港是仅次于洛杉矶港的第二大繁忙港口，是世界第五大港口群。主要城市包括：洛杉矶、圣迭戈、长滩市等，洛杉矶是美国第二大城市，美国飞机制造、航天、石油、电子和军火工业的重要基地，圣迭戈市是美国第八大城市，通信工业和生物制药比较发达，并依此形成全美第二大都市圈。从湾区的地理形状来看，洛杉矶所处海岸线不呈"U"形湾区状，是一个非典型的湾区经济形态。

4. 波士顿湾区。位于美国东北部大西洋沿海地区马萨诸塞州境内，由马萨诸塞湾、昆西湾和波士顿港湾共同组成，是美国连接欧洲的重要门户。重要港口有：波士顿港、福尔里弗港、格洛斯特等。主要城市有：波士顿、坎布里奇、萨莫维尔、沃顿、列克新敦等，波士顿是美国历史最悠久的城市之一，经济发达，大学聚集，科技发达，包括哈佛大学、麻省理工等世界著名大学都集聚于此。

5. 休斯敦湾区。位于美国得克萨斯州，与新奥尔良港湾同处于墨西哥湾境内，重要港口有：休斯敦港、玻利瓦尔港、贝勒港、阿里瑟港、萨宾港等，其中，休斯敦港是世界第六大港口，美国最繁忙港口。休斯敦大都市圈由10个县构成，是美国十大都市圈之一。其中休斯敦是美国重要的航空城市，美国的第四大城市。

6. 切萨皮克湾区。位于美国东海岸波托马克河与阿纳卡斯蒂亚河的交汇处，面向大西洋，是深入内陆最深的海湾。重要港口有：巴尔的摩港、纳波利斯港、格雷斯港、诺福克港等。包括华盛顿哥伦比亚特区、弗吉尼亚州、西弗吉尼亚州、马里兰州的22个县市，主要城市有：华盛顿、巴尔的摩、诺福克、朴次茅斯、纽波特纽斯等，在此湾区中，华盛顿特区是美国首都和美国的政治中心，巴尔的摩是大西洋海岸重要港口城市，诺福克为美国重要的工商业中心。为了促进区域旅游合作和经济联系,美国政府在湾口和湾区内修建了两座大桥,其中切萨皮克大桥是当时世界最长的大桥,目前已经形成以华盛顿为核心的大都会圈。

7. 五大湖湾区。由美国和加拿大共同所有,通过伊利运河连接纽约大都会,有"北美地中海"之称,属于湾区经济特例。主要港口有:芝加哥港、格兰德港、伯恩斯港、圣凯瑟琳港、多伦多港、布法罗港、伊利港、加里、马斯基根、贝城、罗克波特、桑德贝、苏圣玛丽等,芝加哥港是美国最大的湖港。周边城市主要有:芝加哥、多伦多、底特律、密歇根、密尔沃基、大急流城、克利夫兰、辛辛那提、匹兹堡、布法罗、渥太华等,是美国最大的城市群,世界最大的经济体之一。其中芝加哥市是全美第三大城市,是著名的国际金融中心、国际化大都市。

8. 普吉特湾区。位于美国华盛顿州和加拿大交界处,面向太平洋。主要港口有:西雅图港、维多利亚港、埃弗里特港、贝灵汉港、温哥华港(加)、哈迪港(加)等,其中,西雅图港是美国第五大集装箱港口,是到远东最近的港口,维多利亚港是加拿大深水港口。主要城市有:温哥华(加)、西雅图(加)等,温哥华是国际公认的大都会,西雅图已经成为美国太平洋地区的经济中心,西部地区的金融、服务、教育、旅游和文化中心,波音总部所在地,正在建成计算机高新技术、生物技术、电子以及环境工程技术的中心。

9. 圣劳伦斯湾区。主要位于加拿大境内,是大西洋进入整个北美大陆的重要门户,有一部分延伸到美国,面向大西洋。内连圣劳伦斯河,主要港口有:圣皮埃尔港(法)、卡捷港、哈利法克斯港、圣约翰等。主要城市有:魁北克、蒙特利尔、圣约翰、圣皮埃尔等,其中,蒙特利尔是加拿大的经济中心之一,魁北克是加拿大第九大城市,该区域正在向大都会圈演变。

10. 拉普拉塔河湾区。由乌拉圭和阿根廷共同所有,面向南大西洋,区内主要港口有:蒙得维的亚港、布宜诺斯艾利斯港、马德普拉塔港、圣菲港、蒙得普西翁港等,其中,蒙得维的亚港是乌拉圭最大的海港,是南美洲的重要港口之一,布宜诺斯艾利斯是阿根廷的最大海港。主要城市有：蒙得维的亚、布宜诺斯艾利斯等，其中，蒙得维的亚是乌拉圭的首都。布宜诺斯艾利斯是阿根廷的首都，工业比较发达，拥有八万多家工业企业，占阿根廷工业企业总量的三分之二，移民主要来自意大利和西班牙，并以此形成了南美第二大都会区。

11. 瓜拉巴拉湾区。位于巴西境内，面向大西洋，主要港口有：里约热内卢港、塞佩蒂巴港、热比格港、桑托斯港等，其中，桑托斯港是巴西最大的海港，里约热内卢港是巴西第二大港口，南美洲主要海港之一。区域内主要城市有：圣保罗、里约热内卢等，并与首都巴西利亚形成大都会圈。圣保罗、里约热内卢分别位于巴西两大工业城市和经济中心，集聚了全国机械、造船、汽车、冶金、纺织、化学等重要工业，集中了企业、银行和跨国公司总部，城市功能齐全。

三、亚洲地区重要湾区经济

在新一轮全球产业转移中，以中国为代表的亚洲地区获得先机，站立潮头，吸引了大量世界资本的青睐和投资，推动了域内工业化城市化发展，中国珠三角地区成为新的世界工厂，湾区经济也得到蓬勃发展。目前，亚洲已经形成或正在形成的湾区经济主要有16个，包括：

1. 粤港澳大湾区。位于中国广东省、香港特别行政区、澳门特别行政区境内，面向南海，主要由珠江口、伶仃洋共同组成，地处亚洲航运和国际贸易中心，海陆空交通发达，港口货物以集装箱为主，区内集中了香港港、深圳港、广州港、澳门港、东莞港和中山港等港口，其中，香港港是全球重要的货柜运输港口，深圳盐田港是世界重要的集装箱港口，广州港是世界主要的中枢港口，区域内集装箱吞吐量位于世界前列。[①] 主要城市有：广州、深圳、珠海、东莞、惠州、中山、佛山、肇庆、江门和香港、澳门，中心城市包括广州、深圳、香港和澳门，其中，香港是世界著名的

---

① 申勇、周会祥：《全球视野下的湾区经济发展战略》，《中国经济特区研究》2017年第1期。

国际大都会，广州是国家中心城市、全国商贸中心，深圳是全国性经济中心城市和国家创新型城市。该区域正在形成以广州—佛山、香港—深圳、澳门—珠海为核心引擎的世界级都市圈集群。

2. 沪杭甬大湾区。位于中国上海市、浙江省、江苏省境内，面向东海，由杭州湾和长江出海口共同构成，通江达海。主要港口有：上海港、宁波—舟山港、北仑港、张家港、江阴港、南通港等，是亚太地区最重要的港口集中地之一，集装箱运输全球第一。区内集中了较多的中国大中城市主要有：上海、杭州、宁波、苏州、无锡、嘉兴等，辐射范围包括：芜湖、南京、扬州、张家港、江阴、高港、镇江等长三角区域城市。上海是国际化大都会、国家中心城市、全国经济、金融、贸易、航运、科技创新中心城市，杭州是浙江省省会、长江三角洲中心城市。

3. 环渤海大湾区。位于中国北京、天津、河北省、辽宁省、山东省境内，面向黄海，由辽东湾、渤海湾、莱州湾和渤海海峡组成。区内有天津港、大连港、锦州港、秦皇岛港、京塘港、龙口和烟台等港口，是中国北方地区最大的出海港口群，海陆空交通发达，是中国北方地区重要的集装箱运输基地。① 区内的大中城市主要有：北京、天津、石家庄、大连、烟台、锦州、秦皇岛等。其中北京是中国的首都，国家中心城市、国家政治文化中心、国际交往、科技创新中心，天津是北方经济中心，京津冀一体化是湾区内最核心的城市群。

4. 北部湾湾区。位于中国广东省、广西壮族自治区、海南省境内，与越南河内相连，面向南海。区内有中国的湛江港、北海港、防城港、海口港、洋浦港和越南的海防港、鸿基港、锦普港、清化港等重要港口，是中国联系东南亚国家的重要航运基地，也是中国古丝绸之路的重要始发港之一。区内主要城市有：海口、洋浦、湛江、南宁、北海、防城港等，其中南宁是广西壮族自治区的首府城市，海口是海南省省会城市，海南正在建设我国第一个自由贸易港。

---

① 申勇、周会祥：《全球视野下的湾区经济发展战略》，《中国经济特区研究》2017 年第 1 期。

5.厦门湾区。属于海峡型湾区经济,位于中国福建省和台湾地区境内,面向台湾海峡。区内有厦门港、泉州港等港口,泉州港历史悠久,史称"刺桐港",历来是连接长三角、珠三角、台海地区的重要枢纽。主要城市有:厦门、福州、泉州、漳州、莆田、宁德等。厦门湾区直面台湾海峡,是我国21世纪海上丝绸之路的核心地区,如果能够与台湾的高雄、台中、新北市共同发展,则可能形成一个颇具潜力的湾区都会区。

6.东京湾区。位于日本本州岛,面向太平洋,围绕东京湾展开。区内集中了东京港、横滨港、千叶港、船桥港、君津港、横须贺港等多个重要港口,是日本最大的港口群,工业高度集聚,海陆空交通十分发达。主要城市有:东京、神奈川、千叶县、琦玉、横滨等。其中东京是日本首都、日本政治、经济中心、世界著名的国际大都会,横滨是国际化大都市,沿东京—横滨、东京—千叶形成的工业带是日本的主要经济命脉。

7.大阪湾区。位于日本本州岛,面向太平洋。主要有神户港、大阪港、尼崎港、堺港、阪南港和哥山港等港口,拥有钢铁、机械制造、印刷、食品、造纸和化工为主的轻工业。主要城市有:大阪、神户、尼崎、岸和田、堺港、阪南、和哥山、小松岛等,阪神工业区是日本的重工业基地,直接辐射到濑户内海地区,是日本重要的湾区城市群。

8.伊势湾区。位于日本本州岛,围绕伊良湖水道。拥有名古屋港、衣浦港、薄郡港、丰桥港、四日市港等重要港口,名古屋港口是日本五大港口之一,面向太平洋。主要城市有:名古屋、四日市、衣浦、薄郡、丰桥、东海、知多等,名古屋是日本海陆空交通枢纽,有纺织机械、汽车制造、钢铁、金属制品等产业在此集聚,名古屋湾区是日本三大城市群之一。

9.江华湾区(京畿湾)。位于朝鲜半岛西部海湾,主要区域位于韩国,面向黄海。主要港口有:仁川港、平泽港、大山港等,主要城市有:首尔、仁川、京畿道等。其中,首尔是韩国的首都,世界十大城市之一,亚洲主要金融中心,全球重要的经济中心。仁川是韩国第三大城市。首尔都市圈主要包括首尔、仁川、京畿道等城市。

10.胡志明港湾区。位于越南南部,面向东南亚,连接西贡河,是典型的河口型湾区。主要港口有:胡志明港、头顿港、盖梅港等,盖梅港是越南第一深水港，具有较大发展潜力。区内主要有胡志明市、富美、头顿、东塔、芹苴、美萩等城市，胡志明市是越南经济中心，南方城市中心，头顿是越南经济特区，也是越南最开放的城市，该湾区区位优势明显，发展迅速，有可能依托西贡河形成越南最大的湾区城市群。

11. 曼谷湾区（旧称暹罗湾）。位于中南半岛和马来半岛之间，是南中国海区域最大的海湾，核心区位于泰国境内。拥有曼谷港、是拉差港、锡安海港、兰查邦港、梭桃邑港、邦沙番港、西哈努克港、北大年港、宋卡港、迪石港、云壤港等港口。其中曼谷港是泰国最重要的港口，是泰国与柬埔寨通往太平洋和印度洋的重要港口，是世界二十大集装箱港口之一，不仅是泰国重要的出口基地，柬埔寨和老挝的部分进出口商品也通过此港转运。主要城市有：泰国的曼谷、芭堤亚、乌塔保、兰查邦，柬埔寨的西哈努克市，越南的南根，马来西亚的宋卡、北大年等。曼谷是泰国首都，中南半岛最大城市，东南亚第二大城市。越南政府曾于2009年2月批准了《至2020年暹罗湾越南海域及沿海发展规划》，积极推动曼谷湾区都市圈形成。[①]

12. 马尼拉湾区。位于菲律宾境内，面向南海海域，拥有菲律宾最大的海港马尼拉港、马里韦莱斯港和奥隆阿波港等重要港口，海陆空交通都比较发达。主要城市有：马尼拉、奎松、卡洛奥坎、帕萨伊等，其中马尼拉是菲律宾首都，也是菲律宾的政治经济中心，集中了全国半数以上的工业企业，是亚洲较大的大都会圈之一。

13. 新加坡峡湾区。尽管马六甲海峡不是湾区，但是具有比湾区更优越的地理位置条件，连接印度洋和太平洋两大海洋，新加坡滨海湾区就坐落于此，核心区主要由新加坡滨海湾和海峡构成，属于典型的峡湾型湾区经济。区域内港口密集，重要港口有：新加坡的新加坡港、基姜港、丹戎乌斑港，马来西亚的巴生港、马六甲港、波德申港和印度尼西亚的拉朗港、杜迈港等，其中，新加坡海湾内的新加坡港是亚太地区最大的港口之一，也是世界最大的集装箱港口之一。区域内的主要城市有：新加坡、马

---

① 成汉平：《越南海洋战略研究》，时事出版社2016年版，第114页。

来西亚的吉隆坡、马六甲，印度尼西亚的棉兰等，新加坡是世界著名的国际化大都会，是国际金融中心、航运中心，吉隆坡是马来西亚首都，新加坡和吉隆坡都是东南亚中心城市。

14.肯帕德湾区（坎贝湾）。位于印度境内，面向印度洋阿拉伯海。主要港口包括：孟买港、海杰港、比伯沃港、韦拉沃尔港、贝迪港、奥卡港等，孟买港是印度第一大海港，是世界最大的出口纺织品的港口。主要城市有：孟买、达哈苏、达曼、默格德拉、苏拉特、坎贝、托莱拉、阿伦格、贾法拉巴德、第乌、穆尔德沃格等，该湾区以孟买为核心已经形成了孟买大都会区，成为世界人口较多的都会区之一。

15.孟加拉湾区。由印度、孟加拉、缅甸、斯里兰卡等国共有，是世界上最大的海湾，以恒河口为重点，由于湾区面积较大，海域空阔，湾区资源比较丰富，区域内的港口也相对较多，其中重要的港口有：缅甸最大的港口仰光港、孟加拉国最大的港口吉大港、印度东部最大的港口戴蒙德港、印度最大的铁矿石港维沙卡帕特南港等。主要城市包括：印度的加尔各答、迪卡、克塔克、布里、巴拉索尔、戟姆拉等，孟加拉国的贾尔拉、达卡、纳拉扬甘杰、孟都和缅甸的仰光等。

16.波斯湾区。是亚欧非三大洲重要交通枢纽，由伊朗、伊位克、科威特、沙特阿拉伯、卡塔尔、阿曼、巴林、阿拉伯联合酋长国等国家共同占有，通过霍尔木兹海峡与阿曼海湾区连接并直通印度洋。湾区内有大大小小几十个优质港口，例如，科威特城港口是科威特的主要港口之一，霍梅尼港是伊朗的主要外贸港口，大流士港是伊朗主要石油输出港口，达曼港是沙特阿拉伯东部最大的港口，迪拜港是阿联酋最大的港口，马斯喀特港是阿曼最大的出海港口，阿巴斯港是伊朗南部最大的港口。区内集中了一大批著名城市如迪拜、多哈、阿布扎比、巴士拉、阿巴丹、设拉子、利雅德、卡布达、霍梅尼、科威特城等。海湾区域还成立了海湾合作委员会，推动区域合作和协调，区域内湾区经济发展条件虽然较好，但由于石油资源受国际形势影响，时常发生战争，分多合少，区域叠加效应不明显。迪拜是唯一利用湾区有利位置发展成为国际化大都会的典型案例。

四、非洲地区重要湾区经济

总体来说，非洲海岸比较平直，海湾和半岛比较缺乏，加之工业化和城市发展进程落后于其他地区，因此湾区经济没有得到充分发展。如果从将来的发展潜力来考虑，有可能形成的湾区经济主要有3个，包括：

1. 苏尔特湾区。位于利比亚境内，直接面向地中海，主要港口有：米苏拉塔港、努斯拉努力夫港、雷加港、班加西港等。重要城市有：班加西、艾季达比亚、苏尔特、的黎波里等，其中，的黎波里是利比亚的首都，利比亚的政治、经济和文化中心，利比亚最大的国际化大都市。班加西是利比亚第二大城市。目前区域的湾区经济特点正在形成，较具发展潜力。

2. 直布罗陀峡湾区。位于摩洛哥与西班牙交界处，连接大西洋和地中海。主要港口有：丹吉尔港、卡萨布兰卡港、加的斯港、直布罗陀港、马拉加港等港口，丹吉尔港是非洲最大的港口。主要城市有：丹吉尔、拉巴特等，拉巴特是摩洛哥首都，丹吉尔是摩洛哥的经济中心和金融中心。摩洛哥国家正在借鉴中国经验，利用沿海发展本国经济，此湾区具有湾区经济发展潜力。

3. 几内亚湾区。非洲最大的海湾，主要由利比里亚、科特迪瓦、加纳、多哥、尼日利亚、喀麦隆、几内亚、加蓬等国家共同所有，由邦尼湾和贝宁湾组成，面向大西洋。重要港口有：科托努港（贝）、洛美港（多）、布鲁图港（多）、拉各斯港（尼）、哈科特港（尼）等，其中拉各斯港是西非最大商港，第二大集装箱港口。主要城市有：阿克拉（加纳首都）、洛美（多哥首都）、科比努、拉各斯、贝宁城、哈科特、马拉博（喀麦隆首都）。由于该区域发现大量石油（约占世界的10%），西方国家争夺十分激烈，目前处于开发之中，湾区经济发展有一定潜力。

五、大洋洲地区重要湾区经济

大洋洲西临印度洋，东临太平洋，由一块大陆和零散的岛屿组成，海洋经济比较发达，但湾区资源相对缺乏，大部分集中在澳大利亚。目前已经形成和正在形成的湾区经济主要有4个，包括：

1. 悉尼大湾区。位于澳大利亚境内，面向太平洋。主要港口有：悉尼港、纪卡斯尔港、肯布拉港、伊登港等，其中悉尼港是澳大利亚境内较大商业港口。主要城市有：悉尼、堪培拉、古尔本等，其中，堪培拉是澳大利亚首都，悉尼是澳大利亚最大城市，是经济、金融、航运、旅游中心，该地区生产总值超过香港、新加坡等城市，是全球最适宜人类居住的城市之一，世界著名的国际大都会。

2. 斯潘塞湾区。位于澳大利亚境内，直接面向印度洋。主要港口有：奥古斯塔港、皮里港、怀阿拉港、沃拉雷港、林肯港等。阿德莱德是湾区内的核心城市，也是澳大利亚第五大城市，是全球生活质量最高的城市之一。

3. 墨尔本湾区。位于澳大利亚境内。面向巴斯海峡，内接雅拉河，重要港口有：墨尔本港、威尔逊港、黑斯廷斯港、吉朗、波特兰等。其中，墨尔本港是澳大利亚最大的现代化港口，沿湾区还有十多个集装箱码头。墨尔本是澳大利亚第二大城市，是澳大利亚的文化之都。在该湾区内，本迪戈、吉朗、科克拉等城市以墨尔本为重点形成都会圈。

4. 豪拉基湾区。位于新西兰境内，面向太平洋，主要港口有：波特兰港、怀提玛塔港、陶朗阿湾、旺阿普普港、拉塞尔港、旺阿罗阿港等，怀提玛塔港是新西兰最大的港口，两岸由奥克兰海港大桥连接。主要城市有：奥克兰市，是新西兰工业和商业中心、贸易中心和金融中心，新西兰股票所及多家大银行总部设在这里，许多国际跨国公司都在这里设有办事处。该区域形成了以奥克兰市、曼努考、北岸、怀塔克瑞等城市为基础的湾区都会区。

第二节　全球湾区经济分布特点

从上述湾区经济的基本状况中，我们可以发现，除了我们通常所说的东京湾区、纽约湾区和旧金山湾区这三大世界一流湾区外,湾区经济的数量远远超出我们想象(如图4-1所示)。事实上,我们不仅在发达国家看到了成功的湾区经济,在不发达国家同样也能够找到湾区经济的影子,即使在非洲这样湾区缺乏和经济落后地区,港口也开始在少得可怜的几个湾区中扎堆集聚,为将来的工业化和城市化打下基础。本节我们将根据上述资料,对全球湾区经济的分布状况进行归纳,以便认知湾区经济在全球的分布特点和规律。

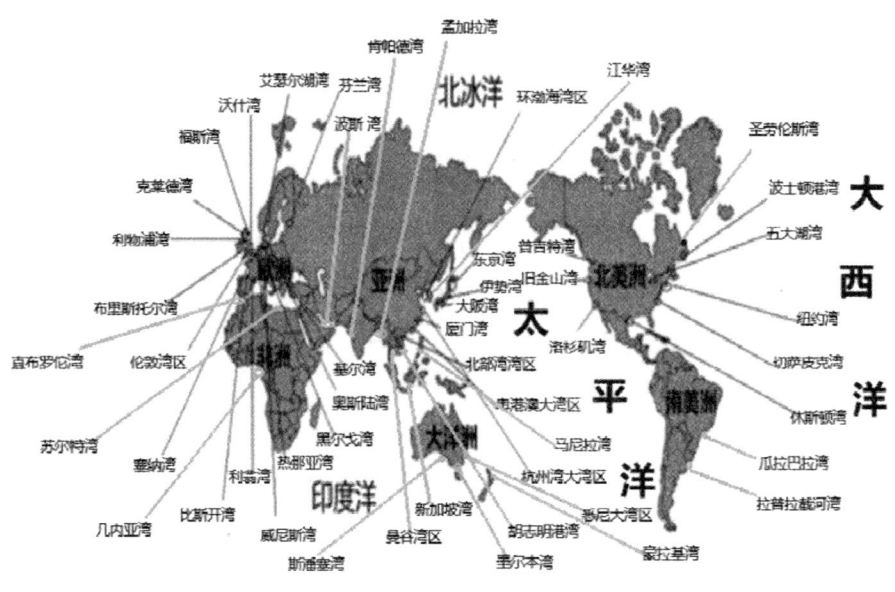

图 4-1　全球湾区经济分布地图

一、湾区经济分布呈现不均衡状况

纵观欧洲、亚洲、非洲、美洲和大洋洲湾区经济发展情况,湾区经济在世界各大洲都存在,但发展差距较大。根据上述分析,全球湾区经济数量达50个,其中,欧洲16个,亚洲16个,美洲11个,非洲3个,大洋洲4个(如图4-2所示)。

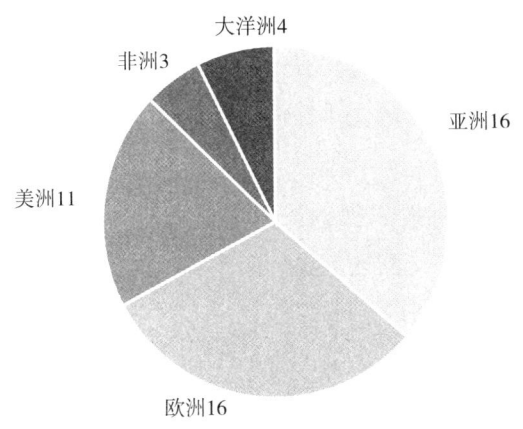

图 4-2　湾区经济在各大洲分布图

总体上，湾区经济的分布有以下特点：一是湾区经济在全球五大洲的存在处于不均衡状态。有些洲相对较多，有些洲相对较少。欧洲、亚洲相对较多，分别各有 16 个，各占 32%，美洲湾区经济有 11 个，占比 22%。相对来说，非洲和大洋洲的湾区经济比较少，分别只有 3 个和 4 个，只占到 6% 和 8%。二是全球各个国家之间的湾区经济发展同样处于不均衡状态。有些国家湾区经济比较发达、数量比较多，有些国家湾区经济数量相对较少，甚至没有。① 目前，世界 GDP 排名前三的美国、中国、日本等国家的湾区经济发展较好。美国至少拥有纽约湾区、波士顿湾区、切萨皮克湾区、五大湖湾区、旧金山湾区、休斯敦湾区、普吉特湾区、洛杉矶湾区等八大湾区经济体，是目前全球湾区经济最多的国家；日本也是一个岛国，四面环海，在亚洲较早走上了工业化现代化道路，湾区经济数量同样相对较多，拥有东京、大阪、名古屋三大湾区城市群；中国目前正在形成五大湾区，除了粤港澳大湾区、沪杭甬大湾区相对发达一点外，其他湾区仍然处于起步阶段。相比较之下，大部分国家的湾区经济数量比较少，有些国家甚至没有湾区经济。英国虽然现在排名世界第七，但作为第一次工

---

① 申勇、周会祥：《全球视野下的湾区经济发展战略》，《中国经济特区研究》2017 年第 1 期。

业革命的起始地和湾区经济发源地，由于抢得湾区经济发展先机而拥有的湾区经济数量也相对较多，主要有伦敦湾区、利物浦湾区、布里斯托尔湾区、福斯湾区、克莱德湾区、沃什湾区等六大湾区城市群，其湾区经济数量位于世界第二位。

造成湾区经济不均衡发展的原因很多，地理位置和湾区自然条件是其中的根本原因。首先是湾区资源分布不均衡。湾区经济发展状况与湾区资源十分相关，一般情况下，海岸线长、湾区条件好的国家，湾区经济发展得比较好。英国作为一个岛国，海岸线长、区位条件优越，国家呈长条型地理状况，内陆与湾区的通达性比较好，在当时陆路交通不发达的情况下，自然容易形成湾区经济；美国拥有东海岸和西海岸两个海岸，分别面对大西洋和太平洋，湾区资源十分丰富，地理区位相当优越，理所当然地成为湾区经济的佼佼者；而非洲国家虽然也有较长的海岸线，但海岸线一般是平直的，湾区资源严重缺乏，所以很难形成湾区经济，直接影响当地经济发展；大洋洲除澳大利亚以外的国家虽然都是海岛国家，但由于海岛将岸线碎片化，同样缺乏湾区资源，也难以形成湾区经济。其次是工业化水平参差不齐。工业化差异所带来的国际贸易差异也是其中的重要原因，一般来说，工业革命产生地的湾区经济比较发达，因为工业革命前，即使某个国家对外贸易相对比较发达，也不是因为生产规模超出国内需求所致，而是出于对外掠夺和侵占的本性，无论从交易规模和数量都无法与工业革命后相提并论。英国作为第一次工业革命发源地，在伦敦、利物浦等城市聚集了大量家庭式小作坊，推动棉纺织工业发展和纺织品世界贸易的扩大，产品销往全世界，这本身就产生了对湾区的需求，湾区经济应运而生；美国受益于第二、三次工业革命，科技创新带来了产品的多元化，世界贸易从棉纺织业扩展到钢铁、机械、电子计算机等产品，促使国际贸易规模进一步扩大，一个个产业集群和城市群在湾区周边生成，其湾区经济后来居上，超过英国成为世界湾区经济最多和最发达的国家；日本在第二次世界大战以后，也快速走上了工业化道路，东京湾区集聚大量钢铁、石化工业，其湾区经济同样取得了一定的成就；40多年来，中国通过改革开放走上了工业化道路，广东成为"世界工厂"的代名词，互联网所导致的信息产业加速在湾区城市深圳、东莞聚集,湾区经济同样也得到了较快发展;而那些工业化相对落后的国家,湾区经济自然发展比较慢。最后,工业化带来的城市化不断升级也会导致湾区经济的不均衡发展。工业化通常会带来快速城市化,形成小城镇—城市—大城市—大都市—大都会—都市圈集群的发展态势。以港口群为基础的湾区城市化相对来说会发展得更快,欧洲、北美洲、亚洲一些国家率先通过工业化走向快速城市化道路,已经到了大都会、都市圈集群阶段,而非洲和大洋洲的大多数国家仍然处于低速城市化阶段,大部分还处于小城镇阶段,这使得湾区经济的发展差距明显扩大。

二、湾区经济分布与国家经济实力呈同向关系

从上述统计情况看,湾区经济一定是与国家经济实力相匹配的。一般情况下,当一个国家经济实力增强以后,与国外的经济贸易往来会逐步加强,必然要依托优良湾区进行港口建设,扩大对外贸易;如果一个国家经济实力较弱,尤其是对外贸易程度偏低,即便拥有优良的港口,也很难形成有效的湾区经济形态。反之也一样,湾区经济相对集中的国家和地区经济实力一定会相对强大。

国家的经济发展水平决定湾区经济发展水平。美国是世界湾区经济最发达的国家,海域总面积大约有 1200 万平方千米,排名世界第一,湾区经济发展也处于全球第一水平。其湾区经济主要集中在东、西海岸,东海岸拥有以纽约为核心的波士顿、纽约、华盛顿、五大湖等重要湾区经济体,西海岸拥有旧金山、洛杉矶等湾区经济体。纽约湾区经济和旧金山湾区经济是美国湾区经济发展的典范,其中,纽约湾区成为美国经济总量第一的经济体,引领全球金融发展。① 旧金山湾区经济则成为美国人均 GDP 排名第一的经济体,引领全球科技发展。英国作为湾区经济的发源地,湾

---

① 申勇、周会祥:《全球视野下的湾区经济发展战略》,《中国经济特区研究》2017 年第 1 期。

区经济发展水平曾经也相当高,一方面,英国是一个典型的岛国,湾区资源相对比较丰富,而狭长的地理形态又使得海陆联动变得更加容易,这些因素促使其湾区经济相对发达。另一方面,作为一个十分重视海洋权益并利用航海称霸世界长达300年的国家,英国发起了第一次工业革命,历来十分重视对外贸易,利用湾区和港口运输建立了对外贸易的起始点,依托殖民地建立对外贸易的支点,形成了三角和多边贸易,推动了本国工业革命并带动商业发展。"由于英国的第一次工业革命,既需要从殖民地获取原材料,又需要世界市场以销售终端产品,因此必然推动商业革命,否则,这场革命产出的巨量商品,就会因为没有销路,也就无法为工业革命提供绵绵不绝的动力。""英国本已是且越来越成为世界经济交往的中介,沟通发达地区与落后地区、工业化区域与原材料产地、国际化大都市与殖民或半殖民地。"① 由此,湾区不仅是一种形态,而且成为工业国家的第一需要。从全球湾区经济分布来看,英国主要是利用自身的海岸条件形成了以伦敦湾区为核心,利物浦湾、布里斯托尔湾、福斯湾、克莱德湾、沃什湾为重点的六大湾区经济体。伦敦湾区都会圈不仅成为当时国内经济的引领而且成为世界金融中心和欧洲经济中心。日本和澳大利亚都是世界经济发达国家,其湾区经济数量也相对较多。日本除了拥有东京等三大湾区及湾区都市圈外,还有很多小的湾区经济体,对日本经济发挥了较大的作用。澳大利亚围绕其沿海也形成了三大湾区,悉尼大湾区对于本国经济和世界经济发展都发挥了重要作用。相比较而言,非洲地区的一些国家,尽管沿海资源相当丰富,但由于经济发展相对落后,湾区经济难以形成,所以湾区经济体的数量相对较少。我们也可以将朝鲜半岛进行比较,来看看经济实力对于湾区经济的影响。就目前状况而言,韩国经济实力明显高于朝鲜,在经济发展过程中形成了以首尔为重点的首尔、仁川、京畿道为都会的京畿湾区经济,不仅成为韩国经济的引领,还成为亚洲金融中心,相比之下,朝鲜也有几个自然的湾区,但由于经济实力不够,难以形成湾区经济。

---

① [英]埃里克·霍布斯鲍姆:《工业与帝国:英国的现代化历程(导读)》,梅俊杰译,中央编译出版社2016年版,第9页。

如果将一个国家进行纵向对比同样也会得出这样的结论。例如,我们将中国经济发展作一个纵向比较,也可以得出同样的结论。改革开放前,尽管我们同样拥有珠江口、长三角等诸多有利的湾区地形,但由于我国经济水平相当落后,国际贸易水平十分低下,以要素集聚为特点的湾区经济根本难以发展。改革开放后,随着经济实力的增强,国家沿海地区城市不断发展壮大,工业化和城市化进程加快,城市之间的经济往来和联系日益紧密,陆续出现了环珠江口湾区的珠三角城市群和环杭州湾区的长三角城市群以及沿环渤海湾区的京津冀城市群,湾区经济得以逐步发展起来,甚至出现了粤港澳大湾区、沪杭甬大湾区这样世界级湾区城市群。

纵观上述各国湾区经济发展的情况,我们发现,全球范围内的湾区其实相当发达,并且根据各国发展阶段和经济实力形成了以下三大梯队:第一梯队是美国、英国和日本三个国家,他们最大特点是依托目前的湾区经济形成更大的超级湾区都市圈。美国作为世界上唯一的超级大国,历来十分重视发展海洋经济,通过海洋开展全球贸易,而且实现经济和政治霸权是其走向强国的重要手段,他们利用湾区经济构建的"纽士华"超大都市圈集群正在成为世界最强大的经济圈;英国作为老牌帝国主义国家,曾依托伦敦湾区实现海陆联动,建立超强海洋霸权,成为称霸世界300年的超级霸主,尽管目前逐步走向衰退,但其湾区经济的底蕴不可低估;尽管日本湾区经济体的数量不如前者,但其有世界最大的东京湾区都市圈,也正在依托东京都市圈、大阪都市圈、名古屋都市圈形成超大型湾区都市圈集群,完全有可能与美国"纽士华"超大都市圈媲美。第二梯队是中国、法国、澳大利亚、德国等国家。这类国家凭借自己优良的湾区经济和海洋条件正在实现其国家的强盛梦,但是相比于美国和英国,其湾区经济发展的数量和水平还有一定的差距,包括中国在内的这几个国家在湾区经济发展条件、湾区经济发展时间、湾区经济发展数量、湾区都市圈建设水平等方面与上述三个国家都有一定的差距。第三梯队是剩下的其他国家,这些国家或多或少都具有发展湾区经济的条件,但经济总体数量和水平差强人意。由此可以看出,经济实力强大与湾区经济成同向关系,即假如在湾区资源同等的条件下,世界湾区经济的分布与各国的经济发展水平和实力成正相关，也就是说，经济水平高的国家湾区经济体数量一般较多，湾区经济相对比较发达；相反，经济发展水平低的国家湾区经济体数量一般较少，湾区经济相对不发达。随着世界经济重心往亚洲转移，中国已经成为全球第二大经济体，湾区经济数量正在逐步上升，但我们也要有清醒的认识，总量第二并不意味经济实力第二，我们在人均、地均等方面都还有较大差距，湾区经济质量还有待于提高，粤港澳大湾区、沪杭甬大湾区等湾区与世界著名三大湾区仍然存在一定的差距。

三、湾区经济分布促进了世界大都市圈发展

从湾区经济的分布情况来看，基本上每个成熟发达的湾区经济体都至少包含1—2个都市圈，并形成都市圈集群。以美国为例，按照美国国家统计机构公布的大都市圈信息，美国大都市圈总共有10个，[①] 包括：纽约、洛杉矶、芝加哥、华盛顿、休斯敦、达拉斯、费城、旧金山、波士顿、亚特兰大等（如表4-1所示），绝大多数是依托湾区形成的。其中，旧金山湾区是典型的都市圈集群形态，按照其都市圈结构，可以划分为三大都市圈：旧金山都市圈、奥克兰和圣何塞都市圈，湾区经济首先从旧金山开始发展，然后到奥克兰，最后是圣何塞，分别形成了以金融为主的旧金山大都市，以"工业制造＋港口运输"为主的奥克兰都市，以高科技为主的圣何塞都市区。日本的三大湾区经济体东京湾、大阪湾和伊势湾直接构成了日本三大都市圈，即东京都市圈、大阪都市圈和名古屋都市圈，并且三大都市圈正在连成一片，占据了日本经济的大半江山，特别是东京都市圈的经济总量和人口都超过日本经济总量和人口的70%。[②]

---

① 魏家雨、钟婷等著：《美国区域经济研究》，上海科学技术文献出版社2011年版，第5页。
② 申勇、周会祥：《全球视野下湾区经济发展战略》，《中国经济特区研究》2017年第1期。

表4-1 美国经济总量排位前十的都市圈①

排序	大都市圈名称	相应大都市统计（MSA）全称的中文译名	涉及的州
1	纽约	纽约—长滩—圣安娜大都市统计区	纽约州、新泽西州、宾夕法尼亚州
2	洛杉矶	洛杉矶—北新泽西—长岛大都市统计区	加利福尼亚州
3	芝加哥	芝加哥—瑞珀—乔利特大都市统计区	伊利诺伊州、印第安纳州、威斯康星州
4	华盛顿	华盛顿—阿灵顿—亚历山大大都市统计区	哥伦比亚特区、弗吉尼亚州、马里兰州、西弗吉尼亚州
5	休斯敦	休斯敦—糖城—贝顿大都市统计区	得克萨斯州
6	达拉斯	达拉斯—沃斯堡—阿林顿大都市统计区	得克萨斯州
7	费城	费城—卡姆登—威明顿大都市统计区	宾夕法尼亚州、新泽西州、特拉华州、马里兰州
8	旧金山	旧金山—奥克兰—弗里蒙特大都市统计区	加利福尼亚州
9	波士顿	波士顿—剑桥—昆西大都市统计区	马萨诸塞州、新罕布什尔州
10	亚特兰大	亚特兰大—桑迪斯普休斯—玛丽埃塔大都市统计区	佐治亚州

由此可以看出，湾区经济的发展对于各国都市圈的形成起到了重要作用，湾区都市圈成为世界都市圈经济的核心力量。

以纽约为例，纽约市是全球第一金融中心，目前正在围绕纽约湾区形成"纽士华"大都市圈，包括纽约、波士顿、费城、巴尔的摩、华盛顿等五座大城市，"纽士华"大都市圈的形成与湾区发展密不可分，内含的波士顿、纽约等几大湾区对于都市圈的形成发挥了重要作用。一是以纽约湾区为核心实现外围扩张。纽约都市圈的形成和发展始终是围绕纽约湾区逐步向纽瓦克等地区展开的，特别是纽约的港口发展带动了贸易、制造业

---

① 魏家雨、钟婷等：《美国区域经济研究》，上海科技技术文献出版社2011年版，第69页。

和金融业的发展，促进了纽约都市圈的经济发展。而且都市圈的辐射范围随着交通的改善和经济总量的增大而不断扩大。二是纽约都市圈各湾区城市之间形成了相应的产业链分工。构筑了华盛顿提供政治文化基础、纽约提供金融支持、波士顿提供科技人才支持的都市合作发展格局。三是通过湾区规划来加大各湾区之间的协调与合作。纽约湾区历经三次规划，第一次是1921年，主要是城市的扩张和增加，城市开始往郊区延伸；第二次是1968年，主要目的是为了明确确立多中心城市；第三次是1996年，通过政府和非政府机构紧密合作而共同完成的，在确立中心城市优势的情况下，促进了区域经济的协调发展。

粤港澳大湾区都市圈也是在湾区城市群发展中演变而来的，珠三角城市群是粤港澳大湾区的核心和基石，在珠三角时期，形成以广州为核心的珠三角城市群。随着工业和城市化快速发展，分别形成以广佛、港深、珠澳为核心的三大都市圈，即粤港澳大湾区城市群形态。随着港珠澳大桥的开通，以及深中通道如果能够按时开通，有可能再次形成新的都市圈集群，一方面，以香港、深圳为核心带动珠海、澳门、中山形成闭环，推动形成国际金融、科技、航运和旅游中心；另一方面，以深圳为核心带动东莞、惠州、汕尾、河源形成深圳大都市圈；同时，围绕珠江口区域，以广州为核心带动佛山、肇庆等珠江口城市形成广州大都市圈，以此形成至少三大都市圈集群，这种都市圈的优化布局完全得益于湾区经济的发展。

四、湾区经济主要分布在沿海，但仍有特例

从湾区经济的分布情况看，大部分湾区坐落在沿海地区，但也有一些湾区由于特殊原因出现在湖泊地区。由于湖泊比较大或者靠近海边，所以湖泊的湾区经济形态基本上与沿海湾区经济形态的特征是一致的，只不过所傍依的水体及形态有所不同，这类湾区经济主要有以下三种类型：

一是内湖形态。最典型的是位于北美的五大湖地区，它们目前由苏必利尔湖、密歇根湖、休伦湖、伊利湖和安大略湖等五个相连接的湖泊组成，有"北美大陆地中海"之称，并且直接与大海相连接。五大湖围绕湖

湾部分形成了特大都市圈,成为美国重要的都市经济区,从芝加哥向东与底特律、克利夫兰、匹兹堡并连接加拿大的多伦多和蒙特利尔共同构成都市圈。目前五大湖地区经济比较发达,各城市之间形成了不同的产业分工。芝加哥是全美第三大金融中心,底特律因福特汽车而成为著名的汽车之城,匹兹堡是美国重要的钢铁生产城市。五大湖湾区经济发展除了地理和产业优势外,最主要还在于全球跨国公司总部在该区域的集聚,据统计,仅在芝加哥,就有30家"美国财富500强"公司、12家"全球财富500强"公司、17家"全球金融500强"公司,各类公司总部达107家,数量仅次于纽约。[①]

二是海湖形态。主要特点是湖湾直接连接出海口,同样由港口群带动产业群和城市群发展,例如艾瑟尔湖湾就是依托与海相连的艾瑟尔湖形成湾区经济,构成了阿姆斯特丹、鹿特丹、海牙大都会圈。

三是峡湾形态。从湾区经济形成和作用方式看,狭长的海峡有时也可以达到同样的效果,在狭长的海峡里面,同样可以起到避风、运输成本低和港口集聚的目的,因此较好的峡湾也能够形成湾区经济形态。例如,新加坡湾区就地处马六甲海峡,由于该海峡是连接印度洋与太平洋的重要水道,而新加坡又位于海峡最狭窄的要道位置,因此发展成为世界重要的转口贸易和峡湾经济。

第三节 世界湾区发展的三个重要结论

从空间分布来看,湾区一般是位于一个国家的边缘地带,但是经过一段时间的湾区经济发展,很多国家的湾区会从国家的地理边缘成为国家某个方面的中心。其中有些是外在能够观察的现象,但也有很多是事物发展

---

① 魏家雨、钟婷等:《美国区域经济研究》,上海科学技术文献出版社2011年版,第118—119页。

的内在本质,因此,探究湾区经济发展规律是非常必要的。本节将从全球湾区经济发展状况出发,归纳总结湾区经济发展共同规律。

一、从大陆向沿海海湾地区集聚是国家现代化的必经之路

湾区经济之所以强大,根本原因在于形成了"港口群+产业群+城市群+创新群"的叠加效应,这种"四群"叠加效应决定其一定会成为全球高端要素的聚集地,成为全球资源配置的重要控制地。

据世界银行统计显示,全球在距海岸100千米的范围内,集聚着60%的经济总量、75%的大城市、70%的工业资本和人口,湾区地带更是世界500强的首选地。①

湾区更像一个大磁场,牢牢吸引人财物高度集中并推动产业裂变和迭代升级,由于产业的进入,土地变得更加昂贵,技术变得更加抢手,资金变得更加值钱,生产要素在此集中并从低端走向高端。例如,在东京,拥有世界最多的500强企业,NEC、佳能、三菱、丰田、索尼、东芝、富士通等国际级跨国公司企业大都聚集于此。美国纽约和旧金山也分别集聚了世界重要的金融和科技资源,世界最强大的金融机构大都集聚在纽约,曼哈顿中城集聚了最多的摩天大楼和世界总部,而世界最强大的科技公司和风险投资大都集中在旧金山,谷歌、苹果、Facebook 等互联网巨头都在此设立总部。

这种聚集是不以人的意志为转移的、国家走向现代化的必然过程。世界发达国家英国、美国的现代化过程都有过如此经历,如英国早在第一次工业革命时期,就出现过一次向沿海海湾地带的大转移,十八世纪中期,大量资金开始投向英国北部的福斯湾等地,导致人们纷纷北上,投资兴业;美国在十九世纪初期就开始从大陆领地开发方式向沿海海湾开发方式转变,资金、技术、人才都开始往波士顿、纽约等地集聚,湾区成为人们

---

① 申勇:《海上丝绸之路背景下深圳湾区经济开放战略》,《特区实践与理论》2015年第1期。

向往创业的热土。

中国和印度等发展中国家同样也都经历了这种巨变。

印度早在英国殖民地时期就开始向沿海海湾集中。例如，孟买就是在这个过程发展起来的，"孟买"一词来源于葡萄牙语，本身意思就是"美丽的海湾"。依托海湾，他们最早成为英国工业革命的纺织原料供应地和生产地，后来成为印度的经济中心，有"印度的上海"之称，印度人都愿意到孟买工作，以"孟买人"为荣。

中国从改革开放初期就开始实施沿海开发战略，经过四十多年的发展，国家已经基本实现向沿海海湾转移，而且这种转移趋势还将进一步加剧。图4-3是我国2021年公布的国家综合立体交通网主骨架布局示意图，图中显示，我国将形成菱形6主轴布局态势。从这个图中，我们可以确定两点：一是我国的各种资源要素已经集聚在京津冀、长三角、粤港澳、成渝等大都市圈中，特别是以京津冀、长三角、粤港澳为中心的三角区集中了我国主要的要素资源；二是随着我国交通网络的建设和形成，将促进要素资源进一步向这些地区集聚，菱形中的沿海三角将成为下一步人们集中的主要区域。

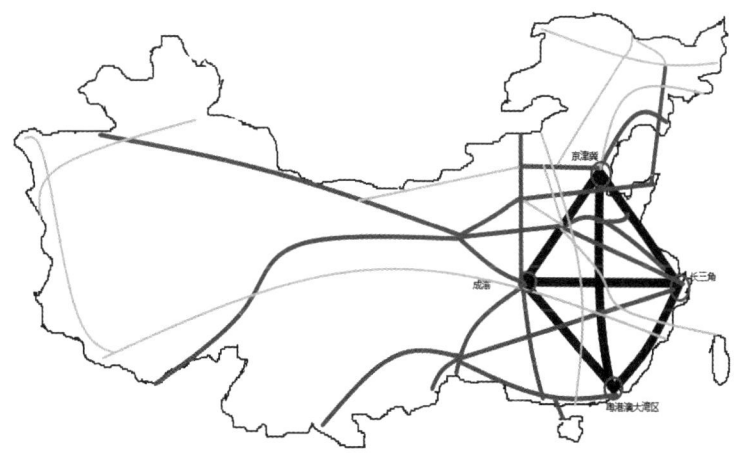

图4-3 国家综合立体交通网主骨架布局示意图①

---

① 该图由申琳参照《国家综合立体交通网规划纲要》绘制。

二、湾区是国家走向现代化强国的重要引擎

湾区经济本质上是工业化和城市化的产物和载体,以湾区为平台促进国家全面开放,辐射带动内陆地区经济发展,是湾区经济的重要本能。从全球湾区经济发展状况及分布情况看,湾区经济既有助于海洋强国的建设,又有助于工业强国、军事强国、贸易强国等诸多强国的建设,对于许多国家的现代化建设起到了巨大的促进作用,尤其对于英国、美国等国家成为世界强国乃至世界霸主发挥了重要作用。可以说,世界现代化强国巨星的冉冉升起,湾区功不可没。

湾区强,则国家强。英国能够成为一代霸主,除了众所周知的因素外,在国内拥有较多的湾区经济也是一个重要因素。英国是世界上第一次工业革命的策源地,也是全球湾区经济的发源地。尽管之前出现过罗马、威尼斯、阿姆斯特丹等海洋霸权城市,但均不是湾区经济形态,没有形成大规模商品输出和城市群发展态势。工业革命带来了对外贸易的扩大,通过不断成立对外扩张的贸易公司,大力发展港口贸易,英国收获了国家财力的提升并推动了奴隶制的废除以及机械制造的进步。据资料显示,仅1700—1770 年间,英国的海外贸易增长了一倍多,商品进口总额从 600 万英镑增长到 1220 万英镑。[①] 其中,1700—1750 年,国内产业增长 7%,出口产业却增长 76%;1750—1770 年,二者又分别增长 7%和 80%。[②] 这些对外贸易扩张的成绩不仅得益于海上运输、海外殖民地,更得益于国内众多的湾区经济。在第一次工业革命期间,英国主要是利用自身的海岸条件形成了以伦敦湾区为重点,利物浦湾、布里斯托尔湾、福斯湾、克莱德湾、沃什湾引领国家开放的六大湾区经济,尤其是伦敦都市圈以两大湾区即伦敦湾区和利物浦湾区共同形成,组成了以伦敦为核心、伦敦—利物浦为轴线的双湾区都市圈,包括了伦敦、伯明翰、谢菲尔德、曼彻斯特、利物浦等大城市和小城镇。城市之间形成了合理的产业分工,伦敦是政治

---

① 白海军:《帝国的荣耀》,江苏人民出版社 2014 年版,第 146 页。
② [英] 埃里克·霍布斯鲍姆:《工业与帝国:英国的现代化历程》,梅俊杰译,中国编译出版社 2016 年版,第 37 页。

中心和金融中心，曼彻斯特是世界纺织工业集聚区，其他城市机械制造相当发达，总面积大约为4.5万平方千米，人口3600万。关于海洋权益对于国家强弱的影响，马汉在他的《海权论》中早有说法："影响海权发展的领土范围，不仅指一个国家的总面积达到多少平方英里，而且还包括它的海岸线长度和将要列入考量的港口的特性。""海岸线的长度会依据人口的多少成为一个国家强弱的根源。"①

美国成为世界强国的国家，湾区经济同样功不可没。美国是世界较少的拥有"两洋"的国家之一，从19世纪80年代以后，他们才开始确立国家的海洋战略，推动全国从陆权大国向海权大国转变，开始了向世界强国迈进的征途。到目前为止，已经形成八大湾区经济体，与英国不同，美国的湾区经济由于大部分是在第二、三次工业革命中形成的，其城市化更加发达，科技创新远超过英国。目前，全国大概有3/4的人口居住在邻近大西洋、太平洋、墨西哥湾和五大湖地区，这些地区的GDP甚至已经超过全国的一半。同时，湾区经济助推国际贸易和本国工业发展，使美国迅速成为世界工业强国和贸易强国，据统计，1894年，美国工业的产值总额就已经上升到全球首位，到1899年，美国的生铁和钢的产量已经分别占世界产量总值的1/3和42%。可见美国200年所形成的"金角银边"式的海洋战略对于美国的崛起是何等重要。上海市美国问题研究所在其主编的《美国海洋战略研究》一书中就指出："200余年来的美国史说明了这一点，美国靠着海洋，向外拓宽本土领地和殖民地、发展美国经济，是使其成为世界经济、军事强国的重要因素。"②

印度近几年发展较快，地区生产总值一度排到世界前5名，其中一个原因是，湾区的核心引擎作用得到了较好发挥，早在殖民地时期，他们就利用沿海优势与英国等世界发达国家开展贸易，推动国内工农业发展，近年来，以孟买为代表的湾区城市发展迅速，湾区经济成为国家的主要推动力，使印度的软件、电子信息产业得到快速发展，成为地区经济强国。

---

① [美]阿尔弗雷德·塞耶·马汉：《海权论——海权对历史的影响》，冬初阳译，时代文艺出版社2014年版，第41页。

② 李双建、于保华：《美国海洋战略研究》，时事出版社2016年版，第57页。

三、从边缘到中心是湾区发展的必然趋势

从第一节湾区经济在全世界的分布我们可以看出，由于海洋成为国家之间边境划分的重要依据，湾区经济几乎无一例外地分布在某个国家或多个国家的边缘。但是，这些处于国家边缘的湾区却顽强地成长起来，努力地通过湾区经济发展成为国家和全世界的中心。这里的国家和全世界的中心应该可以从以下两个方面来理解：一是某个国家的经济中心或者政治文化中心，有些甚至对于全球某个方面的发展产生了重大影响力。二是整个世界的经济中心。如果我们把这些湾区连线起来就会发现，这些湾区的总体版图已经成为世界经济的中心，控制着世界的经济命脉。

美国湾区从边缘到中心的华丽转身，特别是东西海岸两个国家边缘地区的湾区经济发展直接导致国家的强大，他们将自己位于国家边缘的劣势转化为进出口贸易、产业集聚、科技进步等方面优势，成功地成为国家的经济中心，引领国家全面发展。美国东海岸湾区经济发展壮大就是一个很好的例子，美国东海岸也称为大西洋沿岸，主要是指美国东北部的沿海边缘地带，其区位条件十分优越，东向面临大西洋，直接与欧洲大陆对接，海路四通八达。该区域的发展是从波士顿开始的，波士顿湾区主要包括波士顿市、坎布里奇市、萨莫维尔市、沃顿市、列克新敦市，是美国距离欧洲最近的城市。正是由于具有这种独特的边缘区位条件，英国的清教徒移民早在1630年就创立了波士顿，它较早成为英国的殖民地并受到英国工业革命的影响，促使其早于纽约在19世纪初期就成为美国的主要贸易口岸和教育高地。一方面，波士顿先是利用有利的区位条件发展港口贸易，向欧洲出口烟、酒、食物等物品，继而发展以制造业为主的工业，成为欧洲之外最大的制造业中心。另一方面，波士顿推动教育和文化兴起，1635年创立了美国第一所公立学校波士顿拉丁学校，后来又成立美国著名大学哈佛大学和麻省理工学院，成为全球高等教育和研究机构的高地。波士顿的地理结构也十分优越，环境非常优美，都市核心区建在一个半岛上，连接的大陆有广阔的腹地，并由马萨诸塞湾和后湾——查尔斯河口环绕。之所以波士顿成为美国湾区经济的起源，恰恰是因为这个地方处于美国的边

缘，却是与欧洲最靠近的地方。同样，纽约、新泽西等东部城市都位于美国东海岸，处于美国国家东部的边缘，湾区经济得到了较好的发展。其中纽约的湾区经济发展成就最大，他们利用纽约的港口和五大湖地区的资源成功地发展成为世界级大都会。纽约先是成为美国的贸易中心，再发展成为美国的经济中心，在美元成为世界霸主后，又当之无愧地成为全球最具影响力的金融中心和世界级经济中心。

澳大利亚的湾区经济发展同样也能够说明这一点。澳大利亚是英联邦国家，同样是一个全岛国家，其经济海域面积超过800万平方千米，排世界第三，大陆海岸线长约35876千米。澳大利亚海陆位置十分重要，东临太平洋，西临印度洋，南抵北冰洋。① 作为新兴发达国家，其湾区经济的发展不算特别发达，但目前已经依托国家边缘地带形成了悉尼大湾区、斯潘塞湾、菲利普港湾等湾区经济。作为澳大利亚的第一大城市，悉尼是澳大利亚商业、贸易、金融旅游和教育中心，也是比较典型的湾区经济形态。之所以比较典型，是因为其大都会的形成主要是围绕湾区进行的，其经济发展也主要是由其港口带动的，其核心产业主要由金融保险等高端服务业构成，证券交易所和大多数总部的设立为湾区经济注入了动力。

边缘造就中心。这种依托国家边缘地带演变发展成为国家经济中心的例子不胜枚举，除了上述国家外，我国的粤港澳大湾区、沪杭甬大湾区，日本的东京湾区、大阪湾区，韩国的江华湾区，印度的坎贝湾区，越南的胡志明湾区，英国的利物浦湾区、福斯湾区等大家所熟知的湾区无一不是位于国家的边缘。有些湾区本身就是由几个国家共同占有，处于不同国家的边缘地带，如波斯湾湾区就是由伊朗、伊拉克、科威特、沙特阿拉伯、卡塔尔、阿曼、巴林、阿拉伯联合酋长国等国家共同占有，利翁湾和比斯开湾则分别由法国和西班牙共同占有。这些处于国家边缘的湾区已经或者正在演变成国家的经济中心或其他中心。

相对于《海权论》和《陆权论》提出的世界中心学说，湾区中心论是

---

① 薛桂芳：《澳大利亚海洋战略研究》，时事出版社2016年版，第11页。

本书区别于上述两本书观点的重点。从长期发展来看，湾区必将成为国家和世界的中心，成为全球经济发展的引擎。这不仅是由湾区本身的自然条件所决定，交通的进步更是支撑湾区中心论的重要因素。海权来源于海上运输的控制和海洋权益的分配，能够成为海洋时代强国的国家一定要控制着海洋霸权并充分享受其带来的对其他国家的控制权；同样，陆权则来源于铁路的发展，铁路的技术变革带来了贸易权益的重新瓜分，依此确定世界发展的中心。但是到了今天，倘若简单地将海权与陆权分开，显然会犯下时代的错误。在公海和集装箱给世界运输带来方便的同时，铁路则给某国内部的交通带来了便捷，现在，一个国家的内部如此依赖快速铁路和高速公路，以至于他们逐步抛弃以河流来运输物资的方式，这种新的海陆联动的运输方式可能带来远远高于当年集装箱式的运输革命。湾区的交通发展还不单单如此，空中运输将有价值的产品在更短的时间内送往世界各地。这种海、陆、空交通的完美结合的化身就是以后的一流湾区，任何一个有价值的湾区不仅拥有海洋运输通往世界各地，而且还有高速公路、铁路枢纽连接着国内的任何地方甚至国外某地。更加值得期待的是，他们往往还拥有强大的空运能力，承担着将更高附加值的产品运往全世界的功能。这可能是湾区能够成为世界中心的重大奥秘。

我们有足够的理由相信湾区中心论是存在的，而且极有可能给世界发展带来比海权和陆权中心论更大的影响。对于湾区中心论，至少可以从三个层次来理解：一是国家经济中心。处于某个国家边缘的湾区在经过一段时间湾区经济发展以后，一般会发展成为该国的经济中心，湾区的中心城市将成为该国发展的重要引擎，并有可能引领国家更加开放，促进国家进行全球资源配置并成为世界经济强国。国家湾区经济体的数量越多，这个国家走向世界强国的机遇就会增大。二是区域经济中心。湾区经济在资源配置的过程中，会利用海洋逐步从湾区走向更大区域再走向全球。这样，湾区就不再是某个国家的内部资源，而是全球配置资源的重要区域。而且，随着湾区经济的发展，高端要素会逐步在湾区集聚，科技革命会在湾区演变，都市圈会在湾区繁衍，湾区就会成为某一区域的经济（或政治、文化)中心。三是全球经济中心。如果将这些分散的湾区连成一片(以当今互联网的高速发展,这种新的联通方式是有可能的),有可能形成新的网络化湾区共同体空间格局,由于每个湾区都是各自国家的中心,有些甚至是全球经济中心。那么,这些新的湾区共同体也许将成为不同于海岛国家(海权论)和世界岛(陆权论)的世界中心,而是一种全新形态的世界中心。

下 篇
中国大湾区战略

《长江三角洲区域一体化发展规划纲要》指出,"支持长江三角洲区域一体化发展并上升为国家战略,……同'一带一路'建设、京津冀协同发展、长江经济带发展、粤港澳大湾区建设相互配合,完善中国改革开放空间布局"。"大力推进大湾区大花园大通道大都市区建设"。①《粤港澳大湾区发展规划纲要》明确提出,"发挥粤港澳大湾区辐射引领作用,统筹珠三角九市与粤东西北地区生产力布局,带动周边地区加快发展。构建以粤港澳大湾区为龙头,以珠江—西江经济带为腹地,带动中南、西南地区发展,辐射东南亚、南亚的重要经济支撑带"。并要求粤港澳大湾区"深化与中南地区和长江中游地区的合作交流,加强大湾区对西南地区的辐射带动作用"②。这一重大构想和空间规划布局已经为我国东南沿海区域的未来发展指明了方向。据此,我们依据世界湾区发展规律和我国沿海湾区地形结构,提出"3+2+X"中国大湾区发展战略和我国沿海湾区经济发展构想,构筑湾区经济引领的国内国际双向循环的全面开放新格局。

---

① 《长江三角洲区域一体化发展规划纲要》,人民出版社2019年版,第2、16页。
② 《粤港澳大湾区发展规划纲要》,人民出版社2019年版,第14页。

第五章　粤港澳大湾区

2019年2月18日，中共中央、国务院发布《粤港澳大湾区发展规划纲要》；8月18日，中共中央、国务院发布《中共中央国务院关于支持深圳建设中国特色社会主义先行示范区的意见》。粤港澳大湾区正式成为我国第一个被国家认可并上升为国家重大战略的大湾区战略，深圳作为粤港澳大湾区核心引擎，也再次被确定为新时代国家改革开放和建设中国特色社会主义的排头兵，发挥先行示范作用。由此可见，粤港澳大湾区建设对于我国新时代改革开放，探索"一国两制"新实践，从而到本世纪中叶把我国建设成为富强民主文明和谐美丽的社会主义现代化强国都极具意义。本章在分析粤港澳大湾区发展基础的前提下，通过与世界一流湾区进行比较，阐释粤港澳大湾区建设国际一流湾区和世界级城市群的目标和存在差距，提出建设粤港澳大湾区的相关对策建议。

第一节　粤港澳大湾区的基本概况

粤港澳大湾区包括香港、澳门、广州、深圳、珠海、佛山、惠州、东莞、中山、江门、肇庆等11个城市，总面积5.6万平方千米，总人口7000多万人，是我国开放程度最高、经济活力最强的区域之一，[①] 是我国第一个以"大湾区"命名的国家战略。

---

① 《粤港澳大湾区发展规划纲要》，人民出版社2019年版，第1页。

一、地理特征

根据《中国海湾志》记载,粤港澳大湾区(该书称为"珠江口")位于 21°52′~22°46′N、112°58′~114°03′E,恰好在我国东南沿海广东省中部位置,以珠江口为界将广东沿海从东向西一分为二。东边有汕头湾、企望湾、海门湾、碣石湾、红海湾、大亚湾、大鹏湾,西边有广海湾、镇海湾、海陵湾、水东港、湛江港、雷州湾、安铺湾等[①],其中,粤港澳大湾区北南水曲走向分为珠江口和伶仃洋(如图 5-1 所示),湾区由此分为东西两岸,香港和澳门分别位于东、西湾头位置。由于地球自转原因,大湾区形成了东冲西淤的独特地理结构,西岸含沙量多,建港成本高,东岸含沙量少,造港成本相对较低。

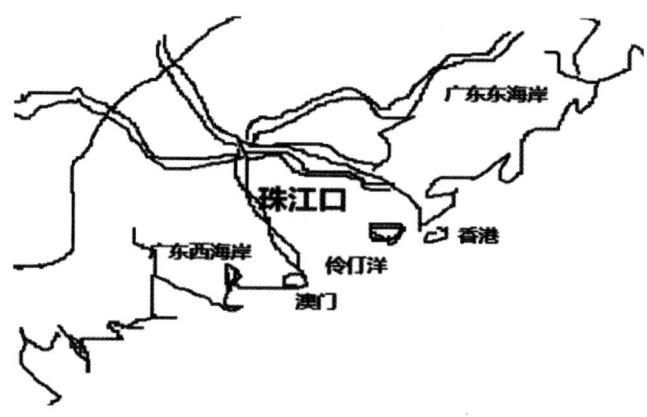

图 5-1 粤港澳大湾区基本结构图示[②]

粤港澳大湾区属于河口型湾区,具有得天独厚的区位条件。作为我国南海的重要门户,[③] 它直接通过伶仃洋而紧临南海,连接黄金航道马六甲

---

① 中国海湾志编纂委员会:《中国海湾志(第十四分册上册)》,海洋出版社 1999 年版,第 239 页。
② 由笔者根据地形绘制。
③ 这一点,陈列于深圳蛇口天后宫的宋代周去非《岭外代答》卷三《航海外夷》就有过如此记载:"三佛齐者,诸国海道往来之要冲也。三佛齐之来也,正北行舟,历上、下竺与交洋,乃至中国之境。故欲至广者,入自屯门,欲至泉州者,入自甲子门。"

海峡,是我国通往太平洋和印度洋的重要起始点,能够连通世界各地和我国其他沿海港口。从全球范围看,粤港澳大湾区更容易在较短航程内到达东南亚、南亚、西南亚、西亚、非洲、欧洲等世界范围。从国内看,它的水道十分丰富。粤港澳大湾区由珠江口和伶仃洋共同组成,珠江口主要由西江、北江、东江三江入海而成,通过虎门、蕉门、洪奇沥、横门、磨刀门、鸡啼门、虎跳门、崖门等八门汇入湾区与海洋混合。西江、北江、东江又分别连接广大腹地,其中,西江逆流而上可达广西、湖南、贵州、云南等地区,循北江水路逆流而上则可连接赣江而转入湘江、长江,顺东江而上则可达赣南、闽西地区,因此,它也是我国两湖和四川地区与东南亚、欧洲联系的重要通道。①

粤港澳大湾区由水盆、岸线、周边和空域组成,山海相连,海岛相依。根据《中国海湾志》记载,湾区内海域宽阔,约8000平方千米,海岸线长约370千米,主航道水深大约5千米—16千米,周边的陆地由西江、北江、东江所挟带的泥沙借助南海海潮托顶迅速沉积而形成,这些沉积的泥沙经过日积月累就形成了现在的珠江三角洲平原。整个平原分布了近200个大约200米—300米高的山丘,河口三角洲面积大约为104平方千米,属于亚热带季风气候,气温一般在21.8℃—22.4℃之间,日照时间长,阳光充足。② 在珠江口入海口,有一系列岛屿作为防风屏障,致使该区域比中国沿海其他港口较少受到台风威胁。

基于历史和发展阶段的原因,粤港澳大湾区在我国历史上历来只被当作"河口",即珠江口(珠江原是流经广州附近一段河道的名称,因原江中的海珠岛而得名③)。湾区经济提出来以后,粤港澳大湾区在国家正式确定之前曾经有多种称呼,即珠三角湾区、环珠江口湾区、伶仃洋湾区、深港湾区。从表面上看,这几种叫法似乎没有本质区别,都是依据珠

---

① 袁钟仁:《广州海上丝绸之路》,广东人民出版社2016年版,第26页。
② 中国海湾志编纂委员会:《中国海湾志(第十四分册上册)》,海洋出版社1999年版,第247页。
③ 中山大学地理系:《珠江三角洲自然资源与演变过程》,中山大学出版社1988年版,第66页。

江口地形而称呼的，实际上理念各异、各有侧重。珠三角主要是指围绕珠江口而形成的区域，包括：广州市、佛山市、江门市区、中山市、珠海市、南海市、番禺市、顺德市、新会市和东莞、深圳、台山三个市的一部分，以及鹤山、斗门县和高明、三水、开平、宝安县的一部分，面积约为 $1.72×10^4$ 平方千米，侧重于珠三角经济区域；[①] 环珠江口湾区和伶仃洋湾区则是从湾区的两个不同地理区域来称呼的，一个侧重于珠江河口部分，另一个更侧重反映湾口洋面部分，虽然能够反映湾区的部分地理特征，但都不能代表湾区地理的全部。相对于上述称呼，粤港澳大湾区则既涵盖珠江口和伶仃洋整个地理区域，反映了湾区的地理特征，又全面体现了广东省、香港特别行政区、澳门特别行政区三个行政区融合态势，反映了湾区的行政区划特征，同时较全面地体现了该区域的都市圈经济合作发展特征，尤其更能体现海洋经济的特点。

从世界一流湾区地理特征看，粤港澳大湾区的地理形态与纽约湾区更为相似。纽约是由纽约湾与曼哈顿河口区组成，对内通过哈德逊等河流连通五大湖地区形成广阔的腹地，对外通过纽约湾连接大西洋通往欧洲及世界。粤港澳大湾区则是由珠江口和伶仃洋共同形成，对内通过珠江连接广阔腹地，对外通过伶仃洋、南海通往太平洋和印度洋连接全世界。

二、资源禀赋

首先，粤港澳大湾区的水资源十分丰富，主要分布在西江、北江和东江。其中，西江水系主要供应粤港澳大湾区的广州、珠海、佛山、中山、江门、肇庆和澳门，深圳也正在规划建设西江取水工程；北江水系主要供应湾区范围内的广州和佛山；东江水系是珠三角的重要水源，目前主要供应湾区内的广州、深圳、惠州、东莞和香港。其次，粤港澳大湾区的海洋资源和海湾资源也相当丰富，拥有大亚湾、大鹏湾、深圳湾、广海湾、镇

[①] 中国海湾志编纂委员会：《中国海湾志(第十四分册上册)》，海洋出版社1999年版，第242—243页。

海湾等海湾，还有内伶仃岛、高栏列岛、大铲湾岛等岛屿。区内拥有大量的湿地和红树林保护区，仅红树林保护区就有香港米埔自然保护区、深圳市福田国家级红树林自然保护区、珠海淇澳红树林保护区、广东惠东市级红树林自然保护区等。除此之外，粤港澳大湾区还拥有大量的生物资源和众多旅游资源。粤港澳大湾区的森林覆盖率相当高。区内各类珍稀动物品种也相当多，主要集中在香港米埔自然保护区和深圳市福田红树林自然保护区，每年至少有200万—300万只各类候鸟来此越冬，最珍贵的莫过于号称鸟类熊猫的黑脸琵鹭。珠江口生存着国家一级保护动物——中华白海豚、中华鲟，同时也是国家二级保护动物黄唇鱼的产卵场。① 区内野生动物品种也十分丰富多样。同时还储藏有大量石油、天然气、矿产资源。

三、经济社会

粤港澳大湾区常住人口已经超过7000多万人，约占全国人口的5%，是世界大湾区中人口最多的区域。移民是该区域人口变化的重要特征，香港、澳门人口是由全世界各地移民而来，珠三角地区的深圳、珠海等城市人口主要由来自全国各地的移民构成。由于移民在深圳等城市占有的比例比较大，形成了年轻城市、移民城市和流量城市的鲜明特点，移民城市增加了城市的包容性，年轻城市增加了城市的活力和创新力，流量城市增加了城市的流动性和效率。根据《2018全国城市年轻指数》显示，深圳常住人口平均年龄为32.5岁，成为我国最年轻的一线城市。② 从深圳市第七次全国人口数据普查看，全市常住人口为1756万人，0—14岁占到15.11%，15—59岁占到79.53%。③

粤港澳大湾区经济相当发达，形成了主要以战略新兴产业、先进制

---

① 中国海湾志编纂委员会：《中国海湾志（第十四分册上册）》，海洋出版社1999年版，第325页。
② 谭刚、申勇等主编：《粤港澳大湾区核心引擎的深圳探索》，中国社会科学出版社2020年版，第187页。
③ 《深圳市第七次全国人口普查公报》，《深圳特区报》2021年5月17日。

造业和现代服务业等为主导的产业结构，有"世界工厂"之美称，区内有世界 500 强企业 20 个，其中，香港 8 个，深圳 7 个，广州 3 个，佛山 2 个。港澳目前主要以金融、航运、保险、休闲娱乐等现代服务业为主，深圳、广州、东莞等城市以高科技产业和现代制造业为主，深圳和东莞等东岸城市的电子信息产业相对比较发达，佛山、中山等西岸城市装备制造业比较完备，该区域形成了相对比较完整的制造业产业链。2019 年，粤港澳大湾区经济总量达到 11.58 万亿元，约合 1.67 万亿美元（按现行汇率计算），经济总量基本上达到俄罗斯、韩国、巴西等国家水平，正在接近纽约湾区和东京湾区。其中，香港实现 GDP 25254.5 亿元，澳门实现 GDP 3724.68 亿元，深圳实现 GDP 26927.09 亿元，广州实现 GDP 23628.6 亿元，佛山实现 GDP 10751.02 亿元，东莞实现 GDP 9482.5 亿元，惠州实现 GDP 4177.41 亿元，中山实现 GDP 3101.1 亿元，江门实现 GDP 3146.64 亿元，珠海实现 GDP 3435.89 亿元，肇庆实现 GDP 2248.8 亿元。①2018 年深圳地区生产总值首次超过香港成为区域首位，目前一直处于领先位置（如图 5-2 所示）。

粤港澳大湾区经济社会发展基本上呈现东、西两岸不均衡发展状况。相对来说，东岸发展较强，出现了香港、深圳、广州等国家和世界一线城市，基本形成了由深圳都市圈和广州都市圈组成的都市圈集群②。西岸相对较弱，尤其中山、江门、珠海等城市都处在经济发展的起步阶段，未来能否形成一个大都市圈还有待于进一步观察。不均衡发展的现象不仅存在于粤港澳大湾区，甚至符合整个广东省的发展现状。笔者曾经用"成也珠三角、困也珠三角"来形容广东发展的不均衡状况，也就是说，由于有了珠三角，广东省经济总量排名全国第一，但也正是这个珠三角，吸引了区域的大量优质资源，导致珠三角与粤东、粤西的差距越来越大，如何通过珠三角带动粤东、粤西、粤北发展始终是困扰广东发展的一大难题。粤港

---

① 珠三角城市数据来源于广东省统计年鉴。
② 继粤港澳大湾区之后，深圳和广州都提出了自己的都市圈计划，深圳都市圈主要包括：深圳、东莞、惠州、河源和汕尾等城市。广州都市圈主要包括：广州、佛山、肇庆、清远、云浮和韶关等城市。

澳大湾区建设有可能带动西岸城市的发展，逐步形成东西均衡发展态势，从而带动广东沿海经济带发展，形成"一核一带一区"发展战略，促进全省经济社会全面均衡协调发展。

图 5-2　2019 年粤港澳大湾区各城市 GDP（亿元）①

四、基础设施

粤港澳大湾区基础设施的互联互通格局基本形成。一是港珠澳大桥已于 2017 年 11 月正式开通，虎门二桥也正式通车，深中通道正在建设之中，加上原来的虎门大桥，珠江口和伶仃洋均有大桥连通。尤其是随着港珠澳大桥正式开通，伶仃洋东西两岸长期分割的局面已经被彻底打破，广东沿海经济带正式形成。二是粤港澳大湾区港口资源十分丰富。据有关资料记载：粤港澳大湾区东侧的大亚湾、大鹏湾和香港九龙的港湾都是优良的深水港，大部分水深为 10 米—20 米。西侧也可以建设港口，但由于泥沙淤积而作为多泥沙港口处理。② 目前区内所有的城市几乎都有港口，码头泊位比较大，主要分布有内河港口和沿海港口。内河港主要有：小榄、沙田、容奇、市桥等十多个，沿海港口主要以广州、香港、深圳为核心，形成了

---

① 数据来源：本图及文中香港、澳门统计数据来自香港特区政府统计处、澳门统计暨普查局。汇率按照 100 港元 = 88.05 人民币，100 澳门元 = 85.69 人民币，100 美元 = 689.85 人民币计算。

② 缪鸿基、沈灿燊等：《珠江三角洲水土资源》，中山大学出版社 1988 年版，第 82 页。

广州、香港、深圳、东莞、珠海5个亿吨级大港。其中,广州5.9亿吨、香港2.82亿吨、深圳2.41亿吨、东莞1.57亿吨、珠海1.3亿吨。① 广州、香港、深圳均位列世界港口集装箱吞吐量前十名。湾区内形成了河海相通、内外通达、枢纽连通的繁忙航运网络。三是高铁、高速公路、城际铁路等交通非常发达。特别是2017年10月广深港高铁开通,标志着香港有了第一条连通祖国大陆的高铁线,并依此形成了四通八达的高速公路网和高铁网。粤港澳大湾区内有京珠高速、广深高速等高等级公路,高速公路十分发达。并且有广州南站、深圳北站等一批高铁枢纽站,按照目前国家最新交通规划,广州、深圳都将成为国家新一轮交通建设的重要枢纽。四是目前粤港澳大湾区已经拥有三大国际机场即香港国际机场、广州白云国际机场、深圳宝安国际机场,以及澳门机场、珠海机场、惠州机场,它们共同组成了"三核三副"的空港群。根据最新交通规划,广州、深圳都将成为我国重要的物流航空枢纽。五是各城市内部的基础设施相对比较发达。除了拥有发达的公路、水路和其他路网外,广州、深圳、香港都已形成了自己发达的地铁系统,近年来,各城市地铁线路增加迅速,广州地铁运营里程排名全国第三,达到515千米;深圳从2004年12月开通第一条地铁线开始,到目前已经生成了411千米运营里程。

第二节　粤港澳大湾区的形成过程

目前对于粤港澳大湾区的形成过程主要有两种划分方式。一种是按照港澳与珠三角的产业分工合作方式来划分,广东省社会科学院课题组就是根据此方法将粤港澳大湾区的形成划为三个阶段:一是1978年到2003年,以"前店后厂"为形式的制造业垂直分工阶段;二是2003年到2016年,以服务贸易自由化为核心的产业横向整合阶段;三是2017年后,以

---

① 各城市统计年报。

湾区经济为载体共同参与国际中高端竞争阶段。①另一种是按照主导主体来进行划分，卢文彬认为，粤港澳大湾区的形成可以划分为两个阶段，一个是"前店后厂"发展阶段，另一个则是多中心推动发展阶段。②本书认为，粤港澳大湾区的形成是我国改革开放的产物，并且与港澳的加入密不可分，是港澳融入或带动珠三角发展的全过程。从某种程度上讲，珠三角上升到粤港澳大湾区意味着要从"珠江口+伶仃洋"整个湾区空间的经济、社会发展形态演变来考虑发展过程，因此从粤港澳大湾区自身形成的过程，将粤港澳大湾区大致划分为三个阶段。

第一阶段：起步阶段（1979—1997年）。即从1979年深圳正式建市开始③，到1997年香港正式回归中国，"一国两制"宣告实施为止。这一阶段，香港还属于英国殖民地并归英国管辖，但香港各界积极主动融入国家改革开放，紧紧抓住世界产业向亚洲转移的大好时机，利用优越的港口资源、自由贸易港优势和深圳、珠海经济特区政策融入内地发展。这一阶段的特点是，深圳、珠海经济特区正式设立，香港主动将制造业转移到深圳、东莞等地，"三来一补""前店后厂"成为深港合作的重要形式，珠三角其他城市处于起步阶段，香港一枝独秀并对粤港澳大湾区的形成和发展起到了决定性作用，大湾区形成了以伶仃洋东侧区域为重点、香港港口为支撑、珠三角区域互补合作的湾区经济发展新态势。

1. 香港港口是经济发展的主要动力源。香港有着非常优越的地理位置，面向南海，背靠祖国大陆，毗邻东南亚，从开埠以来就被定为"自由港"。香港围绕维多利亚港湾建设优良的港口，港口建设大大地促进了香港自身的产业发展，而且一直是内地通向世界的重要枢纽。④据统计，

---

① 广东省社会科学院课题组：《创新合作方式打造世界级湾区》，《第六届中国南方智库论坛粤港澳大湾区建设与构建开放型经济新体制论文集（内部资料）》2017年版，第17—18页。

② 卢文彬：《湾区经济：探索与实践》，社会科学文献出版社2018年版，第189—191页。

③ 深圳于1979年建市，1980年8月26日正式确定创建经济特区。

④ 盐田港从1983年开始谋划建设，历经十年，直到1993年才正式通航，当年吞吐量仅为0.18万标箱，1994年正式开始港口业务。盐田港口属于深水远洋港口，一开始就被认为是香港港口的竞争者。

1847年，香港的进出船只已达700多艘，货物约23万吨。到了1914年，香港的进出口船只更是高达23740艘，载重吨位2307万吨，但香港货柜港口的建设和发展直到1966年才开始，到1972年第一艘货柜船只才抵达香港葵涌码头，自此，转口贸易进入到鼎盛时期。① 尤其是20世纪70年代国家改革开放之后，香港港口和产业逐步形成了互相促进、互相联动的发展态势，港口更是成为香港带动珠三角开放引领的重要场所。从国家开始改革开放以来，香港自身产品出口所占比重就开始下降，1978年后香港对内地进口和出口（含转口）比重都快速上升，到1988年，香港转口贸易占出口的比重甚至超过香港自身产品的出口达到55.85%，这直接导致香港港口成为全球第一大集装箱港。当年大量货柜车从深圳皇岗口岸排长队到香港，足以说明香港港口对区域经济的拉动作用。②

2."三来一补""前店后厂"是区域合作的重要形式。到了20世纪70年代之后，香港发展出现了一些问题，包括土地资源稀缺，劳动力短缺，生产成本居高不下等。而内地开始推进改革开放，深圳、珠海经济特区成为我国对外开放的窗口，特区土地资源丰富、劳动力价格便宜等优势正好与香港形成互补，香港和内地顺势形成了"前店后厂"的发展模式，即香港利用自己的港口和自由贸易港制度直接联系世界，构筑通往世界经济的主要通道，以深圳为代表的珠三角地区则依托内地便宜的劳动力和低廉的土地价格开办一些产业园区，推动建立"来料加工、来件装配、来样加工、补偿贸易"为形式的"三来一补"企业，两地优势互补、互惠互利。"前店后厂"模式首先是在香港与深圳之间形成的，随着深圳经济特区的建设和发展，香港制造业不断转移到深圳，然后持续扩散到珠三角地区。深圳著名的眼镜、钟表、手表、珠宝、玩具等传统产业都是靠"前店后厂"模式发展起来的，以横岗眼镜为例，从20世纪80年代开始，香港眼镜制造业的一批龙头企业迁往深圳并落户龙岗区横岗街道，形成了香港接单、深圳加工的"前店后厂"模式，横岗成为世界知名的眼镜生产基地，仅眼镜

---

① 许志桦等：《香港港口与城市发展》，《城市观察》2012年第1期。
② 许志桦等：《香港港口与城市发展》，《城市观察》2012年第1期。

生产企业就达到361家，约占全国眼镜总产量的20%左右。深圳这种模式不仅推动了香港国际金融中心和航运中心建设，也将珠三角打造成为举世瞩目的"世界工厂"。

这波由港资所推动的持续发展在1997年迎来高潮。据统计，仅1997年，港资在深圳的投资项目就达到1576个，实际利用港资数额达到20.30亿美元。尽管如此，我们从表5-1可以发现，港资占比在1997年和1998年间达到较高值（除1994年相对高外），分别占70.68%和71.71%，然后呈下降趋势；同时香港项目所占比重也在1997年达到最高值88.24%，然后呈下降趋势，说明这个时期对于深港"前店后厂"式的合作是个重要窗口期。

表5-1 1992—2001年深圳利用港资情况

项目	1992年	1993年	1994年	1995年	1996年	1997年	1998年	1999年	2000年	2001年
1.签订协议项目个数（个）	1561	3257	2223	1638	999	1786	1915	1558	1835	1860
其中：香港项目（个）	1330	2834	1885	1288	760	1576	1614	1355	1474	1288
香港项目所占比重（%）	85.20	87.01	84.79	78.63	76.07	88.24	84.28	86.97	80.33	69.25
2.实际利用外资额（亿美元）	7.15	14.32	17.30	17.35	24.22	28.72	25.52	27.54	29.68	36.03
其中：港资（亿美元）	4.61	9.25	12.59	10.52	15.01	20.30	18.30	14.42	18.45	19.42
港资所占比重（%）	64.47	64.59	72.77	60.63	61.97	70.68	71.71	52.36	62.16	53.90

数据来源：根据《深圳统计年鉴（1992—2001年）》统计而来，香港部分包括香港和澳门两地的总和。

第二阶段：初步形成阶段（1997—2017年）。大湾区以粤港澳竞争合作为特征、珠三角城市群进入合作发展的时期。这一阶段，香港回归祖国，粤港澳合作从港英主导回归到祖国主导的"一国两制"层面。广东各个城市纷纷建设自己的港口，与港澳的港口形成竞争与合作并存的关系。随着港口、机场的分流，珠三角城市群的竞争也日益激烈，导致香港与内地"前店后厂"的关系逐步瓦解，珠三角城市群新型合作关系慢慢浮出水面，CEPA给粤港澳合作提供了新机制，粤港澳大湾区初步形成。这一阶段主要特点是，港口群、产业群、城市群正式形成，创新成为粤港澳大湾区的新动能，大湾区空间集聚作用显著加强，基础设施、投资贸易、金融服务、科技教育等方面的合作成效明显。

1."一国两制"给粤港澳合作带来了新机遇。1997年7月1日，香港回归中国，"一国两制"正式启航。1999年12月20日，澳门正式回归，广东与港澳的合作上升为国家内部合作，支持香港繁荣稳定成为国家、广东的头等大事，也给粤港澳深入合作提供了新机遇。在"一国两制"下，香港、澳门在政治、经济、外交、军事等重大发展机遇面前得到了"一国"的支持，而在国际金融、贸易、消费等方面又享受到"两制"的便利。国家对港澳的支持力度前所未有，一是中国政府于1997年设法与香港共同应对亚洲金融危机。二是随着中国正式加入世界贸易组织，2003年，中央政府有关部门分别与香港、澳门特别行政区政府签署关于建立更紧密经贸关系的安排（CEPA）。随后补充协议陆续出台，开启了粤港澳合作的新模式和新机制，推动了粤港澳三地从"前店后厂"的加工贸易合作走向更加紧密的服务贸易合作，给粤港澳区域的进一步开放注入了新的动力，奠定了三个不同关税区的合作基础。三是2015年底，内地与港澳分别签署了《CEPA服务贸易协议》，2017年又签署了《投资协议》和《经济技术合作协议》，不仅拓宽了CEPA合作领域，而且进一步促进了商品、资金、人员和技术的自由流动，香港成为国际商贸中心，为粤港澳大湾区的进一步形成打下了坚实的基础。

2.珠三角城市群快速崛起。从地理位置看，粤港澳大湾区分为珠江口和伶仃洋两个部分，珠江口部分形成了典型的河口经济，并逐步发展成为举世闻名的珠三角经济体。珠三角经济区较早于1888年以前就有划定，但不是全国性的。据《珠江三角洲城市环境与城市发展》一书记载："珠江三角洲经济区，按现在规划的范围，包括八市二十一县，即：广州市所辖的番禺、花县、从化、增城、清远；佛山市及所辖的中山市、南海、顺德、三水、高明县；江门市及其所辖的新会、台山、开平、鹤山、恩平县；深圳市及所辖的宝安县；珠海市及所辖的斗门县；惠阳地区所辖的惠州市、东莞、惠阳、博罗县；肇庆地区所辖的肇庆市、高要、四会县……目前划定的珠江三角洲经济区仅是一个雏形。"① 但自1994年10月8日广东省委在七届三次全会上提出建设珠江三角洲经济区以来，珠江三角洲正式成为中国区域经济的重要组成部分。1997年香港回归祖国以后，珠三角成为中国改革开放的重要城市群。2003年，根据珠三角对周边地区的影响，人们又提出了泛珠三角的概念。2008年，出台了《珠江三角洲地区改革开放规划纲要（2008—2020）》，该规划不仅推动了珠三角区域的快速崛起，也为后来的粤港澳大湾区奠定了基础。主要包括：一是规划了环珠江三角洲地区高速公路、中山至深圳跨珠江口通道、港珠澳大桥、深港东部通道、广深港高速铁路等重要交通设施，这些基础设施为粤港澳大湾区的形成发挥了重要作用。尤其是港珠澳大桥的规划建设为打通伶仃洋东西两岸并形成粤港澳大湾区提供了最基础的条件。二是强化了珠江口东西岸的布局，以深圳为核心，形成以深圳、东莞、惠州市为节点进行布局的东岸功能区；以珠海为核心，形成以佛山、江门、中山、肇庆市为节点的珠江口西岸功能区，加强环珠江口"湾区"合作发展，这种区域经济布局为日后粤港澳大湾区都市圈发展提供了方向。三是进一步推动了珠三角创新活动，提出了以广州—深圳—香港为主轴的区域创新布局，并规划建设深港创新圈，推动建设深圳国家高新技术产业创新中心、华南新药创制中心、广州国际生物岛等重大创新平台，为粤港澳大湾区建设国际科技创新中心打下了基础。

3. 港口在竞争中群雄并起。粤港澳大湾区内拥有世界最大的港口群，

---

① 中山大学地理系《珠江三角洲研究丛书》编辑委员会编：《珠江三角洲城市环境与城市发展》，中山大学出版社1988年版，第114页。

截至本阶段 2016 年，港口年吞吐量超过 6793.44 万 TEU，大约是东京湾区的 8.5 倍，旧金山湾区的 29 倍，纽约湾区的 14 倍[①]。之所以会有这么大的发展，得益于这一阶段珠三角各城市的港口建设，形成了香港港、深圳港、广州港、珠海港、东莞港等诸雄并起的局面（如表 5-2 所示）。从表中我们可以看出，广州港集装箱吞吐量处于稳步上升阶段，不仅港口货物吞吐量和各主要散货全面超过香港、深圳，而且集装箱吞吐量也呈现逐年上升态势，从 2010 年的 1270 万 TEU 上升到 2016 年的 1886 万 TEU。深圳虽然处于稳定阶段，但似乎遇到了上升的拐点。香港港集装箱吞吐量则在 2011 年达到 2440 万 TEU 后开始逐年下降，到 2016 年跌破 2000 万 TEU。从表中我们可以发现，香港港、深圳港、广州港三者相加的总量基本上变化不明显，广州、深圳还略有增加，但香港港口的数量呈现下降趋势，意味着其他港口尤其广州港起到了一定的分流作用，说明港口竞争还是相当激烈。虽然，这个阶段的香港港口竞争力在逐步下降，但由于高附加值产业仍然需要空中运输，而香港拥有最多的国际航班优势使得香港仍然具备港口的竞争力。

表 5-2　2010—2017 年粤港澳大湾区主要港口集装箱吞吐量

（单位：万 TEU）

港口名称	2010 年	2011 年	2012 年	2013 年	2014 年	2015 年	2016 年	2017 年
香港港	2369.00	2440.00	2309.00	2228.80	2223.00	2011.40	1963.00	2076
深圳港	2250.96	2257.08	2294.13	2327.85	2403.73	2420.45	2397.93	2521
广州港	1270.26	1442.11	1474.36	1550.45	1662.62	1762.49	1886.00	2030
合计(上述三项)	5890.22	6139.19	6077.49	6107.1	5629.35	6194.34	6246.93	6627
珠海港	70.27	81.49	81.28	88.11	117.57	133.77	156.01	227
东莞港	49.99	58.04	145.36	198.03	289.23	336.28	364.00	
惠州港	26.89	26.89	36.33	16.43	22.12	26.88	26.50	

资料来源：各相关城市相应时期统计年鉴统计而来。

① 数据来源：数据宝、香港贸发局。

4.伶仃洋两岸分割局面仍然延续。随着珠三角城市群的崛起,粤港澳大湾区各城市群之间的联系日益紧密,特别是东岸的香港、深圳、东莞、惠州已经形成了完整的产业链,产品设计、生产和销售已经形成了"你中有我,我中有你"的状态。但是东岸和西岸之间仍然处于分割状态,主要表现在以下方面:一是地理上的分割。由于此时港珠澳大桥仍然处于规划建设之中,深中通道还没有明确的立项意向,粤港澳大湾区东西两岸的伶仃洋段仍然被分割为两个部分,广东沿海也由此被分成粤东和粤西。东岸主要包括香港、深圳、东莞、惠州等城市,西岸主要包括澳门、珠海、中山、江门、湛江等城市。东西分割导致大湾区两岸联系相当不方便。二是产业上的分割。由于东岸有香港带动而且"前店后厂"作用较强,逐步形成了香港、深圳、东莞和广州经济发展轴,东岸城市的经济明显强于西岸城市,产业相对比较发达。例如,深圳和珠海几乎是同时被中央批准为经济特区的,但截至目前,两地经济有着相当大的差距,珠海的地区经济总量甚至不如深圳的一个区。深圳制造业尽管出现了外溢,但由于两岸长期分割,很少有产业西移,大部分企业仍然首选东莞、惠州、河源、汕尾等城市,导致大湾区两岸产业的巨大落差。三是城市功能上的分割。东岸产生了一批世界级的城市,国际化程度非常高,城市功能比较齐备,已经形成了香港、深圳、广州三个国家甚至世界级一线城市,各城市内部交通、城市建筑都堪称一流,人口数量比较多,城市密度相对较大。而西岸城市的城市功能相对较弱,城市基础设施薄弱,难以与东岸城市匹配。

第三阶段:全面建设阶段(2017年至今)。习近平总书记于2017年7月1日香港回归20周年时,亲自部署并见证国家发改委主任何立峰、广东省省长马兴瑞、香港特首林郑月娥、澳门特首崔世安共同签署《深化粤港澳合作推进大湾区建设框架协议》,亲自推动粤港澳大湾区上升为国家重大发展战略。广深港高铁开通、虎门二桥通车、深中通道开工、港珠澳大桥正式通车彻底打破了珠江口以及伶仃洋东西两岸长期分离的局面,同时解决了香港无高铁连接内地的困扰。2019年2月18日,《粤港澳大湾区发展规划纲要》正式由中共中央、国务院颁布,标志着粤港澳大湾区国家战略正式进入实施阶段。这一阶段的主要特点是：粤港澳大湾区上升为国家重大战略，大湾区有了属于自己的发展规划，布局优化、目标明确，建设富有活力和国际竞争力的一流湾区和世界级城市群成为湾区的主要目标，湾区东、西两岸长期分割局面被彻底打破，大湾区融合发展的空间形态完成布局，金融、科创、都市圈湾区经济"三驾马车"基本形成，都市圈经济成为区域经济新支撑，科技创新成为湾区城市群合作发展的新引擎。

1. 港澳融入国家发展大局。进入21世纪，香港产业逐步转向内地，其产业单一和空心化的问题变得十分突出，传统优势产业相对减弱，新的经济增长点尚未形成，住房、就业等一些民生问题比较突出，空间上呈现南北不平衡发展格局。香港如何融入国家发展大局成为当务之急。《粤港澳大湾区发展规划纲要》指出，"建设粤港澳大湾区，既是新时代推动形成全面开放新格局的新尝试，也是推动'一国两制'事业发展新实践"。要"支持香港、澳门融入国家发展大局"[①]。通过推进粤港澳大湾区，港澳融入国家发展出现了积极变化：一是三地基础设施进一步连通。2017年，广深港高铁香港段顺利开通，香港因此连通了对接全国大部分大中城市的高铁网络。同时港珠澳大桥正式开通，香港、澳门、珠海等城市形成了一小时生活圈，港澳与内地的物理连通性大大增强。二是三地金融互联互通。广东省加快前海、横琴、南沙等自由贸易区建设，促进香港金融跨境服务，两地股市互认互通，基金互认安排，两地资金融合更加紧密，香港国际金融中心的地位更加稳固。"一带一路"建设推进香港到内地的合作投资，为香港金融产业注入了新动能。三是三地产业深度融合。香港提出了与深圳等珠三角城市共建国家科技创新中心的新定位，广深港澳科技创新走廊对大湾区生物医药和人工智能产业的发展带来了深刻的影响，"一带一路"建设给香港成为海上丝绸之路核心枢纽带来机遇，战略新兴产业和未来产业成为大湾区发展的重点，5G、人工智能、生物医药等带来了工业革命契机，推动了三地产业的深度互补

---

① 《粤港澳大湾区发展规划纲要》，人民出版社2019年版，第1、2页。

融合。具体事项主要有：2017年1月，港深签署《关于港深推进落马洲河套地区共同发展的合作备忘录》；2019年2月出台的《粤港澳大湾区发展规划纲要》把深港科技创新特别合作区作为支撑粤港澳大湾区发展的重要平台，香港正在与深圳共同探讨建设深港科技创新特别合作区。澳门提出了在大力发展旅游休闲产业的基础上，扶持会展、中医药、特色金融、文化创意等新兴产业发展，并探索和横琴、江门、中山合作建立粤澳合作示范区。四是三地制度创新融合。2018年7月28日，国务院印发《关于取消一批行政许可事项的决定》（国发〔2018〕28号），取消台港澳人员在内地就业许可。同年8月23日，人力资源社会保障部废止《台湾香港澳门居民在内地就业管理规定》（劳动和社会保障部令第26号）。①

2.粤港澳大湾区东西两岸逐步融合。桥梁建设是湾区经济的重要基础，之前粤港澳大湾区两岸只有虎门大桥连通，后来，人们逐步认识到了两岸交通连接的重要性，开通和在建的桥梁越来越多。港珠澳大桥于2018年10月24日正式开通，从香港通往澳门和珠海成单Y形，珠港澳三地全面形成公路连接并形成了一小时生活圈。深中通道已经开工建设，计划于2024年开通，该通道东起深圳宝安，西接中山翠亨新区，一旦开通，将使深圳、中山、南沙形成半小时生活圈，南沙到宝安机场的距离缩短到半小时以内，深圳与西岸也正式形成了公路连接。2013年开建的虎门二桥已经完工并于2019年4月2日正式通车，该大桥直接从广州南沙出发，连接东莞沙田，东莞与西岸的公路连通也正式形成。由此，东岸城市的香港、深圳、东莞和西岸城市的澳门、珠海、中山、南沙等都形成了公路对接。据有关方面透露，正在规划深圳到珠海公路、铁路共用桥，还将策划中深惠即中山到惠州的城轨，如果建设成功，粤港澳大湾区两岸不仅有公路连接，还会形成铁路连通。随着两岸交通越来越方便，粤港澳大湾区各城市之间的人流、物流、资金流、信息流将更加便利，有可能于

---

① 王倩：《取消就业许可制度后涉港澳台居民劳动争议案件裁判规则统一问题探析》，《法律适用》2021年第5期。

2022年底实现"1234"交通圈，即以香港—深圳、广州—佛山、澳门—珠海为核心的1小时交通圈，湾区到粤东、粤西、粤北各市陆路2小时通达，与周边省会城市陆路3小时通达，① 粤港澳大湾区互通互联时代正式开启。

3. 世界级城市群基础框架基本形成。香港—深圳、广州—佛山、澳门—珠海三大核心引擎基本形成，大湾区内将形成以三大核心引擎带动的三大都市圈，促进区域内城市均衡协调发展。一是香港—深圳将主要带动东岸城市发展，形成以港深为核心引擎的深莞惠河汕5C城市圈，并与广东汕头、福建厦门等沿海城市形成联动发展态势。二是广州—佛山将成为大湾区河口城市群的核心引擎，带动肇庆、韶关、清远、贺州等城市共同组成北部城市群，通过西江辐射到广西、湖南、湖北等泛珠三角区域。三是澳门—珠海将主要带动西岸城市群，形成以珠澳为核心的由澳门、珠海、中山、江门、湛江、茂名等组成的城市群，并与北部湾连通辐射南亚，打造西部陆海通道，构筑东、西互济发展的新格局，带动三大都市圈联动发展。四是创新体系逐步形成，广深港澳创新走廊的核心区基本建成，多方参与的创新合作平台作用日益明显。

由此可以看出，湾区经济和粤港澳大湾区是在我国改革开放和社会主义市场经济发展过程中自然形成的，是工业化城市化的必然结果，是实现现代化的必经之路。但是这并不意味粤港澳大湾区的发展不需要规划，因为当粤港澳大湾区和湾区经济发展到一定阶段后，粤港澳大湾区将面临更大的机遇和挑战，桥梁如何建设、港口如何分工、产业如何对接、城市如何融合等问题都需要经过细致的规划，只有这样才能保证湾区经济的高效性和前瞻性。特别是粤港澳大湾区存在着独特的"一国两制"、三种货币、三个关税区的情况下，如何协调发展以获得最大叠加效应，合理的规划是非常必要的。

---

① 姚嘉莉、古国真：《明年底大湾区实现"12312"交通圈》，《深圳特区报》2021年1月30日。

第三节　粤港澳大湾区建设的范围和总体目标定位

一、粤港澳大湾区的辐射范围

《粤港澳大湾区发展规划纲要》规划的粤港澳大湾区范围包括：香港特别行政区、澳门特别行政区和广东省广州市、深圳市、珠海市、佛山市、惠州市、东莞市、中山市、肇庆市，总面积5.6万平方千米。① 但是，粤港澳大湾区之所以"大"，绝对不止于此，除了自身面积比较大以外，还在于其辐射范围比较广，它对东南沿海、泛珠三角区域以及"一带一路"沿线都影响巨大。

（一）从海上方向看，粤港澳大湾区直面南海，连接太平洋和印度洋并通往世界各地，是世界海运航线最繁忙的地带，也是中国走向海上丝绸之路的必经门户。广州历来就是我国海上丝绸之路的起点，在不同时代有着不同的海上丝绸之路出口货物，唐朝以前主要是丝绸等，唐朝以后主要是陶瓷，明末则主要将茶叶传入欧洲。② 作为自由贸易港的香港、澳门在海上丝绸之路中地位独特，他们居于大湾区湾头东西两侧，拥有港口和语言等方面优势，香港曾经与英国、印度之间有三角贸易关系，澳门曾经是广州对外贸易的外港，拥有与葡语国家交往的独特优势。深圳得改革开放之先机，已经成为我国对外开放的重要窗口。这些地理区位优势和历史渊源关系使得大湾区成为辐射东南亚和海上丝绸之路沿线的重要支撑。

（二）从海岸线看，粤港澳大湾区将辐射粤东、粤西沿海经济带，实现与海峡西岸城市群和北部湾城市群联动发展。

首先，粤港澳大湾区正好位于广东沿海中段，由伶仃洋分开，形成粤东和粤西两块区域。粤东的汕头、潮州、揭阳、梅州等城市正在形成汕

---

① 《粤港澳大湾区发展规划纲要》，人民出版社2019年版，第1页。
② 周鑫、王潞：《南海港群——广东海上丝绸之路古港》，广东经济出版社2015年版，第41页。

头为重点的城市群;粤西则有湛江、阳江、茂名等城市,目前广东省正在加大对湛江的投入并推动粤西区域发展,它们有可能依托有利地形形成新的增长极。广东省目前提出了"一核一带一区"发展战略,粤港澳大湾区作为核心区域,将辐射带动粤东和粤西两个方向的沿海经济带,从而促成广东沿海从不均衡发展迈向均衡发展,实现区域协调的高质量发展。

其次,粤港澳大湾区还处于整个东南沿海的中心地带,东南沿海往东拥有厦门湾区,它依托厦门、漳州、泉州、福州等城市正在形成海峡西岸城市群,目前已经开通了厦深高铁并形成联动发展态势;东南沿海往西则拥有北部湾湾区,北部湾城市群是国务院于2017年1月20日批复并同意建设的国家级城市群,主要依托广西壮族自治区南宁市、北海市、钦州市、防城港市、玉林市、崇左市,海南省海口市、儋州市、东方市、澄迈县、临高县、昌江县和广东省湛江市、茂名市、阳江市,[①]目前北部湾湾区发展态势良好,城市互动、海陆联动的湾区城市群形态正在形成。由此在中国东南沿海有可能形成以粤港澳大湾区为核心,以北部湾湾区和厦门湾区为两翼的"一核两翼"湾区经济发展新格局。如果"一核两翼"的大湾区态势一旦确立,大湾区将带动北部湾和厦门湾区形成联动发展态势,"东"可与长三角连接,辐射中南地区和长江中游地区,"西"可与东南亚和南亚对接,辐射西南地区,促使丝绸之路经济带往纵深发展。

(三)从陆地方向看,将根据粤港澳大湾区的功能差异和对内陆的辐射区域,形成以下四个层次。

第一个层次是粤港澳大湾区的核心地带。主要包括:广州、深圳、东莞、中山、珠海和香港、澳门,这7座城市是共享大湾区的最内核城市,粤港澳大湾区的最关键地带,涵盖了香港、广州、深圳等三大世界城市和广州、深圳两个国内一线城市,其中,深圳和珠海是我国最早建立的经济特区,与港澳距离形成海陆空全方位连接。区内总面积为1.65万平方千米,人口约为4713万人,[②]该区域是我国一线城市最多,开放度最高,市

---

① 《北部湾城市群发展规划》,国家发改委、住房城乡建设部2017年1月2日发布,见 https://www.ndrc.gov.cn/xwdt/ztzl/xxczhjs/ghzc/201702/t20170216_972051.html。

② 数据来源各地市统计局、香港政府统计署、澳门统计暨普查局。

场经济最发达的重要区域。

第二个层次是粤港澳大湾区的规划区域。主要是珠三角地区加上香港和澳门特别行政区，包括：广州、东莞、深圳、中山、惠州、珠海、佛山、肇庆、江门、香港和澳门等11个城市。面积为5.6万平方千米，人口约为7000多万人。据第七次人口普查结果，2020年大湾区常住人口达到7800多万人，比2010年增加2000多万人[1]。这一区域形成了香港—深圳、广州—佛山、澳门—珠海三个核心极点，香港、澳门、广州、深圳四大中心城市的核心引擎，以及珠海、佛山、惠州、东莞、中山、江门、肇庆等重要节点城市，共同组成极点带动、轴带支撑的网络化空间格局。[2]

第三个层次是广东省加上香港、澳门。主要包括：珠海市、汕头市、佛山市、韶关市、湛江市、肇庆市、江门市、茂名市、惠州市、梅州市、汕尾市、河源市、阳江市、清远市、东莞市、中山市、潮州市、揭阳市、云浮市和香港、澳门等城市，总面积为18.08万平方千米，人口达到11970万人，[3] 随着珠三角的进一步发展和交通逐步向外延展，珠三角对外辐射能力逐步加强，范围也会越来越广泛，粤港澳大湾区的辐射范围正在逐步向广东省其他城市扩大。例如，深圳为了发挥核心引擎作用，提出来要依托深圳、东莞、惠州、河源、汕尾东部城市共建深圳大都市圈，目前已经以"飞地经济"模式与汕尾共建深汕特别合作区，积极探索发挥对周边辐射带动作用。

第四个层次是泛珠三角加上香港、澳门，主要包括：福建、江西、湖南、广东、广西、海南、四川、贵州、云南9个省区和香港、澳门两个特别行政区，简称"9+2"。泛珠三角地区总面积约为199.45万平方千米，人口约4.46亿人，[4] 体量巨大，人口众多，集聚了中国经济发展的较大能量。近年来，随着香港、澳门与祖国大陆CEPA的签订以及交通的快捷与

---

[1] 《深圳市第七次全国人口普查公报》，《深圳特区报》2021年5月17日。
[2] 《粤港澳大湾区发展规划纲要》，人民出版社2019年版，第11—12页。
[3] 数据来源：各地市统计局。
[4] 数据来源：我国各省统计局、香港政府统计署、澳门统计暨普查局。

便利化，泛珠三角区域达成了共同发展合作共赢的共识，分别制定了《泛珠三角区域合作发展规划纲要（2006—2020年）》《泛珠三角区域深化合作共同宣言（2015—2025年）》和《泛珠三角区域合作框架协议》等合作文件，区域合作明显加强。

二、粤港澳大湾区的目标定位

（一）总体目标定位：国际一流湾区和世界级城市群

总体来说，粤港澳大湾区建设就是要实现更大范围和更加高效的资源配置，推动工业化和城市化向更高目标前行，加快建成世界级城市群、国际科技创新中心和优质生活圈，成为"一带一路"重要支撑，为内地与港澳深度合作提供示范。① 最终目标就是要瞄准世界发达湾区，加快建设富有活力和国际竞争力的一流湾区和世界级城市群。② 从目前来看，粤港澳大湾区具备了建设世界一流湾区的基本条件，但在科技创新、金融竞争力、城市互联互通等方面仍然没有达到国际一流湾区和世界级城市群的水平。如果按照当前的发展态势，到2035年，深中通道、珠深城际、环湾区城际交通、高铁枢纽、各城市地铁等湾区基础设施基本完善，粤港澳大湾区有可能在这个时间节点形成两岸互联互通、创新共建、经济融合、区域共赢、生态优美的局面，接近世界一流湾区的水平，成为世界一流湾区城市群。③

（二）粤港澳大湾区具备建设国际一流湾区和世界级城市群的基本条件

1. 城市群聚集。粤港澳大湾区基础设施完备、交通四通八达、城市群发展迅速，拥有深莞惠、广佛肇、珠江中三个城市群，这三个城市群正在

---

① 《粤港澳大湾区发展规划纲要》，人民出版社2019年版，第8—9页。
② 建设国际一流湾区和世界级城市群是习近平总书记于2018年3月7日全国两会期间到广东代表团时最早提出来的，他指出，"要抓住建设粤港澳大湾区重大机遇，携手港澳加快推进相关工作，打造国际一流湾区和世界级城市群"。
③ 《粤港澳大湾区发展规划纲要》，人民出版社2019年版，第10—11页。

向都市圈集群过渡，目前已经在珠江口河口形成以广州为核心的大都市圈，在伶仃洋东面以港深为核心的大都市圈。经过改革开放40多年发展，已经形成了一批世界领先的大城市，根据2020年全球最权威的世界城市研究机构之一——全球化和世界城市研究网络（GaWC）发布的2019年世界城市排名，粤港澳大湾区拥有包括香港、广州、深圳在内的三个世界城市，其中香港排在伦敦、纽约之后超过东京而进入世界一档二线城市，广州排名一档三线城市，深圳也是首次进入一档四线城市排名。相比之下，东京湾区只有东京市进入第一档，旧金山湾区只有旧金山进入第一档，纽约湾区也只有纽约进入第一档。这说明粤港澳大湾区的城市群相对比较发达，可以说是世界上拥有第一档城市最多的湾区。[1] 除了拥有最多的世界一档城市以外，粤港澳大湾区还分布着其他几个中国较发达的城市，例如，珠海是我国五大经济特区之一，佛山和东莞都是我国比较著名的制造业城市。

2.高端产业集聚。与旧金山湾区、东京湾区和纽约湾区第三产业高达80%以上的情况不同，粤港澳大湾区第三产业比重低于80%，大约为77.6%（如图5-3所示），相比之下，粤港澳大湾区制造业十分发达，有"世界工厂"美称，是著名的世界制造业基地。从粤港澳大湾区的产业分布情况来看，香港是国际金融中心、航运中心和贸易中心，现代服务业比较发达；澳门是集博彩、休闲、旅游于一体的世界休闲娱乐中心；广州和深圳已经形成了以新一代电子信息、互联网、新能源、新材料、生物医药、文化创意等战略新兴产业为主的产业基地，先进制造业基础雄厚；东莞和佛山制造加工业、装备制造业比较发达，产业门类和链条都十分齐全。整个粤港澳大湾区的产业结构完备，东岸的电子信息产业相对比较发达；西岸的装备制造业比较先进，东西合璧形成了世界上产业链条最齐全的制造业基地。

---

[1] GaWC：《2019年世界城市排名》，2020年2月22日，见 http://www.360doc.com/content/20/0222/09/30558624_893825948.shtml。

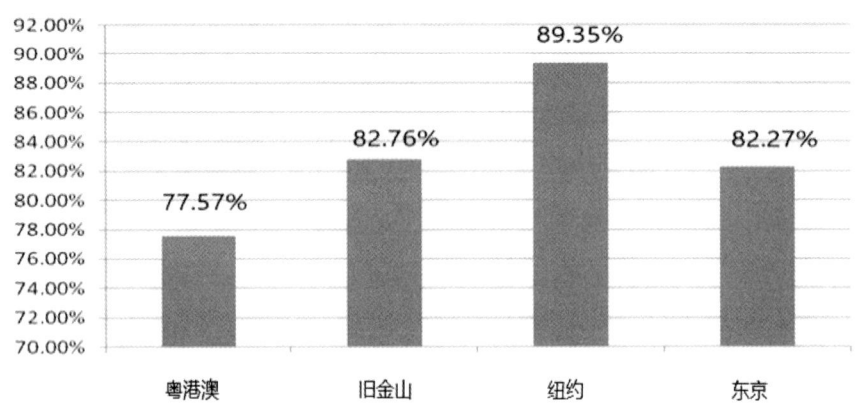

图 5-3　粤港澳大湾区与全球三大湾区第三产业占比比较

数据来源：世界银行相关报告。

3.创新资源丰富。整个大湾区正在进入创新发展时代，特别是深圳和香港两地的叠加创新资源十分丰富。香港有较强的基础研究能力和专业化科技服务业优势，是中国唯一拥有4—5所世界百强大学的城市①，香港大学（排名25）、香港科技大学（排名32）、香港中文大学（排名46）更是位于世界大学前50强。深圳素有"中国硅谷"美称，PCT专利连续十三年位于国内各大城市之首，2019年，深圳全社会研发投入经费达1328亿元，占GDP比重4.9%；国际专利申请量达到1.75万件，占全国的30.6%，已连续16年位居全国各大城市首位。②国家级高新技术企业累计达到1.7万家，拥有华为、腾讯等世界500强科技企业和比亚迪、中兴通讯、欧菲科技、瑞声科技等著名科技企业。世界知识产权组织和康奈尔大学等机构联合发布的《2019年全球创新指数报告》显示，深圳—香港—广州地区以"数字通信"为主要创新领域，在全球"创新集群"中排名第二，仅次于东京—横滨地区，排名在首尔、北京、圣何

---

① 香港理工大学排名不太稳定，居100强左右，所以这里用4—5所。
② 《2019年深圳全社会研发投入经费达1328亿元》，2020年10月18日，见https://www.chinanews.com/cj/2020/10-18/9315953.shtml。

塞—旧金山之前。① 近年来，粤港澳大湾区其他城市也积极围绕国际科技创新中心进行布局，广州作为国家重要中心城市，致力于打造国际航运、航空和科技创新枢纽，科技创新资源十分突出；珠海提出了建设国际化创新城市，打造粤澳创新合作先行区的意愿；东莞和佛山分别提出了建设国际制造名城、国家级科技成果转化中心和智能制造示范区的目标，创新正在成为整个粤港澳大湾区的发展新动力。

4.制度优势明显。一是中国特色社会主义制度优势日益显现，深圳、珠海是我国首批经济特区，广东是我国最早的改革开放地区。一方面，该区域坚持以开放促改革，积极探索市场经济体制，较早建立了资金来源以外资为主、经济结构以"三资"企业为主、产品以外销为主、经济运行以市场调节为主的外向型经济运行模式；② 另一方面，该区域坚持中国共产党正确领导和以公有制为主体多种所有制共同发展的所有制基础，民营经济发展迅速。叠加了社会主义制度优越性和市场经济灵活性的优势，特别是深圳，叠加效应十分明显，经济总量已经超越香港和广州，与香港的制度比较优势逐渐彰显，不仅在经济方面，而且在法制建设、生态文明、社会和文化建设等方面都取得了巨大成就，被中共中央、国务院正式确定为中国特色社会主义先行示范区，充分显示了中国特色社会主义制度的生命力和优越性。二是"一国两制"的优势日益突显。香港长期实行自由贸易港政策，是久负盛名的国际金融中心、国际航运中心、国际贸易中心。在粤港澳大湾区里面，既有香港、澳门这种国际自由贸易港，又有深圳、珠海经济特区，还有前海、南沙、横琴自由贸易区，叠加了体制机制优势，形成了独一无二的制度叠加效应。

(三) 粤港澳大湾区建设国际一流湾区和世界级城市群的主要难点

1.两岸均衡难。由于粤港澳大湾区两岸长期分割、交通不便等原因，

---

① 《2019年全球创新指数报告发布》，2020年9月7日，见http://www.xinhuanet.com/fortune/2020-09/07/c_1126462110.htm（The Global Innovation Index 2017）。

② 深圳市发展和改革委员会编：《深圳市历次五年规划汇编》，海天出版社2017年版，第35页。

大湾区东西两岸发展差距十分巨大，东岸的深圳发展成为国家一线城市，东莞成为中国的"世界工厂"；而西岸的城市则发展缓慢，珠海作为与深圳同时起步的经济特区，其GDP到目前为止也只有深圳的零头，甚至与惠州比都还有一定差距。在2019年广东省城市GDP排名中，东部城市深圳、东莞、惠州分列1、4、5名，西部城市珠海、江门、中山分列6、8、9名，中山只有3146亿元，还不如深圳的南山、龙岗、福田等城区。尽管港珠澳大桥和深中通道的修建可能增加人们对中山和珠海加快发展的预期，增加对西部发展的信心，但是这些基础设施的建设相对于纽约等世界一流湾区还有很大差距，究竟能够给西岸城市带来多大的实际性发展仍然有待进一步观察。如何推动粤港澳大湾区东、西两岸均衡发展始终是粤港澳大湾区建设中的重要内容。

2. 龙头之争难。一是存在广州和深圳的龙头之争。如果按照珠三角来规划，广州作为广东的省会城市且地处珠江口中心位置，自然应该成为珠三角经济圈的龙头。然而近年来，深圳作为国家经济特区异军突起，不仅GDP超越广州，① 人口和其他城市发展指标也正在追赶或超越广州，加之粤港澳大湾区的设立，城市群的区域从原来的珠三角变成了"珠三角+香港、澳门"，不仅地理重心开始外移，经济和人文中心也开始向伶仃洋区域外移。深圳和广州谁是龙头的争论自然成为人们纠结和关注的焦点。二是存在广州、深圳与香港的龙头之争。尽管2018年深圳的GDP超过香港，但香港的国际金融中心地位仍然是深圳可望而不可即的，香港仍然是区域的经济龙头。但是，由于粤港澳大湾区存在一个国家、两种制度，三个不同关税区，三种不同货币等问题，也在某种程度上影响了香港与内地的融合，尤其在科技创新中心建设中，香港、深圳、广州各有优势，谁作为龙头发挥主导作用仍然备受人们关注。三是2019年中央授予深圳先行示范区的光荣使命，有很多人就想当然地以为，深圳自然就是粤港澳大湾区的龙头了。其实不然，深圳作为先行示范区只是为中国特色社会主义建设先行示范，与粤港澳大湾区不属于同一范畴。深圳在粤港澳大湾区中仍

---

① 2017年深圳GDP达到2.24万亿元，广州则为2.15万亿元。

然与香港、广州等城同属核心引擎,平起平坐。《中共中央国务院关于支持深圳建设中国特色社会主义先行示范区的意见》在总体要求和战略定位中也只要求深圳"抓住粤港澳大湾区建设重要机遇,增强核心引擎功能",实施"高质量发展高地、法治城市示范、城市文明典范、民生幸福标杆、可持续发展先锋"[①]。并无龙头一说。从世界湾区发展情况看,东京湾区有东京作为龙头,纽约湾区有纽约作为龙头,旧金山湾区有旧金山作为龙头,长三角也有上海作为龙头,粤港澳大湾区是否也应该有个龙头?估计在短期内,这个问题始终是困扰粤港澳大湾区发展的难题。

3. 港澳通关难。粤港澳大湾区与全世界湾区最大的不同,在于香港、澳门与内地之间存在着一道关口,即我们通常讲的"一线关"。特别是香港与深圳、香港与珠海之间存在着严格的出入境检验制度,仅深圳与香港就有罗湖口岸、福田口岸、莲塘口岸、皇岗口岸、文锦渡口岸、深圳湾口岸、沙头角口岸等7大口岸。从目前看,"一线关"的存在,不仅给两地之间人流、物流及其他资源的流动都造成了阻碍,而且还形成了人为的心理障碍。如果说,湾区经济需要保持人财物的自由畅通,那么,相较于纽约湾区、东京湾区、旧金山湾区、沪杭甬大湾区,粤港澳大湾区的通关问题则是一个难以逾越的关卡,横隔深港之间的深圳河已经成为两地资源交往的"禁区",导致深港两地的科技政策、资金和人才等资源难以逾越"过河"。当然,通关问题只是粤港澳大湾区融合发展的一个表象,随着"修例风波"和暴力事件在香港发生,人们已经意识到,推进粤港之间的人文、教育、社会保障、公共卫生事件应急管理等方面的合作,才是更深层次的问题,更需要从根本上破解两地存在的现实和"心理"关卡。

4. 机制对接难。粤港澳大湾区建设的一个重大使命就是要支持香港、澳门融入国家发展大局。但现实是,"一国两制"下的粤港澳社会制度不同,法律制度不同,分属于不同关税区域,[②]"三个法治区、三个关税区、三个货币区"以及语言、文字不同的背后,决定了粤港澳三地的体制机制很难

[①] 《中共中央国务院关于支持深圳建设中国特色社会主义先行示范区的意见》,人民出版社2019年版,第2—3页。

[②] 《粤港澳大湾区发展规划纲要》,人民出版社2019年版,第5页。

像东京、纽约、旧金山湾区那样完全融合，生产要素难以形成高效便捷流动。尤其香港是多元化社会，殖民地思想根深蒂固，对于大陆的排斥始终难以消除，而土地、资本、管理等重要的生产要素却仍然控制在原香港殖民时期的个别私人财团手中，导致香港产生了住房难、看病难等深层次矛盾和问题，这些矛盾和问题无形之中被转嫁到了特区政府头上，无疑给粤港澳大湾区融合发展蒙上阴影，给香港融入内地发展带来种种障碍。如何让制度之异变成制度之利，仍然是粤港澳大湾区建设难题。

5. 社会治理难。湾区发展必定会带来都市圈集群，产生越来越多的超大城市。粤港澳大湾区就已经形成了广州、深圳等超大城市，超大城市由于人口众、企业多，往往会给社会治理带来系列难题，造成流动人口管理、公共服务供给、公共安全防范、生态环境治理等方面的诸多困难。特别是环境治理方面需要湾区各城市高度重视。

一是空气质量有待提升。总体来说，粤港澳大湾区空气质量较好，空气优良率大约在84%—96%之间，2020年广东省空气质量优良天数为95.5%，其中，全省$PM_{2.5}$平均浓度为每立方米22微克，广州为每立方米24微克，深圳降到每立方米19微克。但与东京的每立方米13微克、伦敦的每立方米12微克、华盛顿的每立方米6微克等空气质量优秀的湾区相比仍然还有较大的差距，而且湾区内的$PM_{2.5}$年均值表现为"东低西高、沿海低、内陆高"的特征，即沿海到内陆逐步升高，珠江口东岸城市比西岸城市低。

二是湾区水污染问题严重。目前湾区的水污染问题主要表现在两个方面，一方面，填海问题比较突出。无论是提出粤港澳大湾区之前还是之后，人们都热衷于通过填海获取新增土地，打造新增长极。由于过度填海，香港维多利亚港湾、宝安前海等区域海域正在逐步缩小，两岸已经变得近在咫尺，生态环境受到严重影响。另一方面，大湾区水系发达，江河流过的区域比较多，而且大多为小江小河，水体污染问题仍然比较突出。粤港澳大湾区城市总共有1万多条河流，还有很多河流存在水体严重污染的情况，有些虽然解决了黑臭水体问题，但还远远达不到优质水体的目标。粤港澳大湾区海岸线有1500多千米，大都是局部劣IV类，越靠近岸边水质污染越严重,离优质生活圈的要求还有一段距离。

除了空气和水以外,湾区环境问题还包括自然生态系统退化、生物多样性减少,以及城市化所带来的大量生态湿地的破坏等,同样需要引起高度重视。

第四节 粤港澳大湾区与旧金山湾区科技创新比较

《粤港澳大湾区发展规划纲要》明确要求,要"建设全球影响力的国际科技创新中心","建设全球科技创新高地和新兴产业重要策划地","到2035年,大湾区形成以创新为主要支撑的经济体系和发展模式,经济实力、科技实力大幅跃升,国际竞争力、影响力进一步增强"①。

他山之石,可以攻玉,深圳从提出湾区经济伊始就始终对标旧金山湾区,希望早日建设成为中国的"硅谷",其他各城市也纷纷借鉴旧金山湾区科技创新经验,共同推动大湾区国际科技创新中心建设。因此,我们将在本节对粤港澳大湾区和旧金山湾区科技创新的重点方面进行对比分析,以便进一步探求粤港澳大湾区科技创新的实现路径。

一、研究型大学

美国研究型大学兴起于1920年以后,并且逐步在全国高等教育中占据了非常重要的位置。旧金山湾区科技创新的成功,不仅是因为具有较多的世界一流大学,更重要的是充分发挥了研究型大学对于科技创新的推动作用。据统计,旧金山湾区总共有381所高等院校,② 根据AR—WU排名,旧金山湾区有9所大学进入全球100强。仅研究型大学就有斯坦福大学、加州伯克利分

---

① 《粤港澳大湾区发展规划纲要》,人民出版社2019年版,第10—14页。
② 陈琼琼、李远:《旧金山湾区高等教育发展研究》,《比较教育研究》2020年第10期。

校、旧金山分校、戴维斯分校、圣克鲁分校等,其中,斯坦福大学、加州伯克利分校、加州理工大学分别位列全球第二、第三和第八名。① 通过各类一流大学,旧金山湾区吸引了世界一流人才和学科团队,形成了领先世界的优势学科。斯坦福大学是研究型大学成功的典范,为硅谷培养了包括惠普、谷歌、雅虎、耐克、罗技、Snapchat、美国艺电公司、太阳微系统、NVIDIA、思科及 LinkedIn 等公司的创办人在内的众多高科技公司的领袖人物。

粤港澳大湾区也有一批中国和世界一流大学,主要集中在香港和广州,深圳近年来也在积极兴办大学(如表 5–3 所示)。尽管如此,如果将粤港澳大湾区与旧金山湾区进行比较,两者还是存在一些差距,主要有:一是产学研结合程度有差距。旧金山湾区的研究型大学特别注重学科的应用性,强调办学的自主性,其专业设计一般与当地的工业紧密结合,他们积极响应地方经济和产业发展需求,围绕新兴产业建立大学教学和研究体系,并依此建立工业实验室。斯坦福大学、加州理工大学等著名国际大学不仅为湾区硅谷的创新产业发展培养了大量人才,而且直接参与并推动了产业的进步,特别是大学校园工业园区的建设成为湾区科技工业发展的重要基础。而粤港澳大湾区大学数量虽然比较多,但除香港外,大部分学校采取垂直管理方式,很难与地方经济实现紧密结合。二是基础研究水平差距较大。粤港澳大湾区的一流大学和研究机构主要集中在香港,并且对世界具有影响力的专业主要集中在生物医学和人工智能等方面。与粤港澳大湾区不同的是,旧金山湾区研究型大学的研究实力较强,研究学科比较分散,在信息技术、新材料、新能源、生物制药等领域的研究领先全球,尤其是半导体技术的研究和应用优势明显。这就使得两地在原始创新方面形成了较大差距,旧金山湾区的谷歌、脸书、苹果、特斯拉等科技公司都具有原始创新型技术,位于创新生态链的顶端,能够对世界科技创新产生影响力和控制力,而粤港澳大湾区除华为外,很少有企业位于创新生态链的顶端,大部分仍然处于缺乏原始创新的应用阶段,对世界科技创新缺乏影响

---

① 欧小军:《世界一流大湾区高水平大学集群发展研究》,《四川理工大学学报(社会科学版)》2018 年第 3 期。

力和控制力。三是管理体制差距较大。旧金山湾区的大学对教师管理非常宽松,他们非常支持学院与企业研究人员合作进行研究,鼓励学校教师到企业进行兼职和提供指导,甚至成立自己的公司。据统计,截至2010年,斯坦福大学开办的附属公司就有222家,伯克利分校也开办了200多家公司,另外还通过成立知识产权与产业联盟办公室推动了600多个项目商业化。①

表5–3 粤港澳大湾区名牌大学一览表

	大学名称	世界排名	学科世界影响
广东	中山大学	319	
	华南理工大学	500名以后	
	深圳大学	500名以后	
	暨南大学	500名以后	
	南方科技大学	500名以后	
香港	香港大学	25	拥有脑和认知科学国家重点实验室等6所实验室,全球第一个界定出SARS病原体的机构,在经济、生物医学等方面具有世界影响。
	香港中文大学	49	拥有转化肿瘤学等5个国家重点实验室,在生物医学、信息科学、地球信息科学等方面具有全球影响。
	香港理工大学	95	拥有超精密加工等国家重点实验室。
	香港科技大学	32	拥有先进显示与光电技术、分子神经科学国家重点实验室,在生物医学、人工智能等方面具有世界影响。
	香港城市大学	55	拥有海洋污染国家重点实验室和毫米波国家重点实验室。
澳门	澳门大学	500名以后	

资料来源:2019年QS世界大学排名、各大学相关介绍。

---

① 陈琼琼、李远:《旧金山湾区高等教育发展研究》,《比较教育研究》2020年第10期。

二、科研投入和载体建设

如果比较中国与世界主要创新型国家的科研投入和载体建设，我们可以发现，中国R&D经费投入强度相对发达国家整体仍然不足。美国、日本和德国等国家R&D经费投入强度长期保持在2.5%以上，奥地利、芬兰、瑞典和瑞士等欧洲国家基本上保持在3%左右，以色列比较高，自2000年以来R&D经费占GDP比重维持在4%左右的水平。① 相比较，旧金山湾区为4.8%左右，粤港澳大湾区为2.7%左右，其中，深圳的R&D经费支出在中国是最高的，2019年占GDP比重为4.93%，基本上达到以色列的水平。与深圳比较，粤港澳大湾区的其他几个城市相对低一些，广州R&D支出占比为2.88%，中山R&D支出占比为2.11%，东莞R&D支出占比为3.06%，珠海R&D支出占比为3.15%，基本上处于世界中等水平（如表5-4所示）。②

表5-4　2019年粤港澳大湾区珠三角地区科研投入情况

城市	R&D经费占地区生产总值比重（%）	R&D经费（亿元）
广州	2.88	3098.49
深圳	4.93	1328.28
佛山	2.67	287.41
东莞	3.06	289.96
珠海	3.15	108.31
肇庆	1.11	24.87
中山	2.11	63.37
江门	2.26	71.06
惠州	2.62	109.35

资料来源：根据广东省统计局数据整理。

旧金山湾区除拥有世界一流大学外，还有包括劳伦斯伯利、劳伦斯利弗莫尔国家实验室、航空航天局艾姆斯研究中心、斯坦福直线加速器中心

---

① 胡志坚等：《从关键指标看我国世界科技强国建设》，《中国科学院院报》2018年第5期。
② 《2019年广东科研经费投入情况分析》，2020年11月21日，见 https://www.askci.com/news/data/hongguan/20201121/1021071289626.shtml。

等在内的全球顶尖实验室,涌现出一大批获得诺贝尔奖的科学家。① 近年来,珠三角地区创新载体建设发展迅速。以深圳为例,创新载体从2010年的419家增长到2019年的2260家,对于科技产业发展起到了巨大的推动作用。其中,2010年国家级创新载体只有41家,到2019年达到了118家,仅国家级重点实验室就有20多家,集聚了分子肿瘤学国家重点实验室、华南肿瘤学国家重点实验室等。② 尽管如此,两大湾区之间的差距还是比较明显(如表5–5所示),与旧金山湾区相比,粤港澳大湾区尤其缺乏世界级影响力的科创载体和研究成果。

表5–5 粤港澳大湾区与旧金山湾区研究机构和载体比较

	旧金山湾区		粤港澳大湾区	
大学（排名）	斯坦福大学	2	香港大学	25
	加州大学伯克利分校	27	香港科技大学	37
	加州大学戴维斯分校	100	香港城市大学	55
	加州大学旧金山分校	—	香港中文大学	49
	加州大学圣克鲁斯分校	336	香港理工大学	106
研究机构（数量）	联邦实验室	5	国家重点实验室	43
	州级实验室	20	国家工程研究实验室	16

资料来源:QS(2019—2020)世界排名③。

三、专利申请

根据广州日报数据和数字化研究院(GDI智库)发布的《粤港澳大湾区协同创新发展报告(2020)》,粤港澳大湾区2019年发明专利总量增加

---

① 温锋华、张常明:《粤港澳大湾区与美国旧金山湾区创新生态比较研究》,《城市观察》2020年第2期。
② 资料来源:深圳统计局统计2019年报。
③ 段杰:《基于粤港澳大湾区创新生态系统演进路径及创新能力:基于与旧金山湾区比较的视角》,《深圳大学学报》2020年第2期。

到25.8万件,已经远超纽约湾区(3.96万件)、旧金山湾区(5.44万件)和东京湾区(13.91万件),位列四大湾区之首。[1] 如果我们将粤港澳大湾区的深圳与旧金山的硅谷在PCT专利申请量方面进行一个对比,可以发现,深圳近年来的PCT专利申请量已经超过硅谷成为全球第二。深圳从2004年开始申请PCT专利,当年专利就达到了331件,这项数据后来一直上升,到2019年达到1.75万件,其中,排在前三名的分别为:华为4414件,平安科技1691件,中兴通讯1086件,约占1/3,说明主要集中在新一代信息产业领域。

上述数据并不意味深圳已经与硅谷具备一决高下的科技能力或者企业创新能力,因为所有这些仍然是表面的,并不足以反映事物的本质,粤港澳大湾区专利申请质量与旧金山湾区还有一定差距。一方面,深圳拥有的能够在全球形成影响力的科技企业仅有华为而已,通讯产业一枝独秀。而旧金山湾区的硅谷拥有一批对全球科技颇具影响力的企业群,他们在多个领域都处于超前状态。例如,苹果的智能驾驶,Google的C端人工智能,微软的"人工智能+云",亚马逊的AI、云和下一代物流,Facebook的虚拟现实,英特尔的互联网,通用电器的工业互联网,IBM的B端人工智能,特斯拉的电动汽车,爱彼迎的共享型社交媒体,等等。另一方面,深圳在生物医药和半导体等方面与硅谷的差距还比较大,而这些技术差异主要来自基础研究方面的极其薄弱。例如,深圳2018年基础研究经费支出占R&D经费比重只有2.66%,低于全国平均的5.5%,也低于北京的14.7%,上海的7.7%,与发达国家比差距较大,美国是17.2%,日本是12.5%,韩国是17.2%。由于基础研究严重落后,导致芯片等与基础研究有关的核心技术被国外垄断,我们已经感受到美国从供应链"卡脖子"所带来的压力。[2]

---

[1] 申明浩:《粤港澳大湾区协同发展报告(2020)》,社会科学文献出版社2020年版,第44页。

[2] 深圳市委政策研究室:《深圳与全球顶级城市比较研究》,2020年3月。

四、创新环境

旧金山之所以能够产生硅谷，车库的作用功不可没。与之相似，粤港澳大湾区之所以产生深圳，不是因为深圳有多少高楼大厦和繁华街景，恰恰是因为深圳也拥有一种类似于车库的创新环境——城中村。城中村的产生和存在为高科技企业的初期发展提供了"车库式"的温床，成为许多中国科技企业的落脚点和出发点，为大量具有雄心壮志又缺乏资本的年轻科技人才提供了栖息地，也为来深务工的大学生提供了最低价廉租房。

旧金山的科技创新之所以能够持续产生，一个主要原因在于拥有适合创新的环境，即车库创新。众所周知，美国的房子主要以别墅型为主，在硅谷一带，房价相对昂贵，为了降低成本，创新创业者们普遍选择在车库设立办公室，一方面可以降低房价，另一方面有利于团队集中攻关。正因如此，在硅谷，世界著名的科技公司几乎都诞生在车库之中。例如，1937年，美国斯坦福大学的两位研究员 Hewiett 和 Packard 率先在自己的车库成立了惠普公司，苹果的乔布斯、微软的盖茨和艾伦也都是从车库走出来的。

深圳近年来也成为全球著名的科技创新集聚地，相较于旧金山的车库创新环境，深圳的城中村也提供了几乎与车库相同的创新环境。因为进入 21 世纪以来，深圳房价同样是居高不下，外来的大学生普遍选择一些价格低廉的城中村作为自己来深圳的第一个落脚点，也有一些初创企业选择将自己公司的第一个落脚点放在城中村，还有企业更是将自己的公司办在股份合作公司简易的厂房内，员工就近住在附近的城中村里。城中村能够带来与车库类似的好处，一方面它的房价比较低，另一方面它有利于团队作战。大家可以选择一个村落居住下来，随时可以进行研究，深圳一批创新型企业大都是从城中村里走出来的，如华为、腾讯、比亚迪等。

但是近年来，在房地产价格不断上涨的影响下，城市更新成为城中村的"克星"，在当地居民和开发商对城市更新的渴望中，创新赖以生存的城中村一步一步地被蚕食，科技创新的土壤一步一步地走向贫瘠。因此，如果要让深圳的创新持续下去，不仅需要保留现有的部分城中村，甚至可以将一部分城中村进行改造，弃城中村之弊，扬城中村之利，建设成为更适合于创新并与车库条件更为接近的创新型城中村。

五、风险投资

旧金山湾区已经形成了"研究型大学—科技企业—成果产业化—风险投资"较完整的创新生态链，即以企业的科技需求为导向，国家依据产生的问题再委托研究型大学以及国家实验室进行研究和攻关，甚至可能是大学与企业联合攻关，成果出来后通过市场进行转让，有前途的项目甚至可以得到风险投资的青睐和早期资金支持。风险投资是由职业金融家、风险资本家投入到新兴的、具有创新潜力的创新创业企业中的一种权益资本，它更偏好于蕴涵着失败风险的高新技术及其产品的研究开发领域，旨在促使高新技术成果尽快实现产业转化及商品化，风险投资的进入就是为了退出，一旦能够成功退出，风险投资可以获得高额的投资回报。① 旧金山的风险投资是从20世纪30年代开始起步的，当时，斯坦福大学特曼教授仅以500多美元的资本资助比尔·惠勒特（Bill Hewlett）和大卫·普卡德（David Packard）并创立了惠普公司。后来，美国东部的财团不断加入这类行业的投资，成为旧金山科技创新产业投资的主力军，使很多初期缺乏资金但拥有创新技术和能力的科技公司得以复生。20世纪60年代以后，美国东部的风险投资家继续向美国西部投资，他们不再是单兵作战，而是依托圣克拉拉郡、丘珀蒂诺等地区形成了集聚，通过风险投资行业的扩大成立了西部风险投资家协会。随着硅谷风险投资与半导体企业之间的不断耦合，硅谷风险投资产业的运作模式不断发生实质性的变化，越来越多的风险投资家与研究型大学、高新技术企业、重大科研机构等形成了协同创新

---

① 詹志华等：《2016年美国硅谷风险投资增长总趋势及启示》，《中国科技信息》2017年第24期。

联盟，①创造了风险投资的新模式。随着风险投资的日益扩大，风险投资者们已经从最早的风险投资的初期资本运作模式中走了出来，他们不仅提供一些简单的金融支持，而且还提供法律、技术和管理等方面的决策咨询服务。从旧金山风险投资的趋势看，风险投资主要集中在互联网、生物科学、软件和大数据等方面，目前旧金山风险投资占全美国风险投资大约4成以上，苹果、谷歌等著名科技公司都是在风险投资的支持下发展起来的。

粤港澳大湾区的风险投资主要集中在深圳和广州，尤其是深圳，风险投资发展较早，对于科技创新发挥了较大的作用。创新是有益于国家、有益于人民的事业，如果让创新者自己投资肯定难以承担失败的风险，而风险投资就可以。后来深圳高科技产业发展的事实证明，风险投资确实起到了立竿见影的奇效。

深圳1990年就成立了南山投资基金，后来又分别组建了中科融投资顾问有限公司、深圳市高新技术创业投资公司和深圳市创新科技投资有限公司，借助政府资金这个杠杆推动民间资金不断进入风险投资领域，从而带动科技产业蓬勃发展。②除了资金支持，政府还从政策方面给予支持。1999年9月出台了《关于进一步扶持高新技术产业发展的若干政策》（简称"22条"），其中就有"鼓励国内外风险投资机构来深圳设立风险投资机构"的规定。③2009年设立深圳创业板并为深圳风险投资的退出创造了有利条件，使风险投资的发展上了一个台阶，当时为了设立创业板推动中小科技创新企业发展，深圳甚至不惜暂停主板发行。各种风险投资对于科技创新发挥了积极推动作用，大疆无人机有限公司和腾讯等科技公司的发展都得益于风险投资资金的支持。截至2020年10月底，深创投投资企业数量、投资企业上市数量均居国内创投行业第一位：已投资项目1167个，

---

① 詹志华等：《2016年美国硅谷风险投资增长总趋势及启示》，《中国科技信息》2017年第24期。

② 曹龙骐、陈红泉：《深圳风险投资的发展现状：制约因素与对策》，《中国风险投资与资本市场会议论文集》，2004年6月，第25页。

③ 《关于进一步扶持高新技术产业发展的若干政策》，2008年6月25日，见http://www.sz.gov.cn/zfgb/2008/gb603/content/post_4986022.html。

累计投资金额约 556 亿元，其中 176 家投资企业分别在全球 16 个资本市场上市，329 个项目已退出（含 IPO），在投资企业数量和投资上市企业数量等方面均居国内创投行业第一位。①

由此可见，粤港澳大湾区的风险投资起步晚于旧金山湾区，很多做法借鉴了旧金山湾区的经验。两地的风险投资对于湾区的科技发展和科技企业的成长都发挥了一定的作用，相比之下，旧金山的风险投资所发挥的作用更大。在波士顿咨询公司（BGG）发布的《2016 年度全球最具创新力企业 50 强》榜单中，旧金山有六家，粤港澳大湾区只有华为 1 家，② 但是，我们更应该看到，美国的科技成就不仅得益于风险投资，而且还得益于形成了包括风险投资在内的独特的多元化投资机制，即在整个国家层面上形成了公共（政府）资助和私人资助（企业、私人基金会、大学和风险资本等）的混合机制，这一点非常值得我们借鉴。

六、几点启示

一是进一步发挥研究型大学的作用，在大力举办大学的同时，要借鉴旧金山的做法，鼓励大学教师参与当地经济，走出校门进行创业，推动大学学科与当地产业相匹配；二是主动弥补原始创新能力不足的短板，加大基础研究投入和世界级科研载体建设，补齐产业链供应链缺口；三是进一步改善科技创新的营商环境，降低科技创新的交易成本，广泛吸纳世界尖端科技人才；四是形成政府投资、风险投资以及证券投资等相结合的资本市场，充分发挥资本对于科技创新的推动能力；五是构建科技创新的内生动力，加强知识产权保护力度，保护科技创新的超额利润，激发科技人员主动创新的能动性。

---

① 深圳市创新投资集团有限公司官网，见 http://www.szvc.com.cn/main/aboutUs/companyIntroduce/index.shtml。

② 王珺、袁俊等：《粤港澳大湾区建设报告（2018）》，社会科学文献出版社 2018 年版，第 36 页。

第五节 粤港澳大湾区建设的主要思路

尽管粤港澳大湾区已经上升为国家战略,已经具备建设国际一流湾区和世界级城市群的基本条件,但是通过比较我们发现,与旧金山等世界一流湾区比较,我们还是有不少的差距,需要共同面对,利用湾区经济发展规律寻求破解思路。

一、共建粤港澳大湾区国际科技创新中心

《粤港澳大湾区发展规划纲要》提出要"建设国际科技创新中心""构建开放型融合发展的区域协同创新共同体"[1],《中共中央国务院关于支持深圳建设中国特色社会主义先行示范区的意见》指出,"以深圳为主阵地建设综合性国家科学中心,在粤港澳大湾区国际科技创新中心建设中发挥关键作用"[2]。如前所述,粤港澳大湾区具有一流的科技创新资源与条件,但是,基本上分散在香港、深圳、广州、东莞等不同的城市中,每一个城市单独建设国际科技创新中心都有一定的困难,如果将各城市资源有效对接形成叠加,则有可能带来意想不到的科技创新叠加效应。因此,应该在发挥深圳核心引擎和主阵地作用的基础上,以互利共赢、合作共建的方式推进建设国际科技创新中心。

(一) 无缝对接,加快建设"深圳河科技创新带"

实现大湾区科技资源无缝对接是普遍共识。戴欣、张猛、唐杰认为,世界一流湾区的综合实力并不取决于GDP的大小,关键在于是否具有强大的创新源泉,建设粤港澳大湾区应该加大整体布局,强化企业创新主体

---

[1] 《粤港澳大湾区发展规划纲要》,人民出版社2019年版,第14页。

[2] 《中共中央国务院关于支持深圳建设中国特色社会主义先行示范区的意见》,人民出版社2019年版,第4页。

地位，同时也要补科学研究的短板，率先形成以创新为引领的经济体系和发展模式。① 丁旭光通过对旧金山湾区科技创新中心建设的分析，提出了创建创新共同体的设想，在激发粤港澳大湾区大学和科研机构知识创新源头作用，吸引国际高端人才集聚等方面持续发力。② 谢宝剑等也认为粤港澳大湾区创新共同体很有必要，香港要充分发挥"超级联系人"的角色。③

粤港澳大湾区科技创新资源十分丰富，香港拥有国际一流的大学资源和实验室研究资源，深圳拥有全球一流的制造业产业链和一批高科技企业，两者具有强烈的互补性。世界知识产权组织发布的《2020年全球创新指数》（Global Innovation Index 2020，GII）发现：香港、深圳和广州如果成为创新集群，形成的香港—广州—深圳科技创新集群将仅次于东京—横滨，排名全球第二（如表5-6所示）。因此，如果能够很好地发挥粤港澳大湾区特别是香港、广州、深圳三地的创新资源优势，形成科技创新互补，完全可以形成集聚效应，在全球科技创新中处于领先地位。但目前这些科技资源仍然处于分割状态，一方面，香港科技创新资源难以跨过深圳河界，而由于缺乏一定的产业链基础，香港的科技优势难以转化为创新产业优势，导致科技研究与产业应用严重割裂；另一方面，深圳、东莞等珠三角地区拥有全球最完整的产业链，创新产业在全国领先，可以说，深圳创新的"根"在企业，但它缺乏基础研究所必须具备的大学和实验室，而香港的营商成本远高于内地，导致珠三角的产业也跨不过深圳河，且随着近年来深圳的企业成本逐步提高，深圳的产业也正在从福田、罗湖、龙岗、宝安等区逐步往外迁移，产业越来越远离深圳河。这种产业转移直接导致香港"空心化"更加严重。因此，粤港澳大湾区要建设国际科技创新中心就应该加强两地之间的科技资源对接，沿深圳河区域建立粤港两地创新合作过渡点，进一步发挥深圳前海、河套和沙头角的作用，加快建设口岸经济带，将深

---

① 戴欣、张猛、唐杰：《创新驱动与粤港澳大湾区城市群发展》，《开放导报》2018年第6期。
② 丁旭光：《借鉴旧金山湾区创新经验，构建粤港澳大湾区创新共同体》，《探求》2017年第6期。
③ 谢宝剑、宗蕊等：《回归二十年来香港科技创新发展的SWOT分析及前瞻》，《港澳研究》2017年第2期。

圳河之界变成深圳河之介，变三地独自优势为叠加优势，实现香港与珠三角地区创新资源的无缝对接。

表 5-6 2020 年全球最佳科技创新集群前 20 名排名

排名	集群名称	经济体	PCT申请量	科学出版物	在PCT申请总量中的份额（%）	在出版物总量中的份额（%）	共计
1	东京—横滨	日本	113244	143822	10.81	1.66	12.47
2	深圳—香港—广州	中国	72259	118600	6.9	1.37	8.27
3	首尔	韩国	40817	140806	3.90	1.63	5.52
4	北京	中国	25080	241637	2.40	2.79	5.18
5	加利福尼亚州圣何赛—旧金山	美国	39748	89974	3.8	1.04	4.83
6	大阪—神户—京都	日本	29464	67514	2.81	0.78	3.59
7	马萨诸塞州波士顿—剑桥	美国	15458	128964	1.48	1.49	2.96
8	纽约州纽约市	美国	12302	137263	1.17	1.58	2.76
9	上海	中国	13347	122367	1.27	1.41	2.69
10	巴黎	法国	13561	93003	1.30	1.07	2.37
11	加利福尼亚州圣地亚哥	美国	19665	34635	1.88	0.40	2.28
12	名古屋	日本	19327	24592	1.85	0.28	2.13
13	华盛顿哥伦比亚特区—马里兰州巴尔的摩	美国	4592	119647	0.44	1.38	1.82
14	加利福尼亚州洛杉矶	美国	9746	69161	0.93	0.80	1.73
15	伦敦	英国	4281	107680	0.41	1.24	1.65
16	得克萨斯州休斯敦	美国	10852	51163	1.04	0.59	1.63
17	华盛顿州西雅图	美国	11559	34143	1.10	0.39	1.50
18	阿姆斯特丹—鹿特丹	荷兰	4409	78602	0.42	0.91	1.33
19	科隆	德国	7822	47161	0.75	0.54	1.29
20	伊利诺伊州芝加哥	美国	6167	57976	0.59	0.67	1.26

资料来源：世界知识产权组织：《2020全球创新指数报告解读》。[1]

---

[1] 《2020年全球创新指数报告解读》，2020年9月16日，见 https://www.sohu.com/a/418705993_99921288。

在科技资源对接中,要全面落实《中共中央国务院关于支持深圳建设中国特色社会主义先行示范区的意见》,充分发挥深圳的主阵地和关键性作用。深圳要充分发挥毗邻香港的优势,主动与香港进行科技资源全面对接,共同建设国家科学中心,成为全球科技创新和产业高地。重点要对接"香港2030+"规划①,加快深港科技合作平台建设。一是在深圳中部要主动与香港北部经济带对接,充分发挥香港科学园、河套深港科技创新合作区、深圳光明科学城、大运深港国际大学城、西丽高教城等科技资源的联动作用,形成中部科技合作支撑区,尤其要加快推进河套深港科技创新合作区建设,通过建立"境内关外"的运行机制,推动深港两地科技创新要素高效流动,税制有效对接,形成良好的科技创新合作机制。二是在深圳西部要进一步发挥前海的引领作用,依托前海深港现代服务业合作区,主动与香港对接,加快广深港澳创新走廊建设,推动宝安智造高地、南山高新区建设,主动对接香港西部经济走廊,形成以人工智能和先进制造业为核心的未来产业经济带。三是在东部要重新规划沙头角的功能定位,借鉴河套深港科技创新合作区的经验,谋划建设深港两地生物科技产业合作区,将其建设成为连接香港生物科技资源的重要基地,充分发挥盐田华大基因、大鹏坝光生物谷、坪山国家生物基地等生命健康产业的集聚优势,主动与香港东部知识及科技走廊对接,共同建设东部生命健康产业经济带。通过深港两地的中、西、东三方平台建设,加快形成世界级深港两地"沿深圳河"科技创新带。

专栏5—1 沙头角中英街基本情况介绍

沙头角中英街位于深圳东部沙头角南部,与香港一街相隔。其中,深圳所辖区域:即沙头角边境特别管理区,面积0.178平方千米;港方管理的港方沙头角禁区,面积0.33平方千米;边境管理区:以沙头角河为界,深圳一侧主要是边防管理线和部分民

---

① 2016年10月27日,香港特区政府发表《香港2030+:跨越2030年的规划远景与策略》,提出建设西部经济走廊、东部知识及科技走廊和北部经济带的远景规划。

房，香港一侧为未开发的山地，大约有0.5平方千米左右。

目前中英街主要为商业街，深圳一侧现有临街商铺136间，香港一侧有临街商铺68间，深方居住人口6058人，港方禁区居住人口不足3000人，深方居住人口中有深圳户籍人口1717人，香港户籍2981人，这是唯一的一块两地居民混居的地方，而且两地居民可以自由往来。

资料来源：参与相关课题研究时实地调研取得。

（二）换道加速，构筑大雁阵型企业集群

如果说伦敦湾区、纽约湾区、东京湾区、旧金山湾区是前三次工业革命的产物，而粤港澳大湾区虽然错过了第一、二次工业革命带来的机遇，但是有幸赶上了第三次工业革命，互联网为基础的信息产业推动了深圳的产业转型和发展。那么，粤港澳大湾区要想赶超世界一流湾区，必须化被动为主动，主动变换跑道，积极参与第四次工业革命的竞跑。

据麦肯锡全球研究所统计，到2025年，仅物联网每年都可创造4万亿—11万亿美元的经济价值，仅城市公共安全和卫生、交通控制、资源管理等应用场景就可能达到0.9万亿—1.7万亿美元，接近粤港澳大湾区现有的地区产值。① 因此，粤港澳大湾区要依托现有信息产业基础，积极向智芯产业转型发展，重点要加大量子计算、区块链等原始科技创新研究，在人工智能、物联网、新材料、新能源、生物技术等方面加大产业布局力度。

一是要进一步支持头部创新型企业。到目前为止，粤港澳大湾区的世界500强企业只有20家，其中，科技企业数量不多，只有华为、腾讯、联想、美的等。所以，一方面，要大力培育一些准500强企业，通过选择一些种子企业实施精准扶持，以创新链带动产业链，打造一批引领世界创新发展的龙头企业；另一方面，要加大对粤港澳大湾区内世界500强企业的支持和服务，培育其创新能力，并通过它们产生裂变，促进科技创新企

---

① ［德］克劳斯·施瓦布、［澳］尼古拉斯·戴维斯：《第四次工业革命——行动路线图：打造创新型社会》，世界经济论坛北京代表处译，中信出版集团2018年版，第116页。

业成几何倍数地增加。

二是要重点培育中小民营创新企业,形成中小民营创新产业集群。从深圳创新产业发展的过程来看,中小民营经济发挥了重大作用,像华为、腾讯、比亚迪之类的国际知名企业大都是从中小民营企业起步的。首先,中小民营企业目前仍然是深圳科技发展的主力,他们经营灵活、敢闯敢试、善于创新,敢为人先,在全市经济社会中的地位和贡献日益突出,据统计,深圳市70%的技术创新、85%的就业岗位、99%的企业数量,均来自民营中小企业。① 其次,民营中小企业碰到的经营困难比较多,例如国际贸易争端、融资问题、房价问题、发展空间问题等,民营中小企业不像大型国有企业那样实力雄厚,它们往往在面对危机时显得无所适从、力不从心。因此在构建创新产业集群过程中,可以把创新型中小民营企业作为重点,大力培育包括独角兽(如表5-7所示)在内的各种类型的创新型民营企业,形成大型龙头企业引领、众多中小企业紧跟的大雁阵型。

表5-7 广深莞独角兽企业一览表②

企业名称	领域	成立时间	城市
大疆创新	智能硬件	2006	深圳
菜鸟网络	物流	2013	深圳
微众银行	互联网金融	2015	深圳
腾讯云	云服务	2010	深圳
大地影院	文化娱乐	2007	深圳
柔宇科技	智能硬件	2012	深圳
土巴克	电子商务	2008	深圳
分期乐	互联网	2014	深圳
要出发	旅游	2011	广州
房多多	房地产	2011	深圳
辣妈帮	社交	2012	深圳

① 数据由欧阳绘宇写的调研报告《关于进一步促进深圳民营中小企业发展的若干建议》提供。
② 广东省政府:《广深科技走廊发展规划》,2017年12月5日,见http://www.gov.cn/xinwen/2017-12/25/content_5250097.htm。

续表

企业名称	领域	成立时间	城市
优必选科技	人工智能	2012	深圳
碳云智能	大健康	2015	深圳
360健康	大健康	2015	广州

(三) 夯基垒台，加快实施反"卡脖子"计划

基础不牢，地动山摇。我们与美国等西方国家的科学技术的差距主要还是在基础研究方面，主要体现在半导体、生物医药等核心尖端技术方面。从短期看，芯片技术已经成为制约我国科技创新的重要因素，芯片产业已经成为国家科技创新发展的痛点。依托广深港澳科技创新走廊构建"基础研究+技术攻关+成果产业化+科技金融"科技创新产业链迫在眉睫。一方面，要推动原始科技创新基础设施建设，加快建成一批国际领先的重大科技基础设施、国家重点实验室和大数据中心；另一方面，加快科技产业布局和发展，在人工智能、第三代半导体、电子信息、智能装备、生物医药等领域开展重大技术攻关，形成世界领先的高端前沿技术。通过深圳国家高新技术产业园、香港科技园、东莞松山湖科技产业园、广州天河高新区等重点园区建设，建成一批千亿级高新技术产业群，积极培育高新技术企业，培养一批世界领先的企业家和科技人才。只有这样，才能争取早日解决我国芯片的短期之痛，尽早打破西方的技术垄断，形成"你中有我，我中有你"的互相依赖的全球技术共享体系。在广深港澳科技创新走廊建设中，重点要建设以深圳前海、东莞松山湖、深圳大运国际大学城为支撑的科技创新"黄金三角"，形成以河套深港科技创新合作区为引领，以南山高科技园、华为科技城、大运国际大学城、前海深港合作服务区、宝安大空港、东莞松山湖、光明科学城、西丽国际科教城等为支撑的国家科学创新中心核心区，构建产业链部署创新链、创新链布局产业链的科技、产业创新发展高地，主动为全国科技创新提供制度供给、产品供给、人才供给，维护我国产业链供应链安全，建成国内国际科技双循环的重要节点。

二、促进粤港澳大湾区都市圈集群建设

粤港澳大湾区城市群是从单个城市演变而来。据有关资料记载，新中国成立前，珠三角区域城镇体系就已经形成了四个等级：第一级，人口130多万的广州市；第二级，佛山、江门、肇庆、惠州等4个城市，其人口为4万—10万人；第三级，有30多个建制镇；第四级为乡村集镇，共有350多个。其中大部分都依山傍水，临近海河，水运十分方便。①新中国成立之后，珠三角的城市体系发生了一些变化，在广州人口增加的基础上，二级城镇从4个增加到6个，深圳和珠海成为新的城市，但直到20世纪80年代，珠三角城市经济仍然难以形成"一体化"发展方式，据《珠江三角洲城市环境与城市发展》记载："目前我国没有正式进行全国性的经济区划，珠江三角洲经济区的范畴一时难于确切的规定。珠江三角洲的中心城市是广州市，但广州与珠江三角洲的其他城镇之间，在城市性质、职能、分工上不明确，经济发展缺乏区域性的合理分工与协作。因此，目前划定的珠江三角洲经济区仅是一个雏形。"②由此可见，珠三角城市圈是在20世纪90年代以后形成的，尤其是改革开放以后，深圳经济特区快速发展，形成了以广州和深圳为双中心的城市群发展格局。珠海、佛山、中山、东莞、惠州得到了较快发展，城市之间的交通得到了较大改善，以广州为中心的铁路网加强了各城市之间的联系，促进了城市群之间的空间演变和布局，东岸形成了以深圳为核心的深莞惠城市圈，西岸形成了以珠海为中心的珠中江城市圈，北边形成了以广州为中心的广佛肇城市圈，而且在空间上呈"品"字形分布。

《粤港澳大湾区发展规划纲要》要求大湾区要建设世界级城市群，指出，"坚持极点带动、轴带支撑、辐射周边，推动大中小城市合理分工，功能互补""构建结构科学、集约高效的大湾区发展格局"③。因此，粤港

---

① 中山大学地理系《珠江三角洲研究丛书》编辑委员会：《珠江三角洲城市环境与城市发展》，中山大学出版社1988年版，第148页。

② 中山大学地理系《珠江三角洲研究丛书》编辑委员会：《珠江三角洲城市环境与城市发展》，中山大学出版社1988年版，第114页。

③ 《粤港澳大湾区发展规划纲要》，人民出版社2019年版，第11页。

澳大湾区要结合现有的空间格局，尊重大湾区城市群历史演变基础，依托珠三角城市和香港、澳门共同构筑新的都市圈集群。

（一）极核带动，加快构建三大都市圈

1.加快建设深圳大都市圈。大湾区东岸有可能以深圳为中心形成南北、东西两条区域经济发展轴带，一条是已经对深圳、广州、香港等城市发展发挥了重要作用的广莞深港南北方向发展轴，正是这条发展轴促进了粤港澳大湾区东岸城市的快速发展，随着广深港高铁建设通车以及融入大湾区发展，深圳将从空间上实现边缘往中心的转换，成为发展轴上的中心节点城市；另一条正在形成以深圳为中心的东西方向发展轴带，包括中山、深圳、惠州、汕尾、河源等，如果以深圳为中心向东西方向扩展，往西通过中山可延伸到江门、湛江甚至广西部分地区，往东通过惠州可延伸到汕潮揭地区甚至福建、江西部分地区。这样，深圳将成为区域经济发展的核心枢纽，粤港澳大湾区东岸将形成以深圳为核心，由深圳、东莞、惠州、河源、汕尾等城市组成的深圳大都市圈。因此，我们应该借鉴东京湾区和纽约湾区经验，加强深圳都市圈的建设，从近期来看，可以通过统一规划、交通互通、产业合作等方式加快推进。如果时机成熟，可以借鉴北京和雄安模式，以"扩圈"代替"扩容"，进一步推进都市圈土地资源重新整合，实现都市圈资源达到最优化配置。

2.加快建设广州大都市圈。广州历来就是珠江三角洲的核心城市，通江达海、区位优越、经济发达，《粤港澳大湾区发展规划纲要》要求，广州要充分发挥国家中心城市和综合性门户城市引领作用，全面增强国际商贸中心、综合交通枢纽功能，培育提升科技教育文化中心功能，着力建设国际大都市。[①]广州大都市圈核心城市包括佛山、肇庆、清远、云浮、韶关等6座城市。当前亟须充分发挥广州的核心引擎作用，推动广佛肇城市群一体化，尽快实现融合发展，早日建设成为大湾区引领西北部区域的重要枢纽。

3.加快建设仃伶洋西岸都市圈。随着港珠澳大桥开通和深中通道即将

---

① 《粤港澳大湾区发展规划纲要》，人民出版社2019年版，第12页。

建成，粤港澳城市群的构成和空间布局都会发生较大的变化。一方面，港珠澳大桥开通，香港将和珠海、澳门、江门形成一个新的1小时都市圈，构筑以香港为核心的向西发展的通道，加强香港、珠海、澳门、江门等城市进一步融通；另一方面，深中通道建成以后，中山将与深圳形成半小时生活圈，中山有可能与湾区东岸进一步融通。这样，有可能依托香港、澳门、珠海、中山和深圳形成伶仃洋闭环都市圈。从近期来看，重要的是要加强珠海、中山、江门等大湾区西岸城市群建设，推动大湾区东西两岸尽早实现均衡发展。

通过三大都市圈建设，粤港澳大湾区将形成都市圈、城市群的"你中有我，我中有你"的网状式圈层结构，深圳、广州、香港都将在各自都市圈中发挥核心引擎作用，既解决目前城市群的碎片化问题，又解决大湾区龙头之争问题。资源将在更广的范围内进行无缝配置。一旦粤港澳大湾区走向高级阶段，以500千米为区间的都市圈集群将呼之欲出，相互叠加、功能互补的都市网络结构将为大湾区城市群发展注入新的活力。

（二）互联互通，加快建设以广州、深圳为枢纽的交通网络

1.加强内部交通连通，推动粤港澳大湾区交通设施的互联互通。借鉴东京湾区"大交通"的经验，加快构建以高速公路、高速铁路、城际铁路、地铁等为重点的交通新干线。按照2021年3月公布的《国家综合立体交通规划纲要》，加快建设以广州、深圳、香港为核心的联动珠海、澳门等城市的粤港澳大湾区枢纽集群，加快建设广州、深圳国际性综合交通枢纽城市。[①]重点要规划建设符合湾区发展要求的城际轨道，加快建设城市快速地铁和城际线网络，形成城市内部的全方位快速通达和城市间城际铁路对接，实现湾区内所有城市1小时连通，真正建成相互快速连通的湾区经济体。

2.加强湾区与外部的交通连接。加快建设机场群、港口群和高铁群，在进一步提升香港港口国际航运能力的基础上，加快广州、深圳国际航空枢纽和国际枢纽海港建设，尤其要强化深圳国际航空枢纽功能。在高铁建

---

① 《国家综合立体交通网规划纲要》，人民出版社2021年版，第16页。

设方面，继续推进香港与内地的高铁联系网建设的同时，强化广州、深圳的高铁枢纽功能，尤其要加强深圳高铁建设，推进深圳西丽、机场东、大运等新高铁站点的建设，形成与其组团式城市布局相结合的高铁枢纽布局。

三、推进世界级产业集群集聚发展

产业集聚是湾区经济发展的重要前提。《粤港澳大湾区发展规划纲要》明确要求，要"着力培育新产业、新业态、新模式""促进产业优势互补、紧密协作、联动发展，培育若干个世界级产业群。"[①]《中共中央国务院关于支持深圳建设中国特色社会主义先行示范区的意见》也要求深圳加快构建现代产业体系，在构建高质量发展的体制机制上走在全国前面。

（一）高端引领，建设集群式的现代产业体系

第一，构建制造业错位发展新格局。制造业是现代服务业的重要基础，也是现代服务业的主要服务对象，没有制造业的现代服务业一定会成为"空中楼阁"，没有制造业的城市一定会成为"空心化"城市。大湾区可以借鉴东京湾区的经验，沿湾区两岸优化制造业布局，西岸主要依托佛山、中山的现有制造业基础，形成先进装备制造产业带，东岸主要依托电子信息产业集群，建设世界级的电子信息产业为主的现代产业园区，以华为、腾讯、比亚迪、大疆无人机、迈瑞医疗等头部企业为牵引，加快形成世界领先的新一代通信技术产业、5G和移动互联网、人工智能与机器人、新能源、大数据、生物医疗设备等战略性新兴产业集群。

第二，大力发展现代服务业。充分发挥香港、澳门现代服务业的引领作用，聚焦金融科技、现代商业、旅游消费、港口物流、会议展览、文化创意、专业服务等现代服务业，发挥香港证券交易所、深圳证券交易所和广州期货交易所的带动作用，以中国平安、汇丰银行、中银香港、招商银行、香港港、盐田港等龙头带动作用，创新金融服务和交易方式，建设完

[①]《粤港澳大湾区发展规划纲要》，人民出版社2019年版，第25页。

善的现代服务业服务体系,加快建成国际金融中心。

第三,加快培育和发展海洋经济。海洋经济是全球一流湾区建设的重要标志,纽约湾区、东京湾区、旧金山湾区的海洋经济都十分发达。一是要以中集集团、招商重工等龙头企业为重点大力发展海洋装备制造业;二是以广东核电、深能源为重点推动海洋能源产业的发展;三是以海王生物、健康元等健康产品企业为龙头培育海洋生物医药产业;四是以培育海洋金融、海事法律等为重点,加快建设国际航运中心;五是充分利用海岛、海岸等资源优势,大力培育和发展海洋旅游业;等等。

(二)有序外溢,积极推广"飞地经济"的产业链模式

所谓"飞地经济"是指合作双方一方土地紧缺,另一方土地富有,土地紧缺方利用自己的发展优势与土地拥有方协商,在对方地盘上划出一块地方,采取合作共建、产值税收分成的模式运作,推动实施产业转移,实现互利共赢的区域经济发展模式。粤港澳大湾区诸多城市普遍存在用地不足、产业转型、城市房价上涨、企业成本上升等问题,因此发展"飞地经济"十分必要。

广东省已经就"飞地经济"模式进行试点探索,深圳与汕尾合作共建"深汕特别合作区"模式取得初步成功,2011年2月18日,广东省委省政府印发了《关于深汕(尾)特别合作区基本框架方案的批复》,决定设立深汕特别合作区。2017年9月21日,广东省根据合作区存在的体制机制问题,再次印发了《中共广东省委广东省人民政府关于深汕特别合作区体制机制调整方案的批复》文件,将深汕合作区管理委员会调整为深圳市委、市政府派出机构,按照深圳经济功能区模式对城市建设、经济发展、干部管理、社会治理进行管理,将深汕合作区确定为深圳"第11区",正式完成了从合作经济模式向"飞地经济"转变,形成深圳总部、汕尾产业基地的产业链接新模式。实践证明,"飞地经济"模式对于粤港澳大湾区区域合作发展是一种全新的探索,是推动区域均衡发展的重要举措。粤港澳大湾区的香港、广州、深圳作为大湾区的核心引擎,应该主动借鉴和推广深汕特别合作区经验,全面启动"飞地经济"模式,寻求"扩圈"路径,

探索建立深河（河源）合作区、深惠（大亚湾）合作区、深湛（湛江）合作区、深汕（汕头）合作区等新型"飞地"，发挥粤港澳大湾区的辐射带动作用。

（三）拆除藩篱，推动市场要素加快融合

粤港澳大湾区都市圈集群的形成只能是在市场一体化的前提下推进，尽管目前粤港澳大湾区还存在"一个国家、两种制度、三个独立关税区"的制度差异和"一个省会、两个经济特区、三个自由贸易区"的体制机制差别，但从长远战略来看，粤港澳大湾区的发展方向应该是建立更加完善的市场体系，逐步朝着市场一体化的方向发展，促进大湾区里面的生产要素能够自由便捷流动，从而达到资源在更大范围内高效配置的目的。因此，一方面要继续打破来自广东省内部的区划边界对生产要素流动的阻碍，消除阻碍各要素之间自由流动的不合理障碍；另一方面还要逐步消除广东省与香港、澳门之间生产要素流动的制度性障碍，构建以规则机制衔接为重点的制度型开放新格局。加快实现资金、技术、信息和人员的便捷流动。

四、打造内地与香港、澳门深度合作平台

粤港澳大湾区存在"一个国家、两种制度、三个关税区、三种货币"的特殊状况，严重阻碍了粤港澳三地的紧密合作，给人才、资金、科技、物资等资源的流动带来了巨大的障碍。当前要完全改变这种状况显然难度极大，只有先从空间上入手，通过建立一些双方都接受的平台，逐步探索一条"一国两制"事业发展新实践的可行路径。

（一）勇立潮头，依托前海、南沙、横琴，创新粤港澳深度合作新模式

《粤港澳大湾区发展规划纲要》用了整个第十章专门阐明了共建粤港澳合作发展平台的重要性，明确提出，要"加快推进深圳前海、广州南沙、珠海横琴等重大平台开发建设，充分发挥其在进一步深化改革、扩大开放、促进合作中的试验示范作用，拓展港澳发展空间，推动公共服务合作

共享，引领带动粤港澳全面合作"①。为落实《粤港澳大湾区发展规划》的具体要求，2021年9月5日和9月6日，中共中央、国务院分别印发了《横琴粤港澳深度合作区建设总体方案》和《全面深化前海深港现代服务业合作区改革方案》。

第一，前海："二个一"模式。所谓"二个一"模式，是指突出前海引擎作用，打造一个全面深化改革创新试验平台、一个高水平对外开放门户枢纽。②前海之所以能够在一片海滩上通过填海建设成为我国对外开放的"尖兵"，成为特区中的"特区"，最大原因在于其拥有像纽约、曼哈顿一样的区位条件。与曼哈顿类似，前海一边连接伶仃洋并且直通珠三角河口，另一边通过深圳湾连接深圳河并与香港毗邻，因此能够在粤港澳大湾区中脱颖而出。前海从14.92平方千米扩容到120.56平方千米，更有利于发挥引领作用。粤港澳大湾区建设要积极发挥前海的区位优势、政策优势和体制机制优势，紧紧抓住前海扩容扩区机遇，以更大力度对接香港，加快与香港深度合作，促进香港经济进一步稳定繁荣，为我国"一国两制"事业发展探索一条新路子。

第二，横琴："四个新"模式。横琴的"四个新"就是要按照《横琴粤澳深度合作区建设总体方案》要求，发展促进澳门经济多元的新产业，建设便利澳门居民生活就业的新家园，构建与澳门一体化高水平开放的新体系，健全粤澳共商共建共管共享的新体制。③横琴位于粤港澳大湾区湾头区域，特别是港珠澳大桥开通后，横琴成为毗邻澳门、连接香港的重要桥头堡。要紧紧抓住国家出台《横琴粤澳深度合作区建设总体方案》的重大机遇，在横琴106平方千米的土地上，不断探索两地共商共建共管共享新体制，为我国"一国两制"实践提供横琴模式。

第三，加快打造南沙粤港澳全面合作示范区。南沙有着与前海、横琴同样优越的区位条件，位于粤港澳大湾区地理中心位置，空间上占有独一无二的优势，与香港、深圳、广州等核心引擎城市都保持差不多相等距

---

① 《粤港澳大湾区发展规划纲要》，人民出版社2019年版，第50页。
② 《全面深化前海深港现代服务业合作区改革开放方案》，《人民日报》2021年9月7日。
③ 《横琴粤澳深度合作区建设总体方案》，《人民日报》2021年9月6日

离。近年来，南沙基本上与深圳实现海陆全面对接。南沙要紧紧抓住粤港澳大湾区发展机遇，推进与香港、澳门深度合作，争当"广深联动"的探路先锋，加快建设大湾区国际航运、金融和科技创新功能承载区，力争成为高水平对外开放的门户，[①]为我国"一国两制"实践探索作出南沙贡献。

（二）敢吃螃蟹，依托河套深港科技创新合作区，探索深港科技深度合作新模式

《粤港澳大湾区发展规划纲要》提出："支持港深创新及科技园等重大创新载体建设，支持落马洲河套港深创新及科技园和毗邻的深方科创园区建设，共同打造科技创新合作区，建立有利于科技产业创新的国际化营商环境，实现创新要素便捷有效流动。"[②]《中共中央国务院关于支持深圳建设中国特色社会主义先行示范区的意见》也指出："加快深港科技创新合作区建设，探索协同开发模式，创新科技管理机制，促进人员、资金、技术和信息等要素高效便捷流动。"[③]因此，当前要在继续推进深圳前海、广州南沙、珠海横琴重大平台建设的基础上，重点加快建设河套深港科技创新合作区，将其建设成为粤港澳大湾区国际科技创新中心的核心引领，深港两地科技创新产业的领头羊。

河套深港科技创新合作区的建设意义十分重大，战略价值极高。

第一，率先探索粤港澳大湾区体制机制衔接方式。河套深港科技创新合作区恰好就横跨深港区域之间，是个像孤岛一样的独立空间，虽然面积比较小（不到1平方千米），但如果能够顺利建成，可以趋利除弊，给两地制度衔接带来意想不到的效果。有利于进一步发挥粤港澳大湾区"一国两制"的制度红利，也有可能形成港澳特别行政区和经济特区"双特"叠加的体制机制示范效应，形成"两地一机制"的制度效应，成为粤港澳大湾区体制机制和"一国两制"新实践的创新示范区。

---

① 《粤港澳大湾区发展规划纲要》，人民出版社2019年版，第52页。
② 《粤港澳大湾区发展规划纲要》，人民出版社2019年版，第55页。
③ 《中共中央国务院关于支持深圳建设中国特色社会主义先行示范区的意见》，人民出版社2019年版，第6页。

第二，率先探索粤港澳大湾区科技创新资源聚合机制。构建河套深港科技创新合作区可以在金融与科技结合、科技与产业结合、产业与人才结合、人才与载体结合之间找到新路子，建立一套在现代市场经济条件下充分利用全球科技创新资源的制度规范体系，实现各类资源和要素的高效集聚与辐射，形成粤港澳大湾区的科技创新发展动力源，由点到线，由线及面，形成从河套深港科技创新合作区到广深港澳科技创新走廊再到国际科技创新中心的发展路径。

第三，率先探索粤港澳大湾区科技创新产业培育模式。建设河套深港科技创新合作区，除要突出香港融入国家发展大局，突出服务国家总体发展战略，强化关键领域的重大技术攻关外，还要强化创新产业布局和发展。主要围绕新一代信息技术、生物医药、人工智能、机器人、金融科技、新材料等领域开展技术攻关，重点发展电子信息、软件、集成电路、互联网、创意产业、多媒体、电子商务、新能源和生物医药等产业，进一步创新深港两地合作方式，推动企业、政府、研究机构之间的协同合作，以河套深港科技创新合作区为核心，探索"创新链部署产业链，产业链布局创新链"的新模式，① 建立一个横跨两地的科技创新产业发展轴。

重点要加大开放力度，加强体制机制衔接，一是探索类似于自由贸易港的自由科技港政策。香港属于自由港，可争取国家给予类似于自由贸易港的自由科技港政策，即实现科技人员（不分国籍）、科技资金、科技项目、科技实验设施、科技交易市场等自由进入，在合作区探索实施针对外籍高科技人才和香港居民"一线放开、二线管住"，针对深圳和内地科技人员"一线管住、二线放开"的管理制度，实行优化组合，打造开放层次更高、营商环境更优、辐射作用更强的科技创新高地。二是推进深港两地规制衔接。将河套深港科技创新合作区设计为深港科技合作的"超级联系人"，作为双向开放的平台，让深圳与香港形成"你中有我，我中有你"的科技联系，为内地与香港更紧密合作提供示范。三是由河套深港科技创

---

① 习近平：《在深圳经济特区建立40周年庆祝大会上的讲话》，《人民日报》2020年10月15日。

新合作区的开发建设带动整个河套地区的开发，使深圳河两岸成为粤港、深港以及粤港澳大湾区合作的样板。四是将沙头角中英街纳入河套深港科技创新合作区统一规划，扩大深港科技合作试点范围。

专栏 5—2 河套深港科技创新合作区简介

河套地区开发的提出由来已久，谭刚、张玉阁在《港深都会——从理念到行动》一书中就比较详细地阐明了港深河套开发的问题和方案。① 政府层面也一直在研究河套地区的开发，2017年出台的《深化粤港澳合作推进大湾区建设框架协议》中，明确提出支持深港创新及科技园建设，优化跨区域合作创新模式；2019年出台的《粤港澳大湾区发展规划纲要》把深港科技创新特别合作区作为支撑粤港澳大湾区发展的重要平台；2021年国务院发布的《中华人民共和国国民经济和社会发展第十四个五年规划和2035年远景目标纲要》提出，推进深圳前海、珠海横琴、广州南沙、深港河套等粤港澳大湾区重大合作平台建设。

河套深港科技创新合作区位于深港河套地区，源于因深圳河治理而形成的一块"飞地"，深圳河通过裁弯取直使原本属于深圳河北侧位于深圳的一块地变成了深圳河以南位于香港的地块，保留的老水道加上新河道形成了对这块飞地的分割包围，在深港之间形成了四面环水、两地共占的特殊地块。该片区主要由香港方和深圳方共同组成，香港方大概占地 0.87 平方千米，目前已经确定建设成为港深创新及科技园；深圳方涵盖河套 C 区和福田保税区，河套 C 区占地面积约 1.67 平方千米，具体范围包括北至滨河大道，南临深圳河，西至广深高速，东至华强南路，包括皇岗口岸、福田口岸以及周边配套功能区，福田保税区面积为 1.35 平方千米。

资料来源：参与相关课题研究时实地调研取得。

---

① 谭刚、张玉阁：《港深都会——从理念到行动》，中国经济出版社 2009 年版，第 346—373 页。

五、加快建成"一带一路"重要支撑

粤港澳大湾区的提出对于推进"一带一路"建设意义重大,有利于我国构建开放型经济新体制。《粤港澳大湾区发展规划纲要》在第九章专门阐述了"一带一路"建设的具体举措,要求粤港澳大湾区要"加快构建开放型经济新体制,形成全方位开放格局,共创国际经济贸易合作新优势,为'一带一路'建设提供有力支撑"①。

(一)将粤港澳大湾区建成"一带一路"的重要枢纽

如果我们将视线聚焦到粤港澳大湾区伶仃洋东西两岸的连接上,将会发现,港珠澳大桥的开通不仅推动了东西两岸的联接,而且对于粤港澳成为"一带一路"的支撑意义相当重大。因为,粤港澳大湾区不仅可以充当海上丝绸之路的强大枢纽,而且还可以进一步充当我国陆上丝绸之路的重要节点。据此,粤港澳大湾区至少有可能会形成以下3条丝路通道:一是海上通道,即出南海过马六甲海峡连通欧非(这是在铁路极不发达、海运极其强大的情况下的最优选择)。二是陆上通道,即在铁路高度发达的前提下,通过伶仃洋西岸通向广西、云南、缅甸进入南亚地区,从陆路上形成与周边各国的联系。三是海陆空通道,即以北部湾为出海口,以高铁将重庆连通,以重庆和成都为节点,以汉中为门户,连通关中,形成我国中西部走向"一带一路"的新通道。同时,通过规划和建设粤港澳大湾区与东南沿海西部的高铁运输和空中运输,增加通往全球的国际航班,完善中国通往东南亚和南亚的高铁网,加强与云南、重庆中欧班列等枢纽的连接,形成从粤港澳大湾区出发,连通欧非等世界各地的交通运输网络体系。

(二)充分发挥港澳在"一带一路"的中介联系作用

具体来说,就是要重点发挥香港、澳门在"一带一路"建设中的中间

---

① 《粤港澳大湾区发展规划纲要》,人民出版社2019年版,第44页。

联系人和天然枢纽作用。一是充分发挥香港"天然枢纽"的作用。众所周知,香港与印度过去同属英国殖民地,在中国第一次鸦片战争后,英国、印度、香港(中国)形成了密切的三角贸易关系,即英国将工业品运往印度,从印度种植鸦片等毒品销往中国,再将中国的茶叶等产品通过香港运往英国,从多次往返交易中赚取高额利润。[①] 由于殖民地原因,英国、印度和香港在语言、贸易习惯、法律制度等方面形成了密切的经济关系,有着一定的连接。我们可以借助香港的国际化平台,积极组织"一带一路"合作论坛,到"一带一路"沿线国家举办展览、产品博览会等,推动香港和内地企业共同参与"一带一路"建设。二是发挥澳门在葡语国家中的桥梁作用。目前全世界说葡语的国家只有8个,占全球人口的2%,虽然国家和人口数量不多,但这些国家大都处于"一带一路"沿线上。因此我们可以进一步发挥澳门在葡语国家中的联系优势,为"一带一路"建设添砖加瓦。

六、建设美丽湾区和优质生活圈

优质生活圈最早是在2008年12月公布的《珠江三角洲地区改革发展规划纲要(2008—2020年)》(以下简称《珠三角规划纲要》)中提出的,这份文件提出"共同建立绿色大珠江三角洲地区优质生活圈"的思路。之后,国家以及粤港澳各级政府在多种公开的文件中都提到要建设"优质生活圈"。例如,在《珠江三角洲环境保护一体化规划(2009—2020)》中就提到要打造绿色大珠三角优质生活圈;2012年粤港澳三地政府还联合发布了《共建优质生活圈专项规划》,并提出了生态环境保护、发展绿色交通等合作思路;2016年3月公布的《中华人民共和国国民经济和社会发展第十三个五年规划纲要》又一次提出要支持共建大珠三角优质生活圈。[②] 总体来说,优质生活圈包含的面比较广,它不仅仅是指生态环境方面,还包

---

① 马克思:《资本论》,人民出版社1975年版,第829页。
② 王珺、袁俊主编:《粤港澳大湾区建设报告》,社会科学文献出版社2018年版,第222—223页。

括绿色生活方式、提高区域生活质量等。因此建设优质生活圈，本质上要求发挥粤港澳大湾区各城市的共同力量，建设环境优美、绿色低碳的优质生态环境共同体。

第一，借鉴国际一流湾区经验，建立跨区域共治机构和制度。东京都政府针对东京湾的水质问题建立了包括多个城市在内的联防联控机制，美国旧金山湾区在治理空气质量方面，成立了由区域内的所有城市共同组成的"空气质量管理委员会"。粤港澳大湾区建设优质环境生活圈也应该借鉴这些一流湾区的成功经验，一是要尽快组建跨区域的共治机构，形成联防联控的环境防治能力，例如，由粤港澳大湾区所有城市参加并成立空气管理和水治理的民间组织机构，开展大气和水污染的共同治理；二是要推动建立跨区域生态合作法律法规，特别是要在填海与海岸线保护、湿地保护、河流治理、大气污染治理等方面形成专项立法，并逐步建立区域共同执法手段；三是要加强规划建设，强化环境功能区划分，严控填海圈地，保护湾区水体，形成湾区海岸带互联互通的休闲廊道；四是要将深圳河的治理列入大湾区重点工程。深圳河是深圳经济特区和香港特别行政区的界河，干流河长约14千米，集水面积达312.5平方千米，60%在深圳一侧，40%位于香港。[①] 针对深圳河防洪能力差和污染严重的情况，深港双方政府自1982年以来就不断开展联合治理，经过近30年的努力，深圳河的防洪能力得到了较大提高，深圳河河口至莲塘口岸河段的防洪水平已经由治理前的5年一遇标准提高到目前的50年一遇标准，河水水质也得到了明显改善。同时，河岸景观也得到不断提升。但由于50年一遇标准相对深圳经济社会发展还是偏低，深圳河的水质也并没有得到完全恢复，深圳河的合作治理还需要进一步延续。建议深港两地政府进一步加强合作，制定连通深圳湾和沙头角湾的海水倒灌具体实施方案，在不影响红树林生态的情况下，将深圳河建设成为全球知名的景观河。

第二，加大环境治理力度，建设"水绿天蓝"美丽湾区。由于粤港澳

---

① 数据由深圳市水务局提供。

大湾区由"9+2"个城市组合而成,香港、澳门与内地存在着不同的制度和法律,文化认知上也存在较大差异,三地在环境治理方面形成共同体的难度相对来说比较大。可以先从空气、水污染治理入手,逐步加大粤港澳大湾区整体环境治理力度。一是分类实施空气质量达标管控。统一制定大湾区空气质量标准,定期公布各城市达标的情况,树立一批能够比肩一流湾区的标杆城市,找出差距,优先解决重点区域突出的大气污染问题,严控燃煤消费总量,严格机动车和船舶尾气治理,加强扬尘污染控制,使粤港澳大湾区的空气质量尽早赶上世界一流湾区。二是以流域为主体实施水污染重点治理。全面推行"河长制",加强水质提升的基础设施建设,建立以断面水质为管理目标、以排污许可制为核心的水污染治理目标管理模式,推动建立东江、西江、北江、珠三角河网等跨界流域的联防联控。三是强化近海海域水体环境治理。推进"蓝色海湾"治理行动,全面清理非法以及不合理的入海排污口,完善排污口设施,规范所有入海口排污行为,探索入海口排污总量控制和排污权交易制度,对于其他所有引起海水污染污染源,包括港区和船舶污染物,要严控入海,保护和提升海水的干净度。四是加强对饮用水水源的保护,合理配置供水资源,优化调整供水水源布局,促进粤港澳大湾区水资源合理利用和供给格局优化。

第三,推动低碳发展,推广绿色生产生活方式。一是打造形成粤港澳大湾区基于绿色的高端产业体系,打造世界级现代产业集群。一方面要在继续推动传统产业升级,淘汰规模小、污染大、能耗高和产出低的企业的同时,加大升级传统工业园区的改造力度,将一些老旧工业园区改造成为循环经济型产业园区,减少碳排放,尽快实现碳达峰。另一方面,培育大湾区内更加环保的新兴产业和发展动力,鼓励民间资本和技术投向生态环境保护项目,鼓励金融机构在风险可控的前提下支持生态建设项目。二是加快构筑大湾区内的绿色低碳生活方式。出台粤港澳大湾区绿色生活行动准则,加大生态低碳生活宣传力度,倡导环保出行和消费,将粤港澳大湾区建设成为国家乃至世界一流的绿色生活典范区域。发挥市场机制作用,依托广州、深圳碳排放交易所等现有的交易平台探索建立汽车排放等更多环保产品的交易中心,逐步建立粤港澳大湾区统一的、以汽车移动物为标的的排放权交易市场,大力推广应用新能源汽车,将粤港澳大湾区建设成为世界新能源汽车使用最多的都市圈地区,尽快率先实现碳达峰、碳中和目标。

第六章　沪杭甬大湾区

早在 2003 年，浙江省就提出了《环杭州湾产业带发展规划》。2017 年 6 月，浙江省委在省第十四次党代会上明确提出要实施大湾区战略，"谋划实施'大湾区'行动纲要，重点建设杭州湾经济区，加强全省重点湾区互联互通，大力发展湾区经济"[①]。2019 年 12 月，中共中央、国务院发布了《长江三角洲区域一体化发展规划纲要》，2021 年 7 月，《中共中央国务院关于支持浦东新区高水平改革开放打造社会主义现代化建设引领区的意见》发布，将长三角一体化上升为国家重大战略，并指出："大力推进大湾区大花园大通道大都市区建设。"[②] 本章将依此对长三角一体化与大湾区建设进行分析，提出推动长三角一体化与大湾区战略的对策建议。

第一节　沪杭甬大湾区建设的基本条件

虽然，《长江三角洲区域一体化发展规划纲要》已经提出推进大湾区建设，但是对于该湾区的名称和区域的划定还没有得到一致认定[③]。对于

[①] 《坚定不移沿着"八八战略"指引的路子走下去　高水平谱写实现"两个一百年"奋斗目标的浙江篇章》，2017 年 6 月 19 日，见 https://zj.zjol.com.cn/news/674717.html。

[②] 《长江三角洲区域一体化发展规划纲要》，人民出版社 2019 年版，第 16 页。

[③] 到目前为止，国家层面的"大湾区"专项规划还没有出来。

该湾区，目前大致有浙江大湾区、沪杭甬大湾区和上海杭州湾区等多种称呼。笔者以沪杭甬大湾区称呼之，并不意味着要完全羁绊于已有的传统，而是出于对地理空间的延续与尊重，进一步打破行政壁垒的阻碍。称之为沪杭甬大湾区，并不排除其他任何称呼，毕竟内容比形式更重要，只是以地理名称来称呼，更加有助于区别于粤港澳大湾区，体现长三角一体化与大湾区的特点。

一、沪杭甬大湾区的范围界定

相对于粤港澳大湾区传统的"河口"特质，杭州湾是典型的湾区形态（如图6-1所示）。① 从地理上，杭州湾位于浙江省北部、上海市南部，东临舟山群岛，西有钱塘江注入。② 结合前面第三章对湾区和湾区经济的定义，考虑到环杭州湾城市群发展的情况，我们认为，沪杭甬大湾区的核心部分应该包括三大部分：杭州湾、太湖和长江入海口，形成"一湾、一湖、一口"的组合，主要由围绕杭州湾、太湖湾、长江口的城市组成，包括上海、杭州、宁波、嘉兴、绍兴、舟山、苏州、无锡、湖州、常州、南通等11个城市，并由核心部分带动辐射整个长江三角洲区域一体化中心区域。之所以如此界定沪杭甬大湾区的范围，主要是基于：一是上海本来就属于杭州湾区，拥有天然的地理优势。如果我们按照杭州湾的整个地理结构和湾区经济的形成来观察，上海正好处于北拥长江及入海口、南抱杭州湾的"拥江抱湾"重要位置，有如纽约湾区的曼哈顿，恰好位于长三角的出海口位置，又是连接国际国内两个市场的重要节点。因此我们将上海以及长江口周边城市都纳入沪杭甬大湾区范围符合本书对湾区经济的定义。2021年7月15日，中共中央、国务院发布《中共中央国务院关于支持浦东新区高水平改革开放打造社会主义现代化建设引领区的意见》，与深圳一样，上海浦东再次勇立潮头，成为中国改革开放和现代化建设的领

---

① 参见中国海洋出版社出版的《中国海湾志》，该书将粤港澳大湾区确定为"河口"，将杭州湾确定为"湾区"。

② 中国海洋志编纂委员会：《中国海湾志（第五分册）》，海洋出版社1992年版，第1页。

跑者。二是太湖湾周边城市已经融入到了杭州湾城市群。太湖湾周边的城市究竟要不要划入沪杭甬大湾区？这是目前大家争议的焦点。本书将他们都归入到大湾区，主要是因为太湖本身的身份就是"泻湖",① 本地人也有"海的儿子"的说法。既然其祖宗是"海"，与杭州湾本来就是一体，在确定沪杭甬大湾区范围时就应该让其认祖归根。所以本书将太湖湾区周边城市苏州、无锡、湖州一并划入沪杭甬大湾区。不仅如此，从湾区经济发展的状况看，太湖周边城市已经与上海、杭州等湾区城市形成了2小时都市生活圈，形成了"制造业＋互联网＋现代服务业"产业链与创新链融合体系，与上海、杭州等城市一起共享湾区的港口、公共服务、交通设施等资源，共同组成大湾区城市群。三是此范围仅仅代表大湾区核心区和目前湾区发展状况，随着长三角区域一体化体制机制进一步完善，城乡区域协调发展格局基本形成，科创产业融合发展体系基本建立，基础设施互联互通基本实现，生态环境共保联治能力显著提升，公共服务便利共享水平明显提高。② 杭州湾大湾区核心区域可以进一步延伸到整个长三角区域一体化中心区。

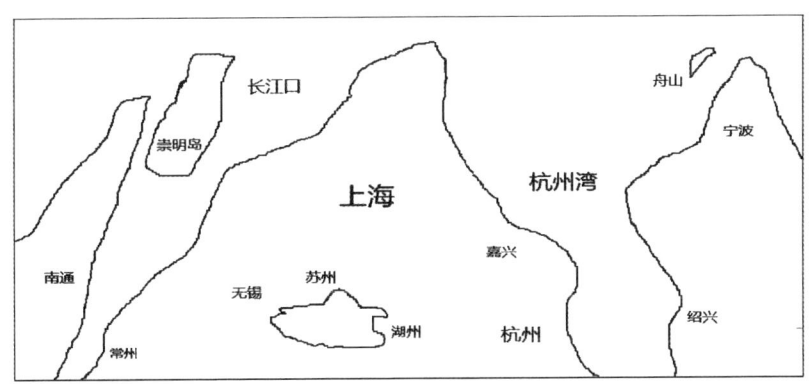

图 6-1　杭州湾大湾区示意图 ③

---

① 参见 1979 年版《辞海》。据科学考证记载，太湖原来是一个大海湾，由于长江、钱塘江泥沙的冲击，长江三角洲不断向东延伸，海湾因被泥沙淤积成的沙坝所封闭才形成了目前的太湖，并且逐年被雨水淡化成淡水湖，这是当前太湖成因的一种主流说法。
② 《长江三角洲区域一体化发展规划纲要》，人民出版社 2019 年版，第 13—14 页。
③ 图 6-1 由申琳绘制。

二、沪杭甬大湾区的发展基础

（一）优越的地理区位位置

一是湾区资源十分丰富。拥有包括杭州湾、太湖湾及周边湾区在内的湾区群。按照《中国海湾志》记载，杭州湾的范围，东起上海市南汇县芦潮港至镇海区涌江口，西接钱塘江河口区，北岸为杭嘉湖平原，南岸为宁波平原、三北平原。① 该湾区外宽内窄，属于东西走向的喇叭口型强潮河口型湾区，总面积大约5000平方千米，东西长90千米，湾口宽100千米，湾顶澉浦断面宽约21千米，海岸线长约为258.49千米，平均水深大约在10米左右，有些地方达到30米—40米。直接注入湾区的河流有钱塘江、曹娥江和甬江，形成三江入海的态势。② 二是区位条件十分优越。位于东亚地理中心和中国大陆沿海的海岸线中段，东亚航线要冲，地处长江的入海口，中国沿海经济带的"心脏"地带，是长江经济带、长三角城市群、"一带一路"等多重国家战略的交汇点。沪杭甬大湾区在地理上直面东海以及远东地区，一直是我国走向世界的重要枢纽，是中国了解世界的重要窗口。其中，宁波作为我国"一带一路"的重要起始点，一直就是我国沿海重要的港口重镇，由于位于中国沿海中部，又与长江和京杭大运河相连，所以我国大量丝绸和瓷器就通过宁波运往世界各地，特别是唐朝的海上贸易直达日本、朝鲜、东南亚、阿拉伯及东非海岸。宋朝以后，上海在我国海上丝绸之路的地位变得更为重要，一直是我国联系海外的重要窗口。三是拥有较为理想的大陆冲积平原，工业化、城市化条件优越。其北岸为以上海为核心的长江三角洲和杭嘉湖平原，南岸是宁波和三北平原，东边通过上海与长江经济带连接，西边通过宁波直达浙江沿海发达城市，形成了以上海、杭州、宁波三座著名城市为核心的"三角"区域经济体系。③ 平原为主、水系发达是该区域的重要特征，正是平原和水路构成了长江三角洲生存和发展的基础，形成各种制造业和服务业的集聚地，重构移民人

---

① 中国海湾志编纂委员会：《中国海湾志（第五分册）》，海洋出版社1992年版，第1页。
② 中国海湾志编纂委员会：《中国海湾志（第五分册）》，海洋出版社1992年版，第1—4页。
③ 中国海湾志编纂委员会：《中国海湾志（第五分册）》，海洋出版社1992年版，第2页。

群的优质生活栖息地，衍生出生生不息的生命体和不断壮大的城市，推动三角洲地区与长江经济带融合发展，成为长江经济带的重要引领。

（二）开放的经济体系

2019 年沪杭甬大湾区地区生产总值达到了 12.9 万亿元，略高于粤港澳大湾区，占全国国内生产总值约 13%以上，如果与粤港澳大湾区相加则可占到中国 GDP 的 24%左右。而沪杭甬大湾区的土地面积有 78249.54 平方千米，比粤港澳大湾区略大，占全国土地面积的 0.8%，也就是说，沪杭甬大湾区利用全国 0.8%的土地产生了 13%的地区生产总值，湾区经济的集聚效应显而易见。

沪杭甬大湾区位于我国沿海前沿，一直以来都是我国对外开放的门户，尤其是上海，自始至终就是我国开放的门户，一是上海早在 20 世纪 30 年代就已经成为我国国际经贸中心、商业中心、金融中心、交通枢纽和文化重镇。90 年代随着浦东开发新区的建立和开发开放，上海更是成为我国对外开放的重要经济中心，2000 年以来一直是我国金融中心、航运中心、科技中心等。二是自由贸易区建设成为上海全面开放的新品牌。1990 年 9 月，上海探索设立了我国第一个保税区，即占地面积为 10 平方千米的外高桥保税区；2004 年 4 月，国务院批准在上海外高桥物流园区建立全国第一家保税物流园区；2005 年 12 月，国务院正式批准洋山保税港区为我国第一家保税港区，初步形成了面向欧美的分拨配送基地、大宗商品产业基地和面向国内的进口贸易基地等；2010 年 9 月，浦东机场保税区正式运营；2013 年 8 月 22 日，国务院正式批准上海设立总面积为 28.78 平方千米的自由贸易区，按照 2013 年 9 月 27 日国务院批准的《中国（上海）自由贸易试验区总体方案》和 2013 年 9 月 29 日上海市人民政府令第 7 号公布的《中国（上海）自由贸易试验区管理办法》，上海自由贸易区作为我国第一家自贸区担负着扩大开放的重要使命，在深化金融领域开放，推动金融、航运、商贸、专业服务、文化和社会服务等六大领域的扩大开放，成为我国对外开放高地；2014 年 12 月 28 日，国务院决定推广上海自由贸易试验区的经验，自由贸易区试点范围增加了陆家嘴、金桥、张江三个片区,面积则直接增加 91.94 平方千米达到 120.72 平方千米,上海成为我国开放水平最高的自由贸易区。①三是外资企业已经成为上海经济发展的重要力量。上海市政府发布的相关统计数据显示,2019 年外商直接投资实际到位金额 190.48 亿美元,在上海投资的国家和地区达 188 个,在上海落户的跨国公司地区总部累计达到 720 家。其中,亚太区总部 116 家;外资研发中心 461 家。2019 年又新增跨国公司地区总部 50 家。其中,亚太区总部 28 家,外资研发中心 20 家。②

(三) 丰富的港口资源

沪杭甬大湾区港口资源十分丰富。主要港口有:上海港、宁波舟山港、苏州港、嘉兴港、杭州港、绍兴港、常州港、南通港、无锡港等。2015 年以前,上海港不仅是中国最大的港口,还是世界排名第一的港口,但由于宁波、舟山港口合并,加之浙江的湾区经济发展迅速,宁波舟山港后来居上超过上海港,成为全国第一大港口(如表 6-1 所示)。从表中我们可以看出,仅从货物吞吐量来分析,沪杭甬大湾区的宁波舟山港、上海港和唐山港占据了全国前三名,宁波舟山港已经稳居全国第一。说明其港口资源和运输能力仍然位于全国前列。

表 6-1 2019 年全国港口货物吞吐量排名

排名	港口	吞吐量(万吨)	增速(%)
1	宁波舟山港	112009	7.9
2	上海港	71677	0
3	唐山港	65674	3.1
4	广州港	60616	12.6
5	青岛港	57736	6.6
6	苏州港	52275	−1.7

---

① 辽宁商务厅:《我国现有 11 个自由贸易区试验区》,《共产党员》2017 年第 16 期。
② 资料来源:《2019 年上海统计公报》,2020 年 3 月 9 日,见 http://tjj.sh.gov.cn/tjgb/20200329/05f0f4abb2d448a69e4517fa6448819.html。

续表

排名	港口	吞吐量（万吨）	增速（%）
7	天津港	42220	4.1
8	日照港	46337	6
9	烟台港	38632	15.8
10	大连港	36641	4.3

资料来源：中港网，2020年1月21日，见 https://www.sohu.com/a/368222901_237762。

如果我们从全球或全国港口集装箱吞吐量排名来看，沪杭甬大湾区的集装箱港口也是位于全国或全球前列的（如表6-2所示），从表中我们可以看出，2019年，上海集装箱吞吐量4330万标箱，远大于深圳的2577万标箱，而且稳居全国第一和世界第一。相比之下，虽然粤港澳大湾区的深圳港、香港港和广州港的集装箱吞吐量从总量上与沪杭甬大湾区的上海港和宁波舟山港之和基本相当，但从增速来看，沪杭甬大湾区的上海和宁波舟山港的增速均高于深圳、香港，说明沪杭甬大湾区的港口发展潜力更大，协调合作效力比粤港澳大湾区更强。同时，由于宁波舟山港增速较快，已经超过深圳港成为第二大集装箱港口，成为我国货物吞吐量第一，集装箱吞吐量第二的港口，沪杭甬大湾区的港口已经全面超过粤港澳大湾区。

表6-2 2019年全国港口集装箱吞吐量排名

排名	港口	吞吐量（万T标箱）	增速（%）
1	上海	4330	3.07
2	宁波舟山港	2753	4.48
3	深圳	2577	0.12
4	广州	2283	5.6
5	青岛	2101	8.75
6	天津	1730	8.06
7	厦门	1112	3.93
8	大连	876	−10.34

续表

排名	港口	吞吐量（万T标箱）	增速
9	苏州	627	−1.42
10	营口	548	−15.56

资料来源：搜航网，2020年5月8日，见 http://www.sofreight.com/news_44789.html。

（四）一流的都市圈集群

沪杭甬大湾区拥有由杭州湾区和长江入口所形成的"W"形城市空间分布形态，构筑"一核三圈"的大都市圈相互促进的都市圈集群。"一核"是指上海市。与粤港澳大湾区龙头城市争论不休不同，上海作为国际经济中心、金融中心、贸易中心、航运中心和科技创新中心城市，在大湾区中是公认的核心城市，具有不可替代的龙头带动作用，以上海为龙头形成的大都市圈自然担当大湾区的核心引擎作用。①"三圈"主要指：一是以杭州为中心的杭州都市圈。主要由杭州、湖州、嘉兴、绍兴组成，总面积为34585平方千米，该区域已经实现了铁路、公路等基础设施的互联互通，建立了以市长联席会议为核心的协调机制，正在建成国际电子商务中心、全国云计算和大数据产业中心、物联网产业中心、互联网金融创新中心、智慧物流中心、数字产业中心等智慧产业集群，杭州正在成为沪杭甬大湾区经济的核心引擎。二是以宁波为引领的宁波都市圈。通过高效整合宁波、台山和舟山三地的湾区资源，高起点建设浙江舟山群岛新区和江海联运服务中心等重点项目，促进三地海港资源优化整合，以宁波为引领加快建设全球一流的航运中心，基本形成以宁波为中心的湾区都市圈发展。②三是苏锡常都市圈。主要是指围绕太湖湾区形成的苏州市、无锡市和常州市都市圈，总面积约1.9万平方千米。江苏省于2002年5月出台了第一个苏锡常都市圈

---

① 《长江三角洲区域一体化发展规划纲要》，人民出版社2019年版，第15页。
② 参见中共中央、国务院2019年12月发布的《长江三角洲区域一体化发展规划纲要》。纲要指出，"推动上海与近郊区域及苏锡常都市圈联动发展"，"推动杭州都市圈与宁波都市圈的紧密对接和分工合作"。

规划《苏锡常都市圈规划（2001—2020）》，《长江三角洲城市群发展规划》也明确提出要发展苏锡常都市圈。近年来，南通市与苏锡常都市圈的过江通道不断增加，交通连接更加便利，有可能进一步形成"苏锡常通城市群"。总之，这三个都市群互相联系，互为补充，共同发展，正在形成以上海为龙头，以杭州、宁波、苏州为核心引擎的超大都市圈集群。

在这个都市圈集群里面，正在形成一批我国大城市和超大城市。其中，上海作为我国超大城市和一线城市，2017年GDP首次突破3万亿元，2019年达到3.8万亿元，2021年有可能突破4万亿元大关，逐步追赶东京和纽约两市，是世界知名的全球城市和世界一流城市、国际金融中心和航运中心。杭州、宁波、苏州、无锡等城市已经发展成为我国二线城市，杭州环境优美，经济发达，正在向国际化大都会和国家一线城市迈进。正是这种"港口群+产业群+城市群+创新群"湾区经济的叠加效应，推动大湾区不断发展。

表6-3 沪杭甬大湾区城市群概况

城市	地区生产总值（2019年、亿元）	总面积（平方千米）	常住人口（万人）	GDP增速（%）
上海	38155.32	6340	2428.14	6.0
杭州	15373.05	16596	1036.0	6.8
宁波	11985.12	9816	854.2	6.8
苏州	19235.8	8488.42	1074.99	5.6
无锡	11852.32	4628	659.15	6.7
绍兴	5780.74	8279	505.7	7.2
嘉兴	5370.32	3915	480	7.0
舟山	1372	1440.12	117.6	9.2
湖州	3122.4	5818	302.7	8.0
常州	7400.90	4385	473.6	6.8
南通	9383.39	8544	731.8	6.2
总计	129031	78249.54	8662.77	

资料来源：各城市2020年政府工作报告。

(五) 广阔的内陆腹地

湾区经济的一个重要特点就是海陆联动,即通过海陆联动形成并带动广大腹地,推动区域经济从不均衡向均衡发展。沪杭甬大湾区也是如此,该湾区依托核心城市上海向海外拓展的同时,积极主动带动长江经济带的快速发展。上海在这个都市圈中成为名副其实的核心,因为它既是向海的起点,又是长江的终点,正是这优越的地理位置成就了上海的全球城市地位。据此,我们以上海为核心,并以长江经济带为重点形成弯弓型的辐射态势。其辐射范围主要包括:一是长江经济带,即沿长江两岸附近依靠长江水道带动而形成的经济带。我国对长江经济带已经制定了《长江经济带发展规划纲要》,这一区域主要涵盖上海、江苏、浙江、安徽、江西、湖北、湖南、重庆、四川、云南、贵州等11个省市,依托长江黄金水道,利用上海、重庆和武汉等湾口、河口城市的核心引领作用,形成长江三角洲城市群、长江中游城市群和成渝城市群。① 二是依托沿海湾区群形成沿海经济带。从沪杭甬大湾区往江苏方向主要有海州湾区(连云港),往浙江方向则有台州湾、温州湾等湾区,尽管这几个湾区目前还没有形成沪杭甬大湾区的发展规模,但是其湾区经济形态基本上还是存在的。例如温州湾就形成了以温州市为核心的开放型区域经济,其中温州港是浙江省的第二大港口,海运可直达全国沿海城市,北距上海592.6千米,宁波405.59千米,南到福州351.88千米,厦门727.84千米,对外已开通到日本、朝鲜、中国香港、巴基斯坦等国家和地区的国际航线,对内与广东、福建、上海等地区港口联系密切,② 并且通过港口运输带动了温州工业发展。因此,沪杭甬大湾区除依托沿长江经济带辐射以外,还有可能形成沿海经济辐射圈,即以沪杭甬大湾区为核心,以海州湾、台州湾和温州湾为左右翼,构筑"一核两翼"的湾区经济发展态势。

---

① 王倩倩:《长江经济带高新技术产业集聚对出口复杂度的影响研究》,上海工程技术大学,硕士论文,2020年。

② 中国海湾志编纂委员会:《中国海湾志(第六分册)》,海洋出版社1992年版,第192页。

第二节 沪杭甬大湾区建设的战略意义与定位

《长江三角洲区域一体化发展规划纲要》指出,长江三角洲地区是我国经济发展最活跃、开放程度最高、创新能力最强的区域之一,在国家现代化建设大局和全方位对外开放格局中具有举足轻重的战略地位。[①] 长江三角洲包括上海市、江苏省、浙江省、安徽省全域,面积达到35.8万平方千米。[②] 设立沪杭甬大湾区,形成长三角区域一体化的紧密层和核心引擎,对于引领带动长三角地区高质量发展,完善国内国际双循环发展新格局的空间布局,意义十分巨大。

一、战略意义

(一)提升城市竞争能力,支撑国内国际双循环

从国际大循环看,经济全球化趋势依然没有改变,各大经济主体之间经济依然互相依存,同时却面临着比以往更为激烈的竞争,贸易保护主义有所抬头,区域化现象更加严重,尤其是中美等大国之间贸易摩擦将越来越频繁,竞合关系将成为两国的主线。随着工业化城市化的进一步深化,这种竞争将更加体现在各国城市群之间。为此,发达国家都通过建立一种超越单个城市、以湾区为核心的都市圈集群来提升本国的竞争能力。例如,世界经济总量第一的美国充分发挥东海岸湾区的作用,依托东海岸湾区将波士顿、纽约、费城、巴尔的摩、华盛顿5大都市和40多个中小城市组合成世界一流的、实力超级强大的"波士华"都市圈集群(第八章第一节将有详细介绍);世界总量排名第三的日本则依托东京湾区,面向太平洋建立东京、大阪、名古屋都市圈集群,通常被称为东海道城市群,

---

[①] 《长江三角洲区域一体化发展规划纲要》,人民出版社2019年版,第2—3页。
[②] 《长江三角洲区域一体化发展规划纲要》,人民出版社2019年版,第3页。

形成了从千叶向西，经过东京、横滨、静冈、名古屋到京都、大阪、神户的超大城市群，城市群总面积约占日本国土的6%，人口约占全国总人口的61%，工业产值约占全国总产值的65%，该都市圈集群布局了全日本80%以上的金融、教育、出版、信息和研究开发机构，区域辐射半径达500千米，是普通都市圈（一般辐射半径50千米）辐射半径的10倍。[①]中国目前经济总量已经位列世界第二，如果还依照以前的城市化发展思路，走小城镇发展道路或者分散城市化发展道路，显然难以匹敌发达国家城市群，必然要组建自己的都市圈集群来迎接全球新的竞争与挑战。经过40多年的改革开放，我国已经形成了自己的城市群体系，以长三角、珠三角、环渤海为代表的城市群经济正在成为中国的主导力量，然而，各城市群中城市之间的融合度还远远不够，碎片化现象仍然比较严重，缺乏具有"港口群＋产业群＋城市群＋创新群"叠加效应的湾区都市圈集群，难以与上述世界一流都市圈集群竞争。当前，我国在东南沿海已经布局了粤港澳大湾区，正在形成以港深、广佛、珠澳为核心引擎的都市圈集群，引领泛珠三角区域参与世界竞争，形成国内国际双循环的重要支撑。但是对于我们这样的经济总量和经济大国，仅此一个湾区都市圈集群显然还不够，需要在长江三角洲城市群的基础上再设立沪杭甬大湾区城市群，利用大湾区的空间形态组建国家参与世界都市圈竞争的另一艘航空母舰。

如果我们将长三角与珠三角进行对比，可以发现，国家对两区域分别推出了对等的发展规划和方案，泛珠三角一体化对应长三角区域一体化，深圳先行示范区对应上海浦东引领区，前海对应上海自贸区，唯独粤港澳大湾区缺少一个对应经济体。因此，通过大湾区建设，可以提升长三角区域规划能级，推动区域城市之间资源互补，促进资源在更大范围内实现优化配置，构建更大范围的城市经济组织来参与全球经济竞争，从而提升国家的整体国际竞争能力。

[①] 秦尊文等：《长江经济带城市群战略研究》，上海人民出版社2018年版，第22页。

（二）提升区域协调能力，引领全国高质量发展

中共中央、国务院在发布《长江三角洲区域一体化发展规划纲要》中多次强调大湾区建设的重要性，例如，第三章第一节就提出要"大力推进大湾区大花园大通道大都市区建设"①，第三章第二节特别提到要"加强都市圈合作互动，高水平打造长三角世界级城市群。推动上海与近沪区域及苏锡常都市圈联动发展，构建上海大都市圈"。"推动杭州都市圈与宁波都市圈的紧密对接和分工合作，实现杭绍甬一体化。"② 第五章第一节中提出要"围绕提升国际竞争力，加强沪浙杭州湾港口分工合作"。由此说明，围绕沪杭甬大湾区形成湾区城市群与长三角区域一体化重大战略不仅不矛盾，反而更有利于引领长三角区域协调发展，加快实现长三角区域一体化的战略目标。一是带动示范作用。长江三角洲城市一体化本身就是依托大湾区应运而生，包括的范围要比沪杭甬大湾区大得多，长江三角洲区域主要包括上海市，江苏省、浙江省、安徽省全域，总面积35.8万平方千米。中心区涵盖上海市，江苏省的南京、无锡、常州、苏州、南通、扬州、镇江、盐城、泰州9个城市，浙江的杭州、宁波、温州、湖州、嘉兴、绍兴、金华、舟山、台州9个城市，安徽的合肥、芜湖、马鞍山、铜陵、安庆、滁州、池州、宣城8个城市，总面积22.5万平方千米。③ 而沪杭甬大湾区包括上海、浙江和江苏11个城市，面积只有7.8万平方千米。长江三角洲区域一体化不仅涵盖沪杭甬大湾区，而且是后者的3倍，城市也比沪杭甬大湾区要大得多。与粤港澳大湾区带动示范泛珠三角区域高质量协调发展一样，沪杭甬大湾区也将在推动长三角区域一体化方面发挥较大的带动示范作用。二是核心引擎作用。作为长三角一体化的一部分，沪杭甬大湾区将担负着"一带一路"的重要枢纽、引领科技创新等国家战略任务，但由于沪杭甬大湾区更加体现"拥海抱湾合群"的湾区经济特征，湾区的向心力作用会促使它们之间形成更加紧凑的城市群经济体，更加容易形成

---

① 《长江三角洲区域一体化发展规划纲要》，人民出版社2019年版，第16页。
② 《长江三角洲区域一体化发展规划纲要》，人民出版社2019年版，第18页。
③ 《长江三角洲区域一体化发展规划纲要》，人民出版社2019年版，第3页。

"港口群+产业群+城市群+创新群"的叠加效应,各种要素的融合度相对更高,更容易促进各种资源配置的优化和区域协调发展,成为长三角区域一体化的核心引擎。

(三)提升要素聚集能力,占领科技创新制高点

我国科技产业发展目前仍然处于受制于人的状态,原因在于原始科技创新能力不够,创新链不完善,某些产业的核心技术不在我们手中,例如芯片制造、生物医药等。如果我们再不奋起直追,仅满足于"世界工厂"而不去占领科技创新制高点,做强做实科技产业链,很可能还会遇到更多的比"中兴通讯事件"①更为严重的后果。可以想象的是,若干年以后,如果我们的芯片制造和生物医药技术还不能有明显的进步,我们的芯片、医疗器械以及部分药物仍然需要从美国进口或者专利购买,我们将有可能陷入更加严重的危机之中,脖子将被人家卡得更加牢实。因此我们必须要以第四次工业革命为契机,占领以基础研究带动的科技创新制高点,而不是仅仅停留在以应用研究为主的科技创新。推动长三角一体化和大湾区建设将有利于聚集科技资源要素,集中优势资源打一场科技创新"阵地战",从根本上打破西方的科技垄断。上海具有进行国家关键科学技术攻关的基础,有一流的大学、实验室和专家、张江综合性国家科学中心等,一直处于我国基础科技创新的前列,2018年又提出了建设具有全球影响力的科技创新中心目标,确定要在国家重大基础研发项目、关键核心技术和重大工程项目的研发等方面成为国家龙头;杭州则保持了新经济的优势,并具有国际影响力的"互联网+"的独特优势。江苏正在建设具有国际影响力的产业科技创新中心。只有把各地的优势进行组合,形成湾区科技创新的叠加优势,我们才能有可能走出被"卡脖子"的困境,在未来全球科技竞争中占有一席之地,站上世界科技产业的制高点。

---

① 美国特朗普政府借中兴通讯违反美国禁令为由,禁止美国企业向中兴通讯出售包括芯片在内的零部件,导致中兴停产,被迫接受"最终协议",并交纳了巨额罚款。"中兴通讯事件"的根本原因还在于我国核心技术被西方国家"卡脖子"。

二、战略定位

按照《长江三角洲区域一体化发展规划纲要》的战略定位,长三角一体化要成为:全国发展强劲活跃增长极,全国高质量发展样板区,率先基本实现现代化引领区,区域一体化发展示范区,新时代改革开放新高地。到 2025 年,长三角要在科创产业、基础设施、生态环境、公共服务等领域基本实现一体化发展,全面建立一体化发展的体制机制。[①] 为了实现长三角一体化的目标定位,沪杭甬大湾区要积极发挥核心引擎和湾区都市圈优势,在金融引领、科技创新中心、改革开放新高地等方面发挥引擎作用。

(一) 全球高端要素集聚的一流世界级大都会

全球经济发展经验表明,湾区是全球高端要素集聚地。沪杭甬大湾区也不例外,他们将与美国纽约湾区、旧金山湾区、日本东京湾区、粤港澳大湾区等世界一流湾区一样,依托上海、杭州、宁波等大城市促进金融、贸易、航运、科技和高端产业等加快集聚,建设国际金融中心、国际贸易中心、国际航运中心和国际科技中心,形成优质资源快速向世界范围内合理流动的集散基地,建设成为以上海为龙头,辐射长三角、带动全中国、面向全世界的资源配置中心,成为中国首屈一指的国际大都会。

(二) 全球有影响力的国际金融科技中心

美国的几大湾区有着明显的分工,旧金山形成了全球有影响力的科技中心,纽约形成了全球有影响力的国际金融中心。我国的粤港澳大湾区携香港、深圳、广州等地的优质科技资源提出了建设国际科技创新中心的目标。作为我国另一个重要湾区,以上海为龙头的沪杭甬大湾区不仅具备建设国际金融中心的基本条件,而且完成了"上海跨国金融公司总部+杭

---

① 《长江三角洲区域一体化发展规划纲要》,人民出版社 2019 年版,第 11—12 页。

州互联网+宁波风险投资"的科技金融资源的空间布局①(如表6-4所示),与粤港澳大湾区存在"三种货币"相比,沪杭甬大湾区不存在城市之间资本流动的制度性障碍。因此,沪杭甬大湾区应该充分利用上海金融中心和跨国公司龙头作用,发挥杭州互联网新经济的资本倍加效应,进一步促进宁波风险投资资金集聚,以科创板为平台,建成具有全球影响力的国际金融科技中心。

表6-4 沪杭甬大湾区与粤港澳大湾区金融创新资源主要城市分布对照表

粤港澳大湾区		沪杭甬大湾区	
香港	国际金融中心、跨国公司、世界百强大学、证券交易所、高端人才和国家实验室、自由贸易港	上海	国际金融中心、跨国公司、证券交易所及科创板、大学集聚地、高端人才和国家研究机构、国家经济中心
深圳	证券交易所及创业板、区域金融中心、华为、腾讯等创新企业	杭州	新互联网新经济代表、大学集聚地、区域金融中心
广州	区域金融中心、大学集聚地、贸易和商品交易中心	宁波	区域金融中心、风险投资

资料来源:根据各相关城市的《政府工作报告》或《施政报告》整理而得。

(三)国家"一带一路"建设和新一轮对外开放的重要引擎

中国共产党第十九次全国代表大会报告中提出,"要以'一带一路'建设为重点,坚持引进来和走出去并重,遵循共商共建共享原则,加强创新能力开放合作,形成陆海内外联动、东西双向互济的开放格局"②。十九届五中全会通过的《中共中央关于制定国民经济和社会发展第十四个五年规划和二○三五年远景目标的建议》指出,立足国内大循环,以国内大循

---

① 2018年4月19日到21日期间,上海在世界进口博览会期间发布了《全球科技创新中心》评估报告,从38个国家中评出了世界全球科技创新中心百强城市,上海、杭州等沪宁杭大湾区城市分别位列第17和77名。

② 《决胜全面建成小康社会 夺取新时代中国特色社会主义伟大胜利——在中国共产党第十九次全国代表大会上的报告》,人民出版社2017年版,第34页。

环吸引全球资源要素,充分利用国内国际两个市场两种资源,积极促进内需和外需,进口和出口,引进外资和投资协调发展,促进国内国际双循环。① 无论是"陆海联动""东西互济",还是"国内国际双循环",沪杭甬大湾区都处在最核心的位置。因此沪杭甬大湾区要继续坚定不移地走在全国前列,充分发挥其长江经济带出海口和亚太区域重要国际门户的作用,成为新时代中国对外开放的新引领。不仅如此,沪杭甬大湾区更要站在国家"一带一路"建设的高度,重新审视自己在国家开放战略中的角色,除了继续扮演世界经济和中国经济的重要推动者之外,更要扮演"一带一路"建设的排头兵和龙头引领者。沪杭甬大湾区作为我国最早开放的地区之一,已经形成了以上海为核心,杭州、宁波、苏州等城市共同组成的世界一流都市圈,是中国城市化程度最高、交通最发达、活力最强的地区,完全有可能在"一带一路"沿线资金融通、设施联通以及"走出去"等方面发挥更大作用,成为"一带一路"建设的核心枢纽。

(四) 长江三角洲区域一体化的核心引擎

总体来看,长江三角洲辐射带动区域应该至少有五个层次。一是上海都市圈,主要是指上海市以及周边区域;二是以上海为龙头的沪杭甬大湾区,即本书所指出的"一湾、一湖、一口"区域,包括上海、杭州、宁波、苏州等 11 个城市;三是长江三角洲一体化中心区,主要涵盖上海、浙江、江苏、安徽等省市的 27 个城市②,该城市群早在 1976 年就被"城市群"研究之父——法国地理学家让·戈特曼(Jean Gottmann)列为世界六大城市群之一;③ 四是长江三角洲全域,包括上海市、江苏市、浙江省、安徽省全域;五是长江经济带,主要指沿长江形成的城市群,是我国目前最大的城市区域,横跨上海、江苏、浙江、安徽、湖北、湖南、

---

① 《中共中央关于制定国民经济和社会发展第十四个五年规划和二〇三五年远景目标的建议》,人民出版社 2020 年版,第 16 页。
② 《长江三角洲区域一体化发展规划纲要》,人民出版社 2019 年版,第 3 页。
③ 秦尊文等:《长江经济带城市群战略研究》,上海人民出版社 2018 年版,第 39 页。

江西、重庆、四川、贵州、云南等九省二市,经济总量几乎占全国一半,其中,上海、重庆、苏州、武汉、成都、杭州 GDP 都进入了国家前十名,人口也是全国区域板块中最密集的。① 在这五个层次中,沪杭甬大湾区处于核心引擎的位置,一方面,利用入海口的重要区位带动长江经济带对外开放,形成开放引领的发展动能;另一方面,利用杭州湾和太湖湾的集聚优势,提供高质量发展示范,推动长江三角洲城市群一体化发展。

第三节　沪杭甬大湾区与纽约湾区国际金融中心比较

如果我们将沪杭甬大湾区与纽约湾区比较,有很多相似之处。纽约湾区的龙头城市纽约市和长三角的龙头城市上海市之所以都能够成为世界知名的大都市,一个得益于哈德逊河(纽约的母亲河),另一个得益于长江(中国的母亲河)经济带;纽约湾区有纽约国际金融中心作为支撑,沪杭甬大湾区则有上海国际金融中心作基础;纽约湾区正在形成纽士华大都市圈,沪杭甬大湾区则正在构建长三角一体化大都市圈。因此,本节将纽约与上海在国际金融中心建设方面的差异略作比较,由点窥面,为大湾区建设国际金融中心提供借鉴和启示。

一、国际影响

根据 2020 年 9 月英国智库 Z/Yen 集团和中国国家智库综合开发研究院共同发布的第 28 期全球金融中心指数排名,纽约再次以 770 分高分占据了榜首,伦敦以 766 分获得第 2 名,上海则以 748 分超过东京 1 分的微

---

① 张志强、李肖:《论水土保护在长江经济带发展战略中的地位与作用》,《人民长江》2019 年第 1 期。

弱优势勇夺第3名（如表6-5所示）。① 从排名中可以看出，尽管同样受到疫情冲击，中国的进步是非常明显的。在这次排名中，中国有上海、香港、北京、深圳四个城市上榜，虽然纽约和伦敦继续排在前二位，但上海正在奋起直追，分数快速上升，首次进入全球三甲。

表6-5 第28期全球金融中心指数排名及得分

中心	排名	得分
纽约	1	770
伦敦	2	766
上海	3	748
东京	4	747
香港	5	743
新加坡	6	742
北京	7	741
旧金山	8	738
深圳	9	732
苏黎世	10	724

资料来源：《全球金融中心最新排名》，《时代财经》2020年9月，见 https://xw.qq.com/cmsid/20200926A04yp100。

如果对上海与纽约的排名进行纵向比较，两者的总体实力差距从2018年以来正在明显缩小。2018年第24期，上海在全球金融中心排名首次进入前5名，改写了伦敦、纽约、香港、新加坡、东京长期占据前5名的历史，并逐步接近纽约的排名。第25期、第26期继续排名第5，第27期进入前4名，2020年第28期终于进入前3名。

全球金融指数排名包括商业环境、人力资本、基础设施、金融业发展水平、声誉等分项指标。从分项指标排名的情况看，纽约稳居各项指标前列。上海有三项指标比较出色，上海金融业发展水平上升较快，进入到第3名；商业环境指标进步也相当快，进入到第9名。

---

① 石恩泽：《完成史诗级"大跨步"，上海跻身全球金融中心前三甲》，《时代财经》2020年9月，见 https://xw.qq.com/cmsid/20200926A04yp100。

表 6–6　第 28 期全球金融中心指数分项指标排名及得分

排名	商业环境	人力资本	基础设施	金融业发展水平	声誉
1	纽约	纽约	纽约	纽约	纽约
2	伦敦	伦敦	伦敦	伦敦	伦敦
3	香港	香港	东京	上海	新加坡
4	日内瓦	卢森堡	新加坡	新加坡	香港
5	芝加哥	新加坡	香港	香港	东京
6	新加坡	巴黎	旧金山	法兰克福	上海
7	阿姆斯特丹	芝加哥	斯德哥尔摩	苏黎世	日内瓦
8	北京	东京	马德里	北京	北京
9	上海	北京	波士顿	旧金山	苏黎世
10	苏黎世	洛杉矶	温哥华	巴黎	多伦多

资料来源：《全球金融中心最新排名》，《时代财经》2020 年 9 月，见 https://xw.qq.com/cmsid/20200926A04yp100。

特别是"营商环境"排名显著提高。从第 22 期排名第 71 名上升到第 28 期的第 9 名，说明近年来上海城市金融的营商环境得到了极大改善，尤其是上海在 2018 年 4 月发布了《关于提升金融信贷服务水平优化营商环境的意见》之后，通过推进金融服务创新，提升金融信贷服务水平，营商环境得到较大改善。

根据 2019 年科尼尔《全球城市营商环境指数》排名显示，上海排名 48，是我国除香港、北京以外城市排名最靠前的城市（如表 6–7 所示），上海的营商环境确实在不断进步。①

但是，由于基础设施和人力资本两项，上海还没有进入前 10 名，说明与纽约还有较大的差距，上海建设金融中心的"硬实力"还需要进一步提升。

---

① 谭刚、申勇等主编：《粤港澳大湾区核心引擎的深圳探索》，中国社会科学出版社 2020 年版，第 203 页。

表 6-7　2019 年科尼尔《全球城市营商环境指数》50 强名单

排名	城市	排名	城市	排名	城市	排名	城市	排名	城市
1	纽约	11	阿姆斯特丹	21	首尔	31	蒙特利尔	41	北京
2	伦敦	12	洛杉矶	22	休斯敦	32	西雅图	42	米兰
3	东京	13	悉尼	23	维也纳	33	迈阿密	43	罗马
4	巴黎	14	斯德哥尔摩	24	亚特兰大	34	大阪	44	布拉格
5	旧金山	15	慕尼黑	25	布鲁塞尔	35	费城	45	台北
6	新加坡	16	华盛顿	26	哥本哈根	36	杜塞尔多夫	46	莫斯科
7	波士顿	17	墨尔本	27	都柏林	37	巴塞罗那	47	华沙
8	芝加哥	18	多伦多	28	达拉斯	38	香港	48	上海
9	苏黎世	19	法兰克福	29	温哥华	39	名古屋	49	布达佩斯
10	柏林	20	日内瓦	30	马德里	40	凤凰城	50	特拉维夫

资料来源：科尼尔：《全球城市营商环境指数》，2020 年 6 月 26 日，见 https://wenku.baidu.com/view/2c1570015122aaea998fcc22bcd126fff6055dd3.html。

二、国内地位

纽约是美国金融中心，集聚全球最重要的金融机构。2017 年纽约大都会金融保险业的产值达到了 2834.57 亿美元，年增长 3.7%，占到全美国的 20.7%，可见纽约金融仍然在美国经济中占有重要地位。图 6-2 和图 6-3 是美国统计部门公布的 2017 年金融、信息等 5 个重要部门在美国经济中的比重。如果放到纽约来看，其中信息业占 8%，金融、保险、租赁业占 32%，专业商务占 13%，教育、健康、社会救助业占 9%，政府和政府企业占 11%，其他则占 27%。如果放到美国全国来看，则情况有所变化，其中信息产业比重下降到 5%，金融、保险、租赁产业比重下降到 21%，专业商务保持在 12%，教育、健康、社会救助也基本没变，仍然是 9%，政府和政府企业则略微提高到 12%，其他则上升到 41%。由此可见，金融业在纽约的集聚性和引领性作用相对来说比较明显，其在纽约的地位明显高于在美国整个国家中的地位。

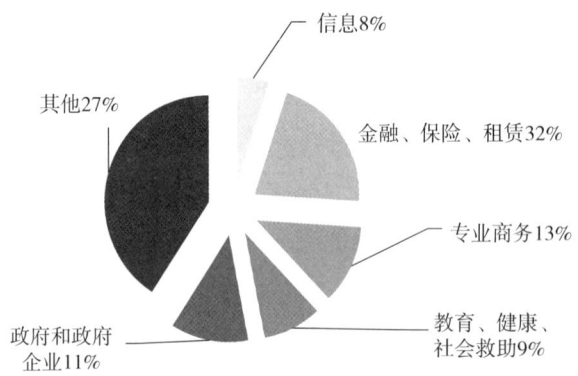

图 6-2 纽约 5 大产业占比情况

资料来源：美国相关统计网站。

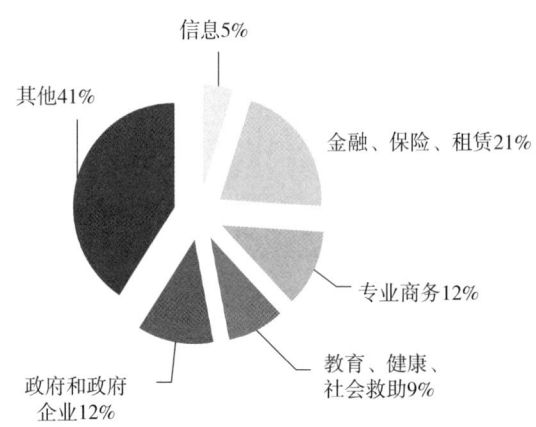

图 6-3 美国 5 大产业占比情况

资料来源：美国相关统计网站。

上海金融业在上海经济中同样有重要位置。据统计，2019 年实现金融业增加值 6600.60 亿元，比 2018 年增长 11.6%，占整个上海 GDP 的比例超过 17%（但比纽约金融业在纽约市的占比少近 15%），基本形成了包括股票、债券、货币、外汇、商品期货、金融衍生品、黄金、产权交易市场等在内的全国性金融市场体系，2019 年金融市场交易总额达到 1934.31 万亿元，比 2018 年增长 16.6%，上海证券交易所总成交额 283.48 万亿元，比 2018 年增长 7.1%，2019 年上海期货交易所总成交金额 112.52 万亿元，比上年增长 19.3%，2019 年保险公司原保险保费收入 1720.01 亿元，比 2018 年增长 22.4%。2019 年持牌金融机构新增 54 家，"沪伦通"、沪深 300ETF 期权及股指期权、长三角一体化 ETF、天然橡胶期权等金融创新产品成功推出，金融在国民经济中的地位不断增强。[1]

三、区域合作

一方面，纽约湾区因为金融中心而著称，曼哈顿的华尔街作为世界一流金融公司的集聚地，集中了世界金融、证券、期货、保险等行业的精英，是金融衍生工具最佳创新地。由于纽约营商成本相对较高，与新泽西形成了前、后台的金融服务分工与合作，大量金融机构后台操作工作转移到新泽西，纽约承担了大量的诸如前台服务、总部服务、客户服务等工作。另一方面，纽约湾区的金融中心的形成还得益于湾区区域产业分工，新泽西州和康涅狄格州中的湾区城市承担了传统工业和制造业分工，使纽约能够集中精力发展金融为引领的高端服务业。

相对来说，上海已经成为区域国际金融中心龙头，国际影响力正在日益增大，已经集中了一大批国内国际优秀的金融公司和人才，聚集了金融产业发展的各种要素和产业链条。在区域合作方面，与杭州、苏州、无锡等城市形成产业分工协作，金融服务分工也正在日益明确。但由于人民币在国际的地位和法律等方面的客观原因，上海与周边湾区城市的金融服务业合作与纽约比仍然有一定的差距。

四、几点启示

尽管金融业对于上海经济成长发挥了支柱作用，但与纽约等国际金融

---

[1] 《2019 年上海市国民经济和社会发展统计公报》，2020 年 3 月 9 日，见 http://tjj.sh.gov.cn/tjgb/20200329/05f0f4abb2d448a69e4517f6a6448819.html。

中心相比，上海仍然有一定差距，建设国际金融中心仍然需要继续努力。一是金融在两国国民经济中的作用有差距。从占比上我们可以看出，纽约金融业在地区生产总值中占比30%以上，在全国占比20%以上，占有不可动摇的核心地位。上海的金融业虽然在地区生产总值中占比超过17%，且呈现上升势头，但与纽约比仍然有不小的差距，需要进一步提升金融业在经济发展中的比重。二是集聚度和开放程度有差距。纽约之所以能够成为世界一流的国际金融中心，是因为聚集了大量国际一流的金融公司总部、大量的金融精英、大量的客户群和品牌效应，包括摩根士丹利、高盛、纽约证券交易所、美国国际集团等世界著名的金融机构总部；相对纽约国际金融中心，上海吸引全球优秀企业和交易机构的数量和质量还远远不够，未能形成全球知名的国际化品牌。从金融从业人员来看，上海虽然拥有200多万金融人才，但国际顶级人才却还不够。需要进一步提升集聚度和品牌效应。三是服务水平和营商环境还有一定的差距。纽约有完整的金融信贷服务体系，包括交易前、中、后各个环节的投融资服务。除拥有世界一流的金融机构外，还拥有世界一流的金融咨询公司、律师及会计师事务所、信息服务、评级机构等一整套专业服务机构。上海金融机构的建设有待进一步完善，其他辅助系统和专业服务机构的建设还需要继续提升。因此，沪杭甬大湾区要建设成为国际金融中心，必须继续发挥上海金融中心的核心引擎作用，借鉴纽约湾区成功经验，推动大湾区大中城市深度融合，推动现代服务业与先进制造业深度融合，推动大数据经济与实体经济的深度融合，提升金融业参与全球资源配置和竞争能力，增强对国家经济发展的影响力和贡献率。

第四节　沪杭甬大湾区建设的重点方面

《长江三角洲区域一体化发展规划纲要》对长三角一体化提出了很高的要求与定位，即全国发展强劲活跃增长极，全国高质量发展样板区，率先基本实现现代化引领区，区域一体化发展示范区，新时代改革开放新高地。① 定位清晰但任重道远，作为长三角一体化核心层，沪杭甬大湾区要先行示范，争当核心引擎。本节将重点围绕国际金融中心、国际科技创新中心、世界一流都市圈集群、基础设施互联互通等方面，提出上海为龙头，国际金融中心为引领，国际科创中心为引擎，一流都市圈集群为平台，基础设施互联互通为支撑的大湾区发展思路。

一、加快建设优势互补的国际金融中心

中国已经成为全球第二大经济体，正在迈向社会主义现代化强国，如果没有1—2个国际金融中心作为支撑，显然难以完成从大国向强国的转变。早在1992年国家就提出了上海要建设国际金融中心的重大战略，2009年国务院又发布了《关于推进上海加快发展现代服务业和先进制造业建设国际金融中心和航运中心的意见》，明确提出2020年上海要建成国际金融中心；2021年7月15日，中共中央、国务院发布《中共中央国务院关于支持浦东新区高水平改革开放打造社会主义现代化建设引领区的意见》，再次提出要建设"全球资源配置的功能高地""打造上海国际金融中心"②。因此沪杭甬大湾区要主动承担新时代我国国际金融中心建设引领者的重任，积极借鉴纽约、东京和旧金山等国际一流湾区的成功经验，充分利用上海金融中心的资源，推动杭州、宁波、苏州区域性金融服务中心建设，构建"一核、三副、多点"的全球有影响力的国际金融中心。

（一）加快建设世界一流的上海国际金融中心

将上海建设成为沪杭甬大湾区金融中心体系的核心城市，重点是要依托长三角一体化和大湾区经济实力，将其建设成为与大湾区经济实力以及人民币国际化地位相适应的国际金融中心。一是要强化金融质量建设，将

---

① 《长江三角洲区域一体化发展规划纲要》，人民出版社2019年版，第12页。
② 《中共中央国务院关于支持浦东新区高水平改革开放打造社会主义现代化建设引领区的意见》，《人民日报》2021年7月16日。

上海建设成为全球人民币基准价格形成中心、资产定价中心和支付清算中心。① 二是要加强国际顶尖金融机构集聚,建设跨国金融机构亚太区的功能性总部,吸引更多国际金融机构将总部设在上海,打造全球顶尖金融机构总部云集的金融引领区,同时要加快制定金融人才引进政策,推动全球顶尖金融人才和研究机构到上海从业。三是要进一步提高金融科技发展水平。充分利用5G、大数据、人工智能、区块链、云计算等信息技术,推动金融与科技深入融合,促进金融科技产业加快发展,提升上海在全球金融发展中的竞争能力。四是要着力优化金融服务营商环境。要充分利用上海证券交易所和期货交易功能,吸引国际优秀科技企业上市,大力发展法律、商务、信息等金融中介,为大湾区其他城市提供优质的金融服务。

(二) 加快建设杭州、宁波、苏州国际金融副中心

杭州本身具备建设区域金融中心的潜质和能力,尤其是其互联网新经济带来的创新服务将为杭州建设区域性金融中心注入难以想象的活力。一是要紧紧抓住当前金融科技快速发展的机遇,突出科技金融发展,利用互联网大数据、云计算、物联网等技术优势为沪杭甬大湾区的中小企业和消费者提供优质安全的互联网金融服务。二是要充分利用区域中心的地理特征,借鉴上海国际金融中心建设的成功经验,培育有利于金融企业成长的营商环境,加大金融市场开放力度,吸引国内外金融机构总部和功能性金融机构总部在此集聚发展,吸引国内外优秀金融人才落户杭州,加快建成长三角一体化和大湾区国际金融副中心。

宁波作为国家计划单列市和国家海洋经济试点城市,近年来,积极主动地发展风险投资和布局海洋金融等特色金融,取得了显著的成效。为了加快建设长三角一体化和大湾区国际金融副中心,宁波要充分发挥宁波—舟山港快速发展优势,吸引国内外风险投资机构和中小金融机构总部,以及地方性金融机构总部集聚,主动服务南岸中小科技企业,形成杭州湾大湾区南岸金融中心。

---

① 王振等:《长三角协同发展战略研究》,上海社会科学出版社2018年版,第160页。

苏州要充分利用其在太湖湾区的区位优势和中心地位，加强与无锡金融行业合作，主动接受上海的金融中心辐射，推动国家金融后台服务基地建设和金融服务外包示范区建设，积极探索吸引境外金融机构设立分支机构甚至总部的方法，加大对来苏中小境外企业的金融服务力度，打造太湖湾区金融服务中心以及长三角一体化和大湾区金融副中心。

(三) 促进各金融中心差异化、特色化和协同化发展

除了加快形成"一个核心、三个副中心"格局以外，大湾区其他城市也应该积极参与国际金融中心建设，依托地方的特色金融建设国际金融中心节点城市，开展地方性的特色金融业务。在国际金融中心建设过程中，各城市要充分发挥各自特长，主动对接上海国际金融中心这个核心，形成差异化、特色化发展，构建有核心、有支撑、有腹地的国际金融服务体系，形成面向世界经济、引领全中国、服务长三角的国际金融网络。

二、加快建设具有全球影响力的国际科技创新中心

《长江三角洲区域一体化发展规划纲要》要求，到 2025 年，长三角一体化区域协同创新体系基本形成，成为全国重要创新策源地。其中，研发投入强度达到 3% 以上，科技进步贡献率达到 65%，高技术产业产值占规模以上工业总产值比重达到 18%。① 沪杭甬大湾区作为长三角一体化的核心紧密层，具有相当丰富的科创资源，上海是全国原始创新策源地，杭州数字经济引领全国，宁波风险投资发展正盛，苏州科创产业加快集聚。为此，在长三角区域一体化建设科技创新中心过程中，要紧紧抓住世界科技革命新潮流，发挥各城市科技创新资源优势，遵循湾区经济发展规律，按照港口经济—产业经济—现代服务经济—创新经济的湾区发展全过程的演变，加快形成"港口群+产业群+城市群+创新群"的叠加效应，建设成为长三角一体化科创经济发展核心引擎。

---

① 《长江三角洲区域一体化发展规划纲要》，人民出版社 2019 年版，第 13 页。

(一) 进一步强化科技创新的基础研究，建成国家原始创新策源地

目前我国与世界上科技发达国家的差距不是简单的科技创新企业数量上的差距，而是产业背后的核心技术原始研发的差距，导致被西方国家在核心关键技术上"卡脖子"。例如，我们能够生产出一流的手机和机床，有领先全球的5G技术，却不具备芯片研发和制造能力，不得不接受西方断供的现实，产业链供应链受到极大威胁。沪杭甬大湾区要主动站出来，加快建成科技创新策源地，打破产业链供应链断链困境。

一是充分发挥上海、杭州研究型大学和国家实验室优势，推进上海综合性国家科学中心建设，培育一批能够承担国家重大科研的科学家和院士，聚焦量子信息、光子与微纳电子、网络通信、人工智能、生物医药、现代能源等重大领域，建设国家重大科学研究装置和平台，[①] 列出"卡脖子"清单，集中突破一批"卡脖子"核心关键技术。二是推动大湾区与全球科技资源的交流和共享，加快建立原始科技成果转化机制，推动科技成果在大湾区自由流动和转化，共建科技成果集散中心和科技成果转化高地。[②] 三是加强立法，建立严格的知识产权法律保护制度，改革现有成果认定、人才认定、课题资金使用等系列科技原始创新相关的体制机制，培育科技创新的内生动力。

(二) 大力培育科技型跨国公司和全球影响力的龙头科技企业

一是充分利用上海科创板所带来的机遇，加快建立产业引导基金，推动科技成果产业化和知识产权证券化，促进风险投资进一步加速集聚，积极培育国家级产业创新中心，吸引全球有影响力的跨国公司和龙头企业扎根大湾区。二是积极推进科创链与产业链融合，大力推进新一代信息技术产业、生物医药产业、新材料新能源产业、高端制造业、海洋产业等联合发展，形成一批能够引领世界的龙头产业和科创企业。三是建设一批国家

---

① 《中华人民共和国国民经济和社会发展第十四个五年规划和2035年远景目标纲要》，人民出版社2021年版，第14页。
② 《长江三角洲区域一体化发展规划纲要》，人民出版社2019年版，第24页。

级战略性新兴产业基地，培育分工合理、高效共建的世界级产业集群，形成一批引领全球的未来产业。

（三）建立适合科技创新中心的创新生态环境

从世界成功的科技创新中心建设经验来看，科技创新生态环境十分重要。包括：一流的居住生态环境、一流的知识产权保护制度、一流的创新生态链、一流的企业生产产业链等。一是要加强生态环境保护，加快建设绿水青山、城绿相依的美丽生态湾区，吸引全球顶尖科技人才来湾区定居，打造宜居宜业的人才湾区。二是制定实施优惠人才政策，积极改善科技人才的待遇和居住条件，提高科技人员的工资收入，吸引更多的科技人员来湾区创业。三是进一步提升公共服务水平，推动民生项目和设施跨区域共建共享，推动公共服务进一步均等化，为科技人员提供优质服务保障。

三、加快建设国际一流湾区和世界级城市群

《长江三角洲区域一体化发展规划纲要》提出，要加强都市圈间合作互动，高水平打造长三角世界级城市群。[①] 纽约、旧金山、东京湾区都是国际一流湾区和世界级城市群，粤港澳大湾区也提出要建设国际一流湾区和世界级城市群的目标。因此沪杭甬大湾区也应该借鉴国际一流湾区的成功经验，主动制定湾区城市群发展规划，建设成为全球湾区城市群发展新标杆。

（一）加快建设大湾区都市圈集群

一是加快构建上海大都市圈。按照《上海市城市总体规划（2017—2035）》和《长江三角洲区域一体化发展规划纲要》要求，利用上海位于大湾区湾口的开放引领优势，发挥上海的龙头带动作用，建立以上海为核

[①] 《长江三角洲区域一体化发展规划纲要》，人民出版社2019年版，第18页。

心的上海大都市圈，连接近沪区域和苏锡杭都市圈，形成1小时都市通勤圈，打造长三角世界级城市群，建设成为长三角一体化和大湾区城市群的核心引擎，连接国内国际双循环的重要引领。① 二是推动杭州都市圈和宁波都市圈联动发展。《长江三角洲区域一体化发展规划纲要》指出，推动杭州都市圈与宁波都市圈的紧密对接和分工合作，实现杭绍甬一体化。② 尤其要加快杭州都市圈建设，利用其湾底以及达江通海的区位优势，建设成为国内国际双循环的重要节点。三是依托太湖湾地理结构，打造环太湖都市圈。通过长三角一体化和大湾区建设，形成以上海大都市圈为核心，杭州都市圈、宁波都市圈、环太湖都市圈联动发展的世界一流湾区城市群。

（二）完善长三角一体化和大湾区发展空间布局

沪杭甬大湾区主要要形成四大辐射区：一是以上海为核心，以杭州、宁波、苏州为中心，着力构建杭州湾大湾区城市群"拥海抱湾"核心层体系，加快建成"一口、一湖、一湾"的大湾区空间格局，形成上海、宁波、杭州、环太湖四大都市圈带动的大湾区紧密城市圈。二是依托长三角城市群建设大湾区协同区，主要包括《长江三角洲区域一体发展规划纲要》提出的27个中心城市，形成湾区的带动作用，将大湾区城市群的优质功能逐步扩展到协同区，让协同区承载核心区的产业转移和飞地经济，加快产业转型升级和构建现代产业体系，与大湾区形成联动互补发展态势。三是依托长三角一体化和大湾区，辐射包括上海市、浙江省、江苏省、安徽省全域，推动区域高质量和均衡发展。四是依托长江经济带形成更广泛的辐射区。从广义看，河口经济也属于湾区经济的类型，③ 两者都处于纵横交错的水上交通的节点位置，相对来说，湾区经济更靠近海洋，而河口经济更靠近内陆。根据开放状况两者能级有所不同，如果是开放型经济状况，

---

① 《长江三角洲区域一体化发展规划纲要》，人民出版社2019年版，第18页。
② 《长江三角洲区域一体化发展规划纲要》，人民出版社2019年版，第18页。
③ 参见中国海湾志编纂委员会：《中国海湾志（十四分册上册）》，海洋出版社1991年版，前言部分。

则湾区经济的能级相对较高,而在封闭经济状况下,则河口经济的能级相对会更高些。但在国家的开放过程中,两种经济体很容易相互补充。长江经济带就是这么一种开放型经济形态,出海口是以沪宁杭为核心的湾区经济体,而长江经济带拥有大小不同的河口,可以形成不同能级的开放梯度。因此要充分发挥沪杭甬大湾区的辐射作用,推动整个长江经济带100多个城市以不同能级形成各自的都市圈,形成以武汉为中心的都市圈、以重庆成都为中心的都市圈、以长沙为中心的都市圈,以湾区都市圈带动河口都市群联动发展,形成湾区经济、河口经济互相促进的都市圈集群开放发展格局,以此促进东部地区发挥更强的引领作用,带动西部城市的区域发展,促使我国从不均衡发展向均衡发展转变,从空间上完成长三角区域布局国内国际双循环发展的新格局。

(三) 加强新型数字化大都市圈建设

《长江三角洲区域一体化发展规划纲要》要求,推动信息基础设施达到世界先进水平,建设高速泛在信息网络,共同打造数字长三角。[①] 作为长三角一体化的核心层,沪杭甬大湾区要更加主动利用上海、杭州等地通信设施、信息产业、大数据、人工智能、云计算等方面的领先优势,共同推进都市圈智慧城市建设,推进政务数据资源共建共享,围绕公共服务、公共交通、公共安全等领域共同建设城市大脑集群,以大数据为基础推进数字政府建设,解决城市之间碎片化问题,满足居民需求的多元性,增强解决疑难问题的快速可达性,提高城市风险的预见性,探索都市圈背景下超大城市数字化治理新路子。

四、加快推进基础设施互联互通

(一) 加强城市间的桥梁建设和联通

桥梁建设对于湾区建设有着举足轻重的作用。纽约湾区就十分重视桥

---

① 《长江三角洲区域一体化发展规划纲要》人民出版社 2019 年版,第 32 页。

梁建设，桥梁在推进两岸合作和湾区经济建设中发挥了重要作用。哈德逊河是纽约的母亲河，它将新泽西与曼哈顿分开并通往大西洋。为了加强与新泽西的联系，他们在哈德逊河流上就建有多座著名大桥，如塔潘奇伊大桥、韦拉扎诺海峡大桥、熊山大桥等。同时，他们还在曼哈顿东边伊斯特河（也称为东河，East River）河道上建设了多座大桥和隧道，如布鲁克林、曼哈顿、威廉斯堡、昆斯伯勒（Queensboro）、特赖伯勒（Triborough）、布隆克斯—怀特斯通（Bronx–Whitestone）和斯罗格斯·内克（Throgs Neck）几座公路桥及海尔格特（Hell Gate）铁路桥，还有公路、铁路及地铁等多条隧道。其中，位于曼哈顿中心的曼哈顿大桥、布鲁克林大桥、威廉斯堡大桥已经成为世界最著名的大桥。正是由于得天独厚、通江达海的水系和人工建造的优美桥梁，使得纽约湾区各城市加速融合，都市圈得以快速发展，成为具有全球影响力的世界级城市群。因此，沪杭甬大湾区也要主动推进桥梁和隧道建设，规划建设一批景观优美的跨江跨海大桥和隧道，通过完善崇海过江通道和沪舟甬跨海通道等，进一步推动大湾区都市圈集群加快形成。

（二）加强现代轨道交通体系建设

要加快落实《国家综合立体交通网规划纲要》，进一步加强交通连接，湾区内城市间通过建设高等级公路、城际铁路、跨省市高铁形成完整交通体系，实现各主要城市间的无缝交通对接。一是继续完善主要城市内部轨道交通建设，形成高品质的城市内部快速交通网络。二是推进城市之间的轻轨建设，加强市内轨道与周边城市连接和延伸，构建大湾区城市之间的城际铁路网络。三是加强海铁联运铁路规划和建设，实现湾区海运和铁路运输的无缝对接。四是加强长三角与粤港澳、京津冀、成渝等其他主要都市圈之间的高铁连线，积极推进长三角"三主轴二走廊"建设。[①]

---

① 《国家综合立体交通网规划纲要》，人民出版社2021年版，第13—14页。

> **专栏6—1 长三角的"三主轴二走廊"**
>
> 京津冀—长三角主轴。路径1：北京经天津、沧州、青岛至杭州；路径2：北京经天津、沧州、济南、蚌埠至上海；路径3：北京经天津、潍坊、淮安至上海；路径4：天津港至上海港沿海海上路径。
>
> 长三角—粤港澳主轴。路径1：上海经宁波、福州至深圳；路径2：上海经杭州、南平至广州；路径3：上海港至湛江港沿海海上路径。
>
> 长三角—成渝主轴。路径1：上海经南京、合肥、武汉、万州到重庆；路径2：上海经九江、武汉、重庆到成都。
>
> 大陆桥走廊。上海经南京、合肥、南阳至西安。支线：南京经平顶山至洛阳。
>
> 沪昆走廊。路径1：上海经杭州、上饶、南昌、长沙、怀化、贵阳、昆明至瑞丽。路径2：上海经杭州、景德镇、南昌、长沙、吉首、遵义至昆明。
>
> 资料来源：根据《国家综合立体交通网规划纲要》整理。[①]

（三）增强港口的全球资源配置能力

沪杭甬大湾区有海湾、有河口，也有湖湾，其港口分布比较复杂，运输方式也各不相同，海运、河运和空运相互交替和补充，长江经济带的快速发展也为大湾区地区港口提供了充足的货源，随着长三角一体化和大湾区建设的推进，建设世界领先的国际航运中心将成为大湾区的重要目标。

一是要加快建设世界级港口群。重点要进一步优化沪浙港口分工合作，进一步提升上海港和宁波舟山港运输能力，上海港口将作为国际航运中心的主力在集装箱运输方面发挥更大的潜力，宁波—舟山港口将继续利用南方矿石、煤炭等大宗散货的优势，巩固全球第一大港地位，在两大核

---

① 《国家综合立体交通网规划纲要》，人民出版社2021年版，第13—15页。

心港口的引领下，其他港口将形成合理分工、互相补充和适当竞争的协调发展新格局。二是充分提高区域运输效率。目前大湾区与长江经济带运输对接方面就存在江海独立运输的体系，产生了运输环节多，企业成本高等问题，江海联运可以打通内河运输与海洋运输之间的阻隔，实现从内河到海洋的无缝对接，提高运输效率和运输资源的有效配置，因此要通过港口集团之间交叉持股的方式，进一步加强沿海沿江港口江海联运合作。三是要进一步增加港口的国际航班，加强与"一带一路"沿线的联通，加快建设我国国内国际双循环的重要支点。四是加快建设世界级机场群。以上海、杭州为中心进一步打造世界级枢纽空港，加强航空货运设施建设，进一步提升高附加值的货物空运能力。

第七章　环渤海大湾区

随着我国相继发布粤港澳大湾区和长江三角洲区域一体化发展战略规划，环渤海大湾区逐步进入人们的视线，规划发展环渤海大湾区的呼声越来越高。相对于粤港澳大湾区和沪杭甬大湾区，环渤海大湾区不仅面积大而且覆盖的城市多，如果能够建设成为中国第三大湾区经济体，形成"港口群＋产业群＋城市群＋创新群"的叠加优势，将更有利于京津冀协同发展和首都大都市经济圈建设，推动东北经济的快速振兴，促进环渤海区域从不均衡到均衡高质量发展，对于早日建成社会主义现代化强国，实现中华民族伟大复兴中国梦意义巨大。

第一节　环渤海大湾区建设的基本条件

据有关史料记载，早在1896年8月18日，李鸿章出使英国时就开始关注到英国的工业化和湾区发展形态，当时他在英国福斯湾参观号称"天下第一桥"的福斯湾大桥时就提出了在中国环渤海建设一座大桥的设想。[①]尽管当时的经济和技术条件未能实现这一愿望，但这足以说明环渤海湾区在我国工业化城市化建设中举足轻重的地位。

---

① 帅艳华：《李鸿章的英国之行》，《文史天地》2008年第11期。

一、地理区位

严格意义上讲,环渤海是一个内海,远远大于"湾"的范围。所以我国一些湾区方面的地理书籍上没有专门谈到环渤海大湾区,但从形态上,环渤海确实是一个典型的"大湾区"。首先,渤海是典型的湾区形态,主要是因为它由辽东半岛、山东半岛和华北平原共同围绕一个共享的渤海湾形成"耳朵"形状的湾区,与美国旧金山类似,湾区形态比较明显。其次,环渤海湾区相对较"大",甚至已经超过粤港澳大湾区和沪杭甬大湾区。主要体现在以下三个方面:一是空间范围大。环渤海湾是由京津冀经济圈加上辽东半岛和山东半岛共同组成的"一圈两半岛"的大湾区空间布局,可以说是所有湾区中面积最大的,仅海域面积就有7.7万平方千米,包括的城市也相当多,特别是直辖市就有北京市和天津市,是所有湾区中直辖市最多的。二是港湾数量多。环渤海湾由渤海湾、辽东湾、莱州湾等三大海湾共同组成,并包含大连湾、金州湾、普兰店湾、董家口湾、葫芦山湾、复州湾、太平湾、锦州湾、营城子湾等,有岛屿170多个,是一个"大"的湾区群体,其中渤海湾位置最为突出,北起秦皇岛、南至沧州,形成京津冀城市群及相关腹地,建有秦皇岛港、京唐港、曹妃甸港、天津港和黄骅港等"C"形港口群。① 三是地理区位十分优越。环渤海湾区处于东北亚经济区的中心地带,东接日本、韩国等亚洲发达国家,北临蒙古、俄罗斯等国家,位于东北亚区域的中心位置,是我国东北、华北、山东走向世界的重要出海口。

二、资源禀赋

一是海洋资源十分丰富。特别是海产品相当丰富,据记载,在辽东半岛西部有大量的海产品,主要包括带鱼、黄花鱼、黄姑鱼、鲅鱼、鲐鱼、

---

① 蒋宁:《新时代下滨海新区助推环渤海湾区经济发展的路径选择》,《产业创新研究》2017年第2期。

青鱼、马面、蟹等,还有大量贝类产品、海带和海参等。二是矿产资源相当丰富。主要包括油气矿产、金矿、石墨矿、煤矿、卤水矿、石砂矿产、地热资源、玻璃砂等资源,例如在莱州湾的矿产资源就十分丰富,被称为名副其实的"黄金海岸",其黄金的储量和产量均全国第一,石油产量全国第二,有全国第二大的胜利油田,全国第一的金矿储量,① 其已经探明的矿产资源高达100多种,原油产量占到全国的40%以上,煤炭储量占到全国总储量的60%以上。② 三是可再生能源资源较为丰富。包括潮汐能、风能、太阳能等可再生资源,例如,张家口就具有较大的风力资源,某些地区的年平均有效风速超过6000小时,是我国重要的风力发电基地。四是淡水资源比较丰富。渤海湾不仅是黄河的入海口,还有小清河、潍河等几十条大小河流注入大湾区。

三、基础设施

一是港口设施齐全。由于环渤海湾是由湾区群组成的大湾区,每个小湾区都建有一定数量的港口,形成了由40多个港口组成的港口群。主要港口有:大连港、营口港、锦州港、秦皇岛港、唐山港、天津港、黄骅港、烟台港、威海港、日照港、丹东港等。其中,天津港是我国最大的人工海港,港口功能齐全,30万吨级船舶可自由进出港口,目前拥有集装箱、矿石、煤炭、焦炭、原油及制品、钢材、大型设备、滚装汽车、液化天然气、散粮、国际邮轮等各类泊位总数176个;③ 唐山港作为后起之秀,具有天然的深水港口资源,与天津港相比成本更低,目前经营煤炭、矿石、钢铁、集装箱、水泥、粮食、机械设备、汽车、木材、液化品等10

---

① 中国海湾志编纂委员会:《中国海湾志(第三分册)》,海洋出版社1991年版,第74—77页。
② 百度百科:环渤海地区,见 https://baike.baidu.com/item/%E7%8E%AF%E6%B8%A4%E6%B5%B7%E5%9C%B0%E5%8C%BA/1779752?fr=aladdin。
③ 天津港(集团)股份有限公司官网,"公司介绍",见 http://www.tianjin-port.com/port/list.asp?id=1165。

多大类产业、100多个品种的商品，2019年，吞吐量突破6亿吨，成为环渤海地区最大的货运港区（表7-1所示）。二是交通设施齐备。目前高速公路四通八达，主要由哈大高速铁路、盘营客运专线、秦沈客运专线、津秦高速铁路、津维高速铁路、维烟高速铁路和青荣城际铁路共同组成，基本形成了沿湾区的铁路线。三是机场设施一流。机场建设也是全国最发达的，北京、天津都拥有全国最出色的机场服务。作为环渤海湾区重要的枢纽航空机场，北京拥有首都国际机场、大兴国际机场、西郊机场、北京南苑国际机场、沙河机场、良乡机场等6个机场。大兴国际机场已经建成投入营运，是我国乃至全球面积最大、设施最齐全、智能化最先进的国际机场。天津也拥有天津滨海国际机场和天津塘沽机场两个重要的飞机场。

表7-1　2019年环渤海湾区主要港口吞吐量排名[①]

排名	城市	吞吐量（万吨）
1	唐山	65674
2	天津	49220
3	日照	46377
4	烟台	38623
5	大连	36641
6	黄骅	28761
7	营口	23818
8	秦皇岛	21880

四、城市群经济

环渤海城市群包含的范围非常广，城市也比较多，从目前来看，沿湾

[①]《2019年12月我国港口运行情况》，2020年3月2日，见http://www.chinaports.com/portlspnews/3899。

区主要城市包括北京、天津、唐山、沧州、廊坊、保定、秦皇岛、锦州、沈阳、鞍山、营口、大连、烟台、潍坊、威海、葫芦岛等16个城市（如图7-1所示），如果从辐射范围看，可以涵盖北京、天津、河北、山东、沈阳、吉林、黑龙江、内蒙古等省份。这些城市圈中目前最大、最发达的城市经济圈是京津冀地区。这一地区集中了我国两大直辖市北京和天津，是我国三大城市经济圈之一。如表7-2所示，如果我们仅仅将这些沿湾区城市与粤港澳大湾区进行比较，可以发现，其人口和土地面积都远远超过粤港澳大湾区，地区生产总值也基本接近粤港澳大湾区，而且，环渤海大湾区还有大量的土地资源和岸线资源，发展潜力非常大。

表7-2 2019年环渤海大湾区沿湾区主要城市经济圈基本情况

城市	常住人口（万人）	面积（万平方千米）	GDP（亿元）
北京	2153.6	1.61	35371.3
天津	1561.83	1.19	14104.28
唐山	796.4	1.35	6890
廊坊	436	0.64	3196
保定	939.9	2.22	3557
沧州	754	1.34	3588
秦皇岛	315	0.78	1573.5
大连	700	1.32	7001.7
烟台	714	1.37	7653.4
威海	283	0.58	2963.7
营口	243.1	0.54	1328
沈阳	832.2	1.29	6470.3
鞍山	340	0.92	1745
潍坊	953	1.58	5688.5
锦州	293	1.03	1073
葫芦岛	254	1.04	807
总计	11573	18.79	103010.6

资料来源：根据各城市统计公报得来。

由于环渤海大湾区有北京、天津、沈阳、大连等大中城市带动，城市经济比较发达。一是优势产业基本形成。依托大湾区的资源优势，环渤海大湾区形成了能源、化工、冶金、建材、机械、汽车、纺织、食品等支柱产业。二是产业结构进一步优化。近年来，随着京津冀地区产业结构调整加快，部分能源化工等产业开始外迁，第二产业在整个经济中的比重明显下降，京津冀地区的第三产业超过第二产业，北京已经形成了以第三产业为主的产业结构，高质量发展态势基本确立。2019年，北京市第三产业加快发展，第一产业增加值113.7亿元，下降2.5%；第二产业增加值5715.1亿元，增长4.5%；第三产业增加值29542.5亿元，增长6.4%，第三产业增长最快，三次产业构成由2018年的0.4：16.5：83.1，变化为0.3：16.2：83.5。2019年首都经济作用明显，金融、科技服务、信息服务等优势行业对北京市经济增长发挥了较大作用，其中，金融业实现增加值6544.8亿元，占比18.5%；科学研究和技术服务业、信息传输、软件和信息技术服务业也有较快增长。① 三是高端服务业带动作用加强。金融业、信息服务业和科技服务业对于文化、教育、旅游和科技等产业的带动作用不断增强，对于推进对外贸易和外向型经济发挥了重要作用。新能源、新材料、文化创意等战略新兴产业聚集效应不断加强，一些新的增长点正在形成，例如，2019年北京的互联网信息服务、互联网文化娱乐平台、互联网广告等得到快速成长，带动形成了"文化+互联网"等新经济发展，据统计，仅此一项就实现收入4878.5亿元，同比增长22.1%，比全市文化产业收入增速高13.8个百分点，占文化产业收入的比重达43.8%。②

尽管上述条件对于建设环渤海大湾区非常有利，但相对于粤港澳大湾区和沪杭甬大湾区，还存在一些相当不利的因素，一是海域面积太广。渤海海域面积77284平方千米，比粤港澳大湾区整个城域面积（5.6万平方千米）还要大，而且湾口较大、东西距离较宽，不利于建设连接

---

① 《北京市2019年国民经济和社会发展统计公报》，《北京日报》2020年3月2日。
② 《北京市2019年国民经济和社会发展统计公报》，《北京日报》2020年3月2日。

城市的大桥或隧道。二是主要城市相距较远。例如沈阳、大连、烟台与北京、天津的距离都超过 600 千米，远大于城市圈辐射距离 50 千米和都市圈辐射距离 500 千米，不利于解决城市的碎片化问题，较难形成集群效应。

图 7-1　环渤海大湾区沿湾区主要城市示意图

第二节　推进环渤海大湾区建设的战略意义

环渤海大湾区地理位置优越，海洋资源丰富，港口等基础设施完备，完全具备发展湾区经济的拥海、抱湾、合群、联陆等四大要素。一旦建设成为世界一流湾区，将在我国沿海形成环渤海大湾区、沪杭甬大湾区、粤港澳大湾区三大湾区联动发展的新态势，有利于进一步推进我国改革开放，促进南北均衡发展，加快实现社会主义现代化强国战略。

一、有利于加快实现社会主义现代化强国建设目标

《中共中央关于制定国民经济和社会发展第十四个五年规划和二〇三五年远景目标的建议》指出，要按照十九大提出的要求和安排，到本世

纪中叶把我国建成富强民主文明和谐美丽的社会主义现代化强国，要"形成对外开放新格局，参与国际经济合作和竞争新优势明显增强"①。在本书上半部分，我们通过对世界湾区发展情况进行分析，得出了湾区经济是建设世界强国重要途径的结论，而且国家的湾区经济体数量越多，越容易成为世界强国。英国的伦敦湾、利物浦湾、福斯湾等湾区的形成和发展造就了英国称霸世界的强国道路；美国东西两岸的纽约湾区、旧金山湾区等世界一流湾区发展更是促使其加快实现世界第一强国的强国梦。为了实现我国强国梦，到目前为止，我们已经依托"珠三角河口＋仃伶洋"有利湾区地形推出了粤港澳大湾区并上升为国家重大战略；依托长三角和杭州湾有利湾区地形推出了长三角区域一体化重大发展战略，长三角一体化不仅本身就是湾区区域形态，而且提出了"大湾区"构想。但是，由于我国是一个典型的大陆国家，陆地面积相对较大，海洋区域十分珍贵。与美国比，他们分别有面向大西洋和太平洋的东西两岸，还有靠近墨西哥洋面陆域，海洋视野非常开阔，基本实现了从大陆领地国家向海陆国家的转换。而我们只有从北到南一条沿海海岸线，海洋面积只是美国的1/4、日本的3/5左右，尽管我们拥有200多个湾区资源，但能够形成大湾区经济的湾区仍然屈指可数。如果仅仅依靠粤港澳大湾区和沪杭甬大湾区显然是不够的，不利于我国充分利用现有的十分稀缺的湾区和海洋资源。

因此，为了加快实现社会主义现代化强国梦，应该依据国家发展总体情况适时推出更多条件优越的湾区经济体，形成与社会主义现代化强国相匹配的湾区经济发展的数量和质量。环渤海大湾区湾区资源独特，是典型的大湾区形态；区位优势明显，正好位于我国北方出海的核心枢纽位置；城市群发达，有世界一流的大都市圈。如果能够上升为国家战略，充分发挥京津冀三地的核心引领作用，利用环渤海城市群湾区资源和国家战略叠加的优势，带动环渤海地区实现"港口经济、产业经济、城市经济、创新

---

① 《中共中央关于制定国民经济和社会发展第十四个五年规划和二〇三五年远景目标的建议》，人民出版社2020年版，第5页。

经济"的有机叠加，形成区别于普通城市群的"港口群+产业群+城市群+创新群"的湾区经济叠加效应，完全有可能与粤港澳大湾区、沪杭甬大湾区共同构成我国从北到南的三大湾区引擎，带动我国内陆从北到南均衡发展，支撑我国国内国际双循环新格局，成为我国现代化强国建设的探路者和引领者。

二、有利于推进环渤海区域高质量发展

高质量发展是当代中国发展的主题，经济高质量发展主要体现在产业、区域、民生等各个方面，产业上要实现从低端到高端，从简单追求数量向追求质量转变，主要表现为经济发展要从加工型向创新型转变；区域上要实现各城市之间的分工与合作，充分发挥各自资源优势，形成融合发展和区域均衡协调发展；民生方面就是要让人们充分享受到改革开放的红利，城市的教育、医疗、住房、就业、生态等方面水平不断提高，不断实现人民对美好生活的向往。目前，环渤海湾地区离高质量发展还存在着较大差距，一是创新要素集聚不够，创新动力相对较弱。环渤海区域创新资源十分丰富，但主要集聚在京津冀地区，目前京津冀地区已经是全国一流大学和科学研究机构最密集的地区，发展成为全国乃至全球创新资源最集中的区域，而其他区域的创新资源十分贫乏，难以提升整个区域的创新能力。同时，与粤港澳大湾区相比，创新动力机制还有待于进一步完善。粤港澳大湾区创新资源主要集中在企业，形成了以企业为主体的创新内生动力，而环渤海湾区的创新资源主要集中在大学和科研机构，市场对创新资源的配置作用发挥不够，科技成果产业化因动力不足而相对缓慢。二是区域经济落差较大，难以形成整个区域均衡协调发展。从表7-2中我们可以看出，环渤海地区的发展差距比较大，北京是国家一线城市之首，经济总量也位列国家第二，但是其他城市的经济总量大部分都在1万亿以下，呈现较大落差，唐山、大连、烟台以外的城市相对更低，特别是位于东北的一些城市，经济发展仍然处于较低水平。这种高落差不仅体现在经济发展水平上，在城市基础设施、产

业结构等方面了了可见。三是行政色彩比较浓厚，城市生活品质仍需进一步提高。东北作为我国老工业基地，基本上是国有企业唱主角，民营经济发展相对缓慢，国企负担较重，在基础设施、教育医疗、社会养老等方面投入显得力不从心。因此，在京津冀协同发展和环渤海城市群逐步形成的关键时机，如果我们能够及时推出环渤海大湾区重大战略，全面促进京津冀核心区与沿湾区城市进一步融合发展，对于推动我国高质量发展，意义十分重大。

三、有利于形成振兴大东北的核心引擎

2003年10月，中共中央、国务院发布了《关于实施东北地区等老工业基地振兴战略的若干意见》，明确提出了振兴东北的重大战略。实施振兴东北战略以来，虽然取得了一定的成绩，但随着东部区域的快速发展，特别是长三角一体化、粤港澳大湾区国家重大战略的推进，南北差距仍然在加速扩大，引起各界的普遍关注。[①]

南北差距问题重点还是在于东北和南方城市的差距，主要表现在以下方面：

1. 人口流失、投资下滑

近年来，东北地区人口流失现象比较严重，据统计，2016年到2019年，全国常住人口呈现负增长的省份全部集中在北部，主要在东北地区，包括吉林(-1.8%)，黑龙江(-1.0%)，辽宁(-0.5%)[②]。从表7-3可以看出，东北地区城市年末人口数从2014年就形成了拐点，开始逐年下降，与广东、重庆等省份形成鲜明对比。第七次全国人口普查结果也显示，2010年到2020年10年间，东北地区人口下降1.2%。正是东北三省的人口外流再加上投资回报降低等因素，导致东北地区的投资下滑，这一点，我们

---

① 魏后凯、年猛等：《"十四五"时期中国区域发展战略与政策》，《中国工业经济》2020年第5期。

② 魏后凯、年猛等：《"十四五"时期中国区域发展战略与政策》，《中国工业经济》2020年第5期。

从2019年东北三省实际到位资金比上年增长情况就可略见一斑。据国家统计局统计,东北三省的辽宁、吉林、黑龙江,除黑龙江外,其他地区的国内贷款和利用外资都出现了负增长,其中,2019年实际到位资金:辽宁为 –2.7、吉林为 –13.1,国内贷款:辽宁为 –9.2、吉林为 –38.1、黑龙江为 –16.3,利用外资:辽宁为 –90.5、吉林为 –76.6。①

表7-3 2012—2019年年末东北地区和广东、重庆人口数

(单位:人)

省份	2012年	2013年	2014年	2015年	2016年	2017年	2018年	2019年
辽宁	4383	4390	4391	4382	4378	4369	4359	4352
吉林	2749	2751	2752	2753	2733	2717	2704	2691
黑龙江	3834	3835	3833	3812	3799	3789	3773	3751
广东	10591	10644	10724	10849	10999	11169	11346	11521
重庆	2945	2970	2991	3017	3048	3075	3192	3124

数据来源:国家统计局网站。

2. 创新差距扩大

随着粤港澳大湾区与长三角一体化和大湾区的提出,科技创新已经成为南方城市的核心竞争力,产生了深圳、上海、广州、杭州等国家科技创新型城市,涌现出了华为、腾讯、迈瑞等优秀创新型企业,形成了信息产业、大数据等世界领先的产业集群,南北的创新差距正在形成。例如,据有关方面统计,中国各地区国内发明专利申请授权量占全国比重中,东北地区远远少于南方地区,说明地区间的创新动力呈现差距扩大态势(如表7-4所示)。从表中我们可以看出,东北地区每年都在5%以下,比中西部地区少一半,比东部地区少15倍还要多,而且呈差距拉大趋势。

---

① 国家统计局网站。

表 7-4 2015—2019 年中国各地区国内发明专利申请授权量占全国比重

(单位：%)

年份	东北地区	东部地区	西部地区	中部地区
2015	5.0	69.1	12.2	13.7
2016	4.6	68.9	12.3	14.2
2017	4.9	69.2	12.2	13.7
2018	4.2	70.0	11.8	14.0
2019	4.1	70.8	11.3	13.8

资料来源：根据国家统计局官网公布的各省份数据计算得出。①

3.经济和城市发展存在差距

从 2020 年 9 月公布的 2020 年全国城市排行榜我们可以发现（如表 7-5 所示），排在排行榜前 20 名的城市中，唯独缺少东北城市。因此，说明东北振兴战略缺少一个能够带动区域发展的核心引擎，这个核心引擎应该不同于一般城市群，而是类似于粤港澳大湾区、长三角一体化与大湾区，集开放与区域经济于一身，集"港口经济、产业经济、城市经济、创新经济"于一体，带动整个东北地区快速进入振兴发展新时代。

表 7-5 2020 年中国百强城市排行榜（前 20 名）

排行	城市	硬经济指标分值	软经济指标分值	综合分值
1	北京市	95.82	95.29	95.62
2	上海市	95.57	83.48	90.95
3	广州市	78.5	78.74	78.59
4	深圳市	88.28	59.36	77.23
5	杭州市	73.63	72.34	73.14
6	苏州市	77.41	60.81	71.07

---

① 魏后凯、年猛等：《"十四五"时期中国区域发展战略与政策》，《中国工业经济》2020 年第 5 期。

续表

排行	城市	硬经济指标分值	软经济指标分值	综合分值
7	武汉市	69.3	72.7	70.6
8	南京市	70.42	69.13	69.93
9	重庆市	67.12	70.78	68.52
10	成都市	67.19	69.97	68.25
11	天津市	66.12	65.32	65.81
12	无锡市	67.99	58.73	64.45
13	长沙市	61.14	68.3	63.87
14	郑州市	60.7	66.38	62.87
15	宁波市	68.25	52.01	62.04
16	西安市	53.91	70.6	60.28
17	济南市	54.75	67.68	59.69
18	青岛市	61.22	56.32	59.54
19	福州市	54.73	59.21	56.44
20	合肥市	52.53	62.35	56.28

资料来源：华顿经济研究院发布，2020年9月，见www.cn/news/cj/2317696.html。

总之，随着我国全面开放格局和区域空间布局的完善，我国区域合作开发将不再是原来的点对点的开发模式，中西部开发也不会采取过去简单的局部开发模式，而应该采取湾区经济引领的合作开发新模式。湾区经济的一个重大特点就是实现海陆联动，以湾区的高端产业为龙头带动腹地共同形成更大范围的产业空间均衡协调发展的高效叠加模式，不仅有助于形成较大空间经济的联系度和耦合性，更有助于形成"港口群＋产业群＋城市群＋创新群"的叠加效应，从更广大空间推进对外开放和内外联动，实现资源更大区域的优化配置。如果能够在未来的十年内形成环渤海大湾区，也就是在我国2035年建成现代化国家之前形成环渤海大湾区，将会形成我国从北到南沿海区域三大湾区引领格局，即形成环渤海大湾区、沪杭甬大湾区、粤港澳大湾区三足鼎立的区域开放引领态势，有利于完善我国改革开放区域空间布局，加快构建我国国内国际双循环新发展格局。

第三节　构筑合理的网络化空间布局

随着交通技术的不断变革以及科技革命的逐步深入,城市碎片化发展的现象将被彻底改变,城市之间的联系将变得越来越紧密,空间共享能力越来越强,50千米的城市圈也将逐步被500千米的都市圈集群所替代。环渤海大湾区更要顺应城市圈变革趋势,从一开始就要站在世界城市发展前列,加强规划指引,构筑合理的现代化空间布局。

一、构建三大都市圈集群

《粤港澳大湾区发展规划纲要》提出了"四大中心城市、四大核心引擎、三大增长极",以及"极点带动、轴带支撑、辐射周边"的大湾区区域协调发展空间布局。① 这一空间布局思路反映了湾区经济的一般规律,同样适合于其他湾区的发展。环渤海大湾区在发展湾区经济过程中,也应该尽早提出自己的都市圈发展方案,建立以京津冀、大连—沈阳—营口、烟台—威海为增长极点的都市圈集群,推动区域深度合作,加快形成大都市圈集群并引领世界城市化新潮流。

(一) 京津冀核心都市圈

2015年4月30日,中共中央政治局审议通过并发布《京津冀协同发展规划纲要》,将京津冀协同发展上升为国家重大战略,最核心的目的就是要解决首都功能太多导致"都市病"严重和周边城市发展滞后的问题。② 据相关部门统计,2019年北京、天津和河北三地GDP就达到8.46万亿元,接近粤港澳大湾区和沪杭甬大湾区生产总值水平,在全国GDP总量占比约为8.5%左右,已经成为我国经济和城市发展的重要引擎。因

---

① 《粤港澳大湾区发展规划纲要》,人民出版社2019年版,第11页。
② 《中共中央政治局召开会议分析研究当前经济形势和经济工作审议〈中国共产党统一战线工作条例(试行)〉、〈京津冀协同发展规划纲要〉》,《人民日报》2015年5月1日。

此在环渤海大湾区建设中,要充分发挥北京首都的全国政治中心、文化中心、国际交往中心和科技创新中心的核心功能,强化首都经济圈引领作用,加快构建与粤港澳大湾区、沪杭甬大湾区等都市圈之间的交通联接,形成引领环渤海大湾区的核心增长极,依托高速铁路、城际铁路、高速公路、港口群、机场群等基础设施优势,发挥高等院校、研究机构、金融机构、科技产业等集聚的特点,深化与辽东半岛和山东半岛的联系,构建区域经济发展轴带,推动"拥海、抱湾、合群、联陆"的湾区经济发展要素联动,加快形成"港口群+产业群+城市群+创新群"的叠加效应,打造世界级城市群,以此带动整个大湾区协同发展。

> **专栏7—1:京津冀的三主轴、二走廊**
>
> 京津冀—长三角主轴。路径1:北京经天津、沧州、青岛至杭州;路径2:北京经天津、沧州、济南、蚌埠至上海;路径3:北京经天津、潍坊、淮安至上海;路径4:天津港至上海港沿海海上路径。
>
> 京津冀—粤港澳主轴。路径1:北京经雄安、衡水、阜阳、九江、赣州至香港(澳门);支线:阜阳经黄山、福州至台北;路径2:北京经石家庄、郑州、武汉、长沙、广州至深圳。
>
> 京津冀—成渝主轴。路径1:北京经石家庄、太原、西安至成都;路径2:北京经太原、延安、西安到重庆。
>
> 京哈走廊。路径1:北京经沈阳、长春至哈尔滨;路径2:北京经承德、沈阳、长春至哈尔滨;支线1:沈阳经大连至青岛;支线2:沈阳至丹东。
>
> 京藏走廊。路径1:北京经呼和浩特、包头、银川、兰州、格尔木、拉萨至亚东;支线:秦皇岛经大同至鄂尔多斯;路径2:青岛经济南、石家庄、太原、银川、西宁至拉萨;支线:黄骅经忻州至包头。
>
> 资料来源:根据《国家综合立体交通网规划纲要》整理。[①]

---

① 《国家综合立体交通网规划纲要》,人民出版社2021年版,第13—15页。

(二) 大连—沈阳—营口都市圈

重点要发挥大连自贸区在"一带一路"建设中的引领作用，充分利用大连在对接日本、韩国自贸区的地理区位优势，发展跨境电子商务和物流中转等业务，推动日、韩先进制造业、战略性新兴产业、现代服务业等产业通过大连向东北转移并集聚发展，加快建设沈阳先进装备制造业基地，依托大连港优势和高铁沿线，推动形成大连—营口—沈阳发展轴带，推动都市圈内部城际铁路建设，大力发展先进制造业和新兴产业，培育旅游产业发展新优势，成为东北企业"走出去"并参与全球竞争的重要枢纽。

(三) 烟台—威海都市圈

烟台—威海位于环渤海大湾区的南岸，与大连隔海相望，相隔130多千米，位于山东半岛的有利位置，与大连共同占据大湾区湾头位置。充分发挥烟台有利的区位条件，以对接日、韩产业转移为重点，充分利用韩国产业园的优惠政策，吸引韩国科技企业进驻，并辐射青岛、依托高铁、城铁、高等级公路打造烟台—青岛发展轴带，带动整个山东半岛从不均衡发展走向均衡发展。

二、构筑网络化的湾区空间

由于环渤海大湾区的水曲面积太大，不太适合采取东京湾区和粤港澳大湾区沿湾区轴带式产业发展模式，所以，可以考虑采取旧金山式的多核心引擎网络化的湾区产业发展模式，即在各都市圈各自发展的基础上，通过桥梁和隧道连接，以多个极点为核心引擎，形成纵横交错的网络发展态势。

(一) 加快桥梁、隧道建设，拓展城市发展通道

重点是要加快研究和规划建设大连到烟台、大连到京津冀区域的桥梁、地下隧道，规划渤海湾、辽东湾和莱州湾之间的桥梁连接，通过桥梁

和隧道建设，缩短大城市之间的来往距离和时间，培育新的城市群，促进大湾区城市之间的人财物更加快捷流动，推动大湾区流量经济发展。

（二）加强沿湾城市的快速交通连接，打造岸上发展轴带

主要依托已有的高速铁路、城际快线、高速公路连线形成快速交通网络，加强目前的机场群和港口群建设，以北京、天津等京津冀城市经济圈为核心形成大湾区经济发展轴带，构筑大湾区主要城市之间的网络化空间连接，形成纵横交错，连通地面与空中、连接国内外的现代网络城市发展格局。

（三）加强岸线连通，构建水上连接通道

通过点对点的布局，建立重要城市的水上航道，大力发展游艇和邮轮旅游项目，推动大连、烟台国际邮轮港建设。充分利用环渤海湾区海岛多的特点，加快"海洋—海岛—海岸"旅游开发建设，形成立体旅游发展线路，打造环渤海大湾区海上网络连接方式。

三、建立都市引领的城市化发展体系

湾区城市群一定是由大都市圈、超大城市、大城市、节点城市、特色城镇等组成的城市体系，城市之间特色鲜明、设施共享、功能互补，由于流量经济和叠加经济而产生巨大的聚集效应。因此，大湾区建设一定要重视和发挥中心城市的带动作用，优化提升中心城市核心引擎功能，辐射和引领周边城市，形成完善的城市群和城镇发展体系。

（一）建设北京、天津、大连、沈阳和烟台五大中心城市

——北京。充分利用首都的资源和优势，借鉴国外发达国家的成功经验，依托北京在国家政治、经济、文化、教育、国际交流和科研服务等方面的比较优势，利用北京高校云集、人才荟萃和科研机构聚集优势，加快建设国家政治中心、文化中心、国际交往中心和国际科技创新中心，充分发挥雄安首都副中心功能，全力推动"国家中枢"建设，加快建设环渤海

大湾区的核心交通枢纽，大力发展科研服务战略新兴产业，加快中关村科学城、未来科学城、怀柔科学城建设，建成环渤海大湾区科技创新和经济增长的核心引擎。

——天津。充分利用天津在环渤海大湾区中优越的出海口地理区位优势，与北京形成优势互补错位发展的态势。重点要加大港口建设力度，依托经济、港口和金融中心优势，加快形成大湾区交通枢纽、国际消费中心和区域商贸中心。抓住北京疏解非首都功能的机遇，加快"一基地三区"建设，推动科技创新策源地建设，加大人工智能产业的投入力度，形成若干具有国际竞争力的新兴产业集群，打造环渤海大湾区辐射引领北方的经济中心和核心引擎。

——大连。充分利用大连港口、贸易、旅游等优势，利用位于湾头的有利区位条件，加强与京津冀的交通连接，加强与日本和韩国的区域合作，加快建设亚太对流枢纽，建设东北亚国际航运中心、国际物流中心、国际贸易中心、区域性金融中心，成为我国北方的重要经济引擎和"一带一路"重要桥头堡。推进大连生态环境建设，加快建设浪漫海湾名城，建设世界旅游休闲中心，打造振兴北方和东北对外开放的重要引领和核心增长极。

——沈阳。围绕国家中心城市目标，依托东北工业基础和交通枢纽，加快建设现代综合枢纽、国家先进装备制造业中心、综合性国家科学中心、区域性金融中心、区域性文化中心，加快沈阳都市圈建设，优化城市空间布局，推动产业升级，加快建设成为东北亚重要增长极和东北经济振兴核心引擎。

——烟台。充分发挥烟台港和湾区重要枢纽位置的作用，带动山东半岛区域协调发展，利用与韩国的密切联系，在东北亚经济圈中强化核心地位，进一步融入京津冀经济圈，推动与青岛湾区的合作，形成湾区经济的叠加效应，大力发展海洋经济，加快全球海洋中心城市建设，打造山东半岛"海上丝绸之路"的桥头堡和对外开放的重要核心引领。

（二）建设重要节点城市

雄安新区、唐山、沧州、廊坊、秦皇岛、葫芦岛、锦州、鞍山、营口、威海、潍坊等城市都处在大湾区的节点位置上，各有特色、互有优势，尤其是雄安新区承担着我国改革开放和千年大计的重任，将成为大湾区落实新发展理念的重要核心增长点，其他城市都颇具自己的特点，有些城市生态非常优美，属于宜居生活型的；有些城市港口发达，属于交通枢纽型的；有些城市经济发达，属于产业引领型的。如果通过发展湾区经济把这些节点城市与中心城市很好地结合起来，形成城市发展的层次性，分别构建对世界具有影响力的都市圈集群，环渤海大湾区完全有可能成为一流湾区和世界级城市群。

（三）发展特色城镇

除了发挥中心城市和节点城市的作用外，还要大力发挥一些特色城镇和农村特色乡镇的作用。在环渤海大湾区，旅游资源、土地资源十分丰富，这些都为大湾区新一轮城市化带来了发展空间。环渤海大湾区应该主动迎接第四次工业革命。加快推进工业化城市化进程。可以推动大湾区积极开展智慧小镇、生态小镇、长寿小镇、宜居小镇等特色小镇建设，推动环渤海大湾区城乡一体化，促进农村经济集约化发展。通过特色小镇建设防止人口外流现象，吸引高层次人才回流，探索湾区经济背景下未来城市的发展模式。

第四节　建设路径和政策建议

通常情况下，湾区经济发展会经历港口经济、工业经济、服务经济和创新经济四个阶段，[①] 最终形成"港口群+产业群+城市群+创新群"的

---

① 吴思康：《发展湾区经济服务国家战略》，《深圳特区报》2014年4月23日。

湾区经济叠加效应。目前环渤海大湾区还没有完全形成叠加效应，需要进一步推动工业化城市化，将港口优势转化为产业集群和城市群优势，加快向国际一流湾区和世界级城市群迈进。

一、建设路径

（一）推动产业转型，完善高质量现代产业体系

湾区经济的形成过程本身就是工业化与城市化结合互动的过程，加快构建现代产业体系是建设环渤海大湾区的必然要求，一是要加快发展先进制造业，推进工业化进程。相对于粤港澳大湾区和沪杭甬大湾区，环渤海大湾区的工业化和城市化相对滞后。因此要加大发展实体经济的力度，以北京、天津为引领，进一步优化产业结构，布局一批引领中国科技发展的战略新兴产业，例如，5G、互联网、新能源、新材料、文化创意、生物医药等。重点要发挥天津的作用，将其建设成为国际先进制造业研发基地；充分利用河北的重化产业优势，将河北建设成为产业转型升级试验区，使其成为战略新兴产业的承载地；充分利用辽中南和山东半岛老工业基地优势，依托沈阳等城市建立一批装备制造业产业园区，培育一批制造装备企业，形成强大的现代产业体系发展基础。二是加快发展现代高端服务业，推进城市化进程。2021年9月，北京证券交易所官方网站上线试运行，助力提升首都金融服务水平和金融中心能级。充分发挥首都功能对于服务业发展的影响，大力发展首都文化创意产业，在电影影视、会议展览、专业服务、工业设计等方面形成领先优势；充分发挥天津在大湾区中的地理优势，将天津建设成为区域性金融中心，推动天津、大连、烟台等地航运枢纽发展，大力发展第三方物流和冷链物流，打造服务于实体经济的国际航运和物流枢纽；充分利用大湾区旅游资源，进一步开放国外游客在大连、烟台、天津的停留时间，推动区域全域旅游的形成；借鉴美国波士顿的经验，充分利用北京、天津等地大学教育和科学研究机构资源，大力发展教育和创新经济。三是加快发展海洋经济，推进现代化进程。环渤海大湾区的海洋资源十分丰富，不仅海域面积大，海岸线也长，十分有利

于发展海洋经济。首先要打破目前海域和海岸利用的分割局面,共建共享海洋产业发展资源,建立海域和海岸相关空间优化利用新机制;其次要充分利用天津、大连、烟台等地区海洋产业现有优势,构建现代海洋产业体系,重点要大力发展海洋渔业、海洋交通运输业和海洋船舶业等产业,积极培育海洋生物医药、海洋探测装备制造等新兴海洋产业,[1]在保护海洋环境不受污染的情况下,适当地发展一些石化、能源等产业;最后就是要推动陆海联动,通过海洋港口和江河的联系形成陆海旅游、陆海交通、陆海科技的联动发展。通过发展先进制造业、现代服务业和海洋经济,积极培育战略新兴产业和未来产业,支撑环渤海大湾区构建符合湾区经济要求的现代产业体系。

(二) 培育创新动力,构筑创新驱动的区域科创合作格局

环渤海大湾区拥有最强的科技创新资源,但主要集中在北京及周边地区,呈不均衡分布状态。因此形成大湾区科技创新驱动力还必须考虑科技资源的共享和充分利用,一是以京津冀为核心构建科技创新共同体。作为我国首都,北京拥有我国最好的科技资源,包括世界顶级大学多、科研机构能力强、科技人才相对集中、科技产业发达等,这些资源完全可以转化为推动科技创新的重要力量。因此,环渤海大湾区可以进一步发挥北京的科技优势,与大湾区其他城市结成科技创新联盟,鼓励这些大学和科研院所到其他城市办学校、开论坛、做科研,提升区域科技资源的浓度和密度,带动整个大湾区科技创新能力。二是加强科研与产业的紧密结合。北京是中国科学院的所在地,拥有大量世界著名的科学家,科技成果丰富,但转化率不高,很多科技成果被用来评职称,放在科技体制内"沉睡"。因此环渤海应该在大湾区中带头探索科技体制改革,打破原来职称评定只看论文不看成果应用的现象,将应用成果作为职称评定的重要依据,鼓励理论研究与应用研究相结合,推动科学成果尽快转化为生产力。同时,赋

---

[1] 郇恒飞:《江苏海洋新兴产业集聚发展的路径及对策研究》,《盐城师范学院学报(人文社会科学版)》2020年第5期。

予单位、研发团队、科技人员对科技成果使用、处置和收益管理的自主权，由市场来决定科技成果价值并引导科学研究方向，充分发挥市场这只"看不见的手"的作用。可以考虑将天津作为大湾区风险投资基地，大力发展风险投资并建立环渤海大湾区自己的"科创板"，创建科技创新梦工场和孵化器，允许通过协议定价、挂牌交易、拍卖等市场机制方式让科技成果成功转化。由此破除原来的产业与科技脱节的现象。三是优化科技创新载体和平台布局。优化科技创新平台是大湾区科技创新资源优化利用的重要前提，可以借鉴粤港澳大湾区广深港澳科技创新走廊建设的经验，在天津、雄安、大连、烟台、营口等地建设一批高新园区和国家级自主创新示范区，通过高新园区的建设，推动科技成果产业化，同时促进北京等地的科技资源向大湾区其他地区转移，带动其他地区的科技进步。要充分利用北京军事科技发达的特点，制定扶持政策，鼓励支持大湾区城市创建一批军民融合创新示范区。

（三）加强基础设施建设，构筑一流湾区空间形态

目前，环渤海大湾区城市群仍然呈现较低水平和不均衡发展的局面。一方面，京津冀区域城市群比较集中，其他地方城市化速度相对来说比较缓慢；另一方面，与粤港澳大湾区拥有香港、广州和深圳三大一线城市不同，环渤海大湾区只有北京一枝独秀，而且城市化呈碎片化状态。因此加快环渤海大湾区城市化是当务之急。目前，重点要加强基础设施建设，通过基础设施连接带动区域城市化。世界湾区发展经验表明，交通互联互通是湾区城市群发展的重要条件，对于湾区城市群显得格外重要。环渤海大湾区的建设同样有赖于基础设施的建设，首先要加强湾区的桥梁和隧道建设，通过加快大连到烟台、大连到京津冀的跨海通道建设促进各地进一步连接；其次要加强岸线的高铁连接以及小渤海与沈阳、大连等城市的城市轻轨建设，使湾区城市之间形成3小时交通网；最后要充分发挥京津冀的空中航线优势，并且构建与湾区其他城市的支线飞机连通，形成空中交通网。目前的关键问题是环渤海太大、海面太宽，无论是大连到烟台还是大连到曹妃甸，距离都在160千米以上，因此，可以吸收粤港澳大湾区港

珠澳大桥和深中通道建设经验，通过人工岛建设等方式减少两地之间的距离，形成有利于湾区建设的地理形态。

（四）打造生态与经济双赢的美丽湾区

在湾区经济发展过程中，要始终牢固树立绿水青山就是金山银山的理念，将湾区经济发展与生态环境保护同时进行，以建设美丽湾区为引领，形成天蓝山绿水清的可持续生态环境。一是加强生态资源保护。加强保护海湾的生态资源，划定区域内的生态红线，尤其要加强对湾区内的山地、森林等生态系统的保护；海岸线是湾区重要的生态资源，是湾区的"生命线"。要进一步建立严格的海岸线动态监测体系，保护湾区的水质和水产的多样性，加强对湾区湿地的保护；全面建立水污染物排放监测制度，积极推进入海污染物的总量控制工作。二是加强整个湾区的环境保护工作和治理。重点要加强水环境治理，将其作为湾区生态环境保护的重中之重，要进一步规范入河（海）排污口设置，提升农业面源污染防控以及重要领域工业点源污染防控能力，同时推进城市水体的综合治理，加强污水管网建设，防止雨污混接、增加污水处理设施，加强各入海河流的水质保护，构建整个湾区海河流域完善绿水生态环境系统。

二、政策建议

（一）进一步明确环渤海大湾区的战略定位

1.继续深化环渤海大湾区战略研究，提升其战略地位。要深刻认识将构建环渤海大湾区上升为国家战略的重大意义。从国家大局来看，设立环渤海大湾区有利于我国形成湾区引领的更高水平的对外开放新格局，有利于推进我国"一带一路"建设，有利于率先探索社会主义现代化强国的路径，为实现中华民族伟大复兴中国梦探路；从区域来看，建立环渤海大湾区有可能进一步强化京津冀城市群辐射带动作用，促进东北振兴，缩小南北差距，打造山东、东北对外开放战略新高地，实现区域融合和高质量发展。

2.借鉴国际一流湾区、粤港澳大湾区发展经验，进一步明确环渤海大湾区的发展定位。环渤海大湾区与粤港澳大湾区、沪杭甬大湾区同处于我国沿海重要出海口，拥有重要的湾区发展资源，完全具有建设全球有影响力的国际一流湾区和世界级城市群的条件。通过十五年努力，到2035年，将环渤海建设成为世界级城市群，大湾区经济基本形成，加快构筑我国北有环渤海大湾区、中有沪杭甬大湾区、南有粤港澳大湾区的沿海大湾区发展格局。

3. 推进京津同城化，打造环渤海大湾区的核心引擎。重点是以京津交通体系一体化、城市功能一体化等为基础推动京津冀和大湾区融合发展，打造大湾区发展的增长极，形成极点带动、轴带支撑、网络互动的"港口群＋产业群＋城市群＋创新群"的湾区经济发展新格局。

（二）加强环渤海大湾区建设的顶层设计

1. 加强对环渤海大湾区的组织领导。从顶层设计上研究解决环渤海大湾区设立过程中碰到的一些体制机制障碍、推进项目以及处理相关协调事宜。所涉及的五省市可以通过建立联席会议制度加强沟通协商，就城市、产业、社会、文化、生态等方面发展形成合力，共同推进环渤海大湾区建设。

2. 谋划环渤海大湾区发展规划。借鉴粤港澳大湾区成功经验，加快制定环渤海大湾区发展规划纲要，从大湾区发展视角，推动各种专业规划研究，推动环渤海大湾区基础设施互联互通，促进大湾区产业和城市融合发展，共建大湾区的创新驱动体系，制定大湾区最终战略定位和发展目标。

3. 加强环渤海大湾区的智库建设。北京是中央机关所在地，拥有世界一流大学和研究机构，国家大部分高端智库都分布于此，因此要充分利用这些资源，建立智库联盟，不定期召开研讨会和智库论坛，甚至可以借鉴美国智库"旋转门"制度，促进智库人才与国家工作人员合作。大力发展民间智库，为环渤海大湾区的建立和发展提供智力支持。

（三）充分发挥市场经济的决定性作用

1. 推动产业园区建设。包括经济技术开发区、高新技术开发区在内的各种类型的产业园区是承载产业的重要平台，也是解决目前环渤海大湾区产业发展中存在的行政强势、各自为政、产业同构、区域不平衡等问题的重要手段。通过在辽东半岛和山东半岛建设一批由市场运作的产业园，进一步吸引民营企业，推动国有企业改革，确立符合市场经济要求的市场主体，增强湾区的开放性和经济发展活力。

2. 积极推广"飞地经济"发展模式。目前北京正在推行疏解北京非首都功能的重要工作，其中产业的疏解又是一项十分复杂和困难的任务。我们建议，可以推广粤港澳大湾区深汕特别合作区的"飞地经济"模式，制定相关政策，鼓励和支持北京到大湾区其他城市建立合作产业园区，建设非首都功能产业疏解承载地。

3. 进一步改善营商环境，提升大湾区市场开放水平。开放是湾区经济的灵魂，环渤海大湾区要成为我国东北部地区对外开放的引领者，最重要的是要创造符合市场开放要求且具有全球竞争力的营商环境，首先要进一步加强大湾区的法治化建设，着力打造法治化营商环境；其次要改善政府服务手段，提高行政服务效率，加快建设大湾区大数据中心，创新"互联网+政务服务"新模式；最后要加强诚信社会建设，重构社会信用体系，对于一些重点领域的企业可以探索信用激励和失信惩戒机制。

4. 进一步促进民营经济发展和社会参与。相对于粤港澳大湾区和沪杭甬大湾区，民营经济是环渤海大湾区的短板。要把培育民营经济作为发展的重中之重，加快培育风险投资并且以市场化原则组建联合科研投资开发机构和发展基金，充分利用和发挥北京证券交易所对中小企业的促进作用，构建资本市场对中小企业科技创新的资金进入和退出机制，推动大湾区科技创新产业和企业集聚发展。

第八章　中国大湾区战略前瞻

湾区经济充分发挥沿海的地理优势，使湾区成为全球资源集聚和配置中心，充当国家对外开放的新引领；同时促进国家内部不同区域资源均衡配置、协调发展，推动国家整体高质量发展。我国到本世纪中叶要建成社会主义现代化强国，一定要借鉴世界发达国家湾区发展的成功经验，充分利用我国沿海优越的湾区地理和资源优势，运用湾区经济发展规律，构筑湾区引领的对外开放和高质量发展新格局。本章通过对我国东南沿海与美国东北沿海湾区经济发展情况进行比较，分析我国沿海湾区经济资源和发展前景，提出了"3+2+X"中国大湾区发展战略。

第一节　中国东南沿海与美国东北沿海湾区发展比较

美国东北沿海主要是指美国东北部的大西洋沿岸地带，主要城市有：纽约、华盛顿、波士顿、费城、纽黑文、巴尔的摩等，大约绵延900千米，其区位条件优越，海路四通八达，城市连绵不断，发展腹地广阔，大湾区特点十分鲜明，是目前世界上湾区经济最发达区域之一。其特点主要有：一是"金角银边"、湾区联动。美国东北沿海地区湾区资源十分丰富，所属湾区一般水深海阔，长年不冻，并依此逐步形成了波士顿湾区、纽约湾区和华盛顿湾区，构筑了湾区引领的东北沿海联动发展态势。其中波士顿湾区由于最靠近欧洲，也是最早接受欧洲工业革命的圣地，因此成为美国最早发展湾区经济的地方。波士顿的地理结构十分优越，环境非常优美，都市核心区建在一个半岛上，连接的大陆有广阔腹地，并由马萨诸塞湾和后湾——查尔斯河口环绕。早在1630年，英国的清教徒移民创立了波士顿，并早于纽约在19世纪初期就成为美国的主要贸易口岸，利用有利的区位条件发展港口贸易，向欧洲出口烟、酒、食物等物品，继而发展以制造业为主的工业，成为欧洲之外最大的制造业中心。在东北沿岸湾区发展过程中，纽约湾区凭借发达港口和贸易后来居上，超过波士顿成为最大的湾区经济体，波士顿湾区也成为纽约湾区的后花园和科技支撑地。整个东北沿海海岸由大湾区、小湾区、沿海经济带等组合，一个个湾区犹如围棋的"金角"，沿海就像是围棋的"银边"，恰似围棋中的"金角银边"，形成了连绵不断、湾城联动的发展格局。二是城市连绵、都市带动。随着湾区发展，工业化和城市化快速推进，沿岸形成了纽约、华盛顿、波士顿、费城、纽黑文、纽瓦克、巴尔的摩等大城市。带动东北区域城市快速发展，从小城镇到城市再到大城市，从大城市到城市群到都市圈再到都市圈集群，城市化逐步演进，目前已经形成了连绵不断的都市连绵带，国际上一般称为"纽士华"大都会区。三是大学集中、科创驱动。1635年，波士顿创立了美国第一所公立学校波士顿拉丁学校，后来又成立美国著名大学哈佛大学（全球排名第1）和麻省理工学院（全球排名第3），费城创办发明第一台计算机的宾夕法尼亚大学，纽约则拥有康奈尔大学、哥伦比亚大学、纽约大学等名校，成为全球高等教育和研究机构的高地。推动了互联网科技、生物科技等新兴领域快速崛起，科技由此带动沿岸创新领先全球。四是生态优美、宜居宜业。从波士顿到华盛顿，自然景观优美奇特，江河湖泊纵贯南北，博物馆众多浩繁，城市布局井然有序，不仅经济发达，而且环境优美，气候宜人，吸引全世界各地移民聚集于此，推动了美国从大陆向沿海转变，形成了敢于冒险、海纳百川的移民文化。美国东北海湾湾区经济发展推进了沿岸的城市化进程，成就了纽约湾区和纽约大都市圈，加速了美国工业化现代化进程，推动美国迅速崛起并取代英国成为世界第一强国。

相较于美国东北沿海海岸，我国东南沿海同样拥有十分优越的湾区发展条件，并且几乎可以与美国东海岸媲美。一是区位优势明显。都是国家走向世界的海上通道和重要枢纽。美国东北沿海海岸直接面向大西洋，连接欧洲大陆；而中国东南沿海主要面对太平洋，通过南海或东海连接世界各地和发达国家。二是海湾资源优良。从广义上划分，我国东南沿海包含了从山东到广西绵延2000多千米的海岸线，大小湾区有200个左右，仅优良湾区就有粤港澳大湾区、沪杭甬大湾区、北部湾湾区、厦门湾区、汕头湾区和台州湾区等，港口非常发达，生态环境十分优美。三是城市群连绵不断。随着我国工业化和城市化不断推进，东南沿海沿岸形成了由长三角城市群、珠三角城市群、北部湾城市群和闽西城市群等组成的城市发展新格局，产生了上海、杭州、广州、深圳等一批超大城市，正在从城市群向都市圈集群过渡，沿海城市联动发展格局基本形成。同时，吸引了全国乃至全世界移民来此定居，形成了集海洋文化与大陆文化于一体的"共生包容、敢闯敢干、敢为天下先"的移民文化。四是创新要素聚集。拥有一批国际著名大学，如香港、上海、广州等地都有世界排名靠前的一流大学，集聚了一批创新型企业和产业，经济发展水平领先全国。

通过上述比较，我们可以得出以下结论：我国东南沿海与美国东北海岸同样拥有优质海湾资源和区位优势，都是各自国家工业化城市化最发达的地区，都具有优美生态和移民文化特质，都拥有连绵不断的城市群和交通设施，都具备"拥海、抱湾、合群、联陆"的湾区发展基本要素。只是美国东北沿海地区比我们早一点进入工业化时代，早一点开始了湾区模式发展道路，早一点实现"金角银边"的湾区沿海布局。因此，我们在推进我国社会主义现代化建设过程中，可以借鉴美国东北沿岸大湾区建设的经验，知己知彼、未雨绸缪，依托我国东南沿海现有湾区资源和优势，根据向海发展趋势和需求加快推进交通网络建设（专栏8—1），加快建设全球一流湾区和世界级城市群，实施中国"3+2+X"大湾区发展战略，尽快形成"金角银边"式的湾区发展模式新格局，打造中国快速崛起建设现代化强国的重要利器。

专栏 8—1　中国区域发展极、组群、组团之间的交通网络

依据国家区域发展战略和国土空间开发保护格局，结合未来交通运输发展和空间分布特点，将重点区域按照交通运输需求量级划分为 3 类。京津冀、长三角、粤港澳大湾区和成渝地区双城经济圈 4 个地区作为极，长江中游、山东半岛、海峡西岸、中原地区、哈长、辽中南、北部湾和关中平原 8 个地区作为组群，呼包鄂榆、黔中、滇中、山西中部、天山北坡、兰西、宁夏沿黄、拉萨和喀什 9 个地区作为组团。

加快构建 6 条主轴。加强京津冀、长三角、粤港澳大湾区、成渝地区双城经济圈 4 极之间联系，建设综合性、多通道、立体化、大容量、快速化的交通主轴。拓展 4 极辐射空间和交通资源配置能力，打造我国综合立体交通协同发展和国内国际交通衔接转换的关键平台，充分发挥促进全国区域发展南北互动、东西交融的重要作用。

加快构建 7 条走廊。强化京津冀、长三角、粤港澳大湾区、成渝地区双城经济圈 4 极的辐射作用，加强极与组群和组团之间联系，建设京哈、京藏、大陆桥、西部陆海、沪昆、成渝昆、广昆等多方式、多通道、便捷化的交通走廊，优化完善多中心、网络化的主骨架结构。

加快构建 8 条通道。强化主轴与走廊之间的衔接协调，加强组群与组团之间、组团与组团之间联系，加强资源产业集聚地、重要口岸的连接覆盖，建设绥满、京延、沿边、福银、二湛、川藏、湘桂、厦蓉等交通通道，促进内外连通、通边达海，扩大中西部和东北地区交通网络覆盖。

资料来源：根据《国家综合立体交通网规划纲要》整理。①

---

① 《国家综合立体交通网规划纲要》，人民出版社 2020 年版，第 12—13 页。

第二节　构筑"一主两副"广东沿海湾区发展格局

粤港澳大湾区已经上升为国家重大战略,随着交通技术的进步和我国经济总量继续增加,空间距离越来越不会成为更大区域融合的障碍,超大城市和都市圈集群也不会只是中国人的奢望,更多湾区将发展成为湾区经济形态。在广东,可以进一步发挥粤港澳大湾区的引领作用,以汕头湾区和湛江湾区为基础再造两个小湾区,形成"一主两副"的湾区经济发展格局,引领广东沿海经济带联动发展。

一、融入粤港澳大湾区,以汕头湾区打造粤东引擎

汕头湾区提出的时间并不晚,早在 2012 年,《广东海洋经济地图》就标出了"大汕头湾区",后来,汕头市委市政府在 2017 年汕头市第十一次党代会上再次提出,要打造"大汕头湾区城市格局"的目标。大汕头湾区主要是由韩江和榕江出海口形成的冲积平原加上外海的南澳岛共同形成,主要包括柘林湾(潮州)、海门湾(汕头)、神泉港(揭阳)三个相互连接的海(港)湾。①

汕头湾区条件十分优越。一是具有先天的开放基础。汕头是我国著名的侨乡,也是我国最早设立的五个经济特区之一,较早实行了对外开放政策,市场经济起步也比较早。由于潮汕人具有"东方犹太人"的经商特质,海外华侨遍布世界 100 多个国家,促进了当地外资引进和开放式潮汕文化的形成。二是具有优越的区位条件。汕头湾区北接潮州、西邻揭阳、濒临南海,历来就是我国海上丝绸之路的重要节点。向西,汕头湾区连接汕尾,与粤港澳大湾区、深汕特别合作区共同构成粤东沿海发展带;往

---

① 郑梦婕:《粤港澳大湾区背景下打造大汕头湾区城市格局的机遇、挑战及对策研究》,《特区经济》2018 年第 1 期。

东，汕头湾区连接以福建厦门为主体的海西经济区，有利于承接长三角和台湾的产业转移，是粤港澳大湾区向东带动粤东地区和连接福建、台湾地区共同发展的重要枢纽，也是粤港澳大湾区连接长三角区域的重要节点。三是港口条件优越。根据《中国海湾志》记载，汕头港水域面积辽阔，深水岸线稳定，避风条件较好，四通八达，外与东南亚、厦门、广州、上海等约50多个国家和地区通航，内经榕江、练江、韩江等可达粤东各县市，具有海河运输的综合优势。[1]不仅如此，汕潮揭地区具有改革开放的先机，工业比较发达，形成了制药、电子元器件、食品等产业，为港口提供了发展基础。四是具有体制机制优势。汕头作为我国经济特区之一，具有改革开放窗口的体制机制和先行示范作用。

建设汕头湾区的关键是要树立更加开放的心态，加快促进湾区要素集聚并形成湾区经济叠加优势。一是要加强港口、铁路等基础设施建设，增加与境外的货物运输。通过海运与公路或铁路运输的联系（海铁联运），将汕头湾区建设成为粤东地区连接南海通向世界的桥头堡，成为粤东地区海上丝绸之路的重要节点。二是要充分利用侨乡优势，加快建设临江经济区和华侨试验区，特别是要进一步发挥广东最靠近台湾的地理优势，成为我国探索港台"一国两制"新实践的重要示范基地。三是要紧紧抓住粤港澳大湾区国家战略机遇，形成与粤港澳大湾区的紧密合作关系。要利用粤港澳大湾区的引擎作用，紧抓深圳东进战略机遇，谋划"西联战略"，通过紧密连接深圳，加快建设两地的高铁、公路以及其他交通的高速联系网络，主动接受深圳的辐射，与港深紧密合作推动产业的快速发展转型，加快构筑深圳—汕头特区联动发展新轴带，在深圳左翼形成类似于广深轴带的主发展轴。例如，潮汕地区人文湾区底蕴深厚，有十分丰富的文化旅游资源，可以紧抓粤港澳大湾区建设人文湾区、休闲湾区、健康湾区的机遇，吸引港澳台及世界各地游客到汕头湾区旅游，与粤港澳大湾区共同建设全域旅游圈。四是要推动汕潮揭城市

---

[1] 中国海湾志编纂委员会：《中国海湾志（第九分册）》，海洋出版社1998年版，第50页。

群融合发展，以更加开放的心态相互包容，在汕潮揭城市群中合理布局城市基础设施，构筑城市交通优化，形成产业分工合理、城市功能互补、人财物自由流动的国际大都市圈。

二、依托粤港澳大湾区，以湛江湾区打造粤西引擎

据《中国海湾志》记载，湛江湾区原本就是一个原生和次生混合生成的溺谷型海湾，过去被称为广州港，该区域水域广阔，海岸曲折，岸线较长，湾内隐蔽、水深并适合建港，是我国华南地区仅次于香港、广州的天然良港。①

湛江湾区区位优势十分突出，东临南海并连接粤港澳大湾区，南接海南自由贸易港，西接北部湾，是我国海上丝绸之路的重要枢纽，也是目前北部湾融入粤港澳大湾区的重要节点（专栏8—2）。同时湛江湾区港口资源优越，是我国东南沿海与东南亚、欧洲、中东航运最近的港口。②因此，发展湛江湾区经济战略意义重大。一是有利于促进北部湾经济区加快融入粤港澳大湾区。我国推动北部湾经济圈由来已久，将来的北部湾经济圈发展必然要更多依靠粤港澳大湾区来带动，形成粤港澳大湾区与北部湾区联动发展，那么，位于北部湾和广东交界点的湛江湾区自然就成为粤港澳大湾区带动北部湾经济圈的重要节点。二是有利于广东融入国家"一带一路"建设。广东整个沿海是我国海上丝绸之路的重要出海口，但是如何与陆上丝绸之路连接仍然是个难题，湛江的开发有助于加快解决这个难题。一方面，湛江本身就是陆上丝绸之路的支点，因为湛江往西出广西、云南，就可以与南亚的巴基斯坦等南亚国家连接，形成陆上丝绸之路通道；另一方面，如果湛江湾区能够通过高铁连接重庆地区，就有可能将广东与我国广大中西部地区快速连接起来，形成新的陆上丝绸之路通道。由此，湛江湾区完全有可能成为我国既连通海上丝绸之路又通达陆上丝绸之路的重要支

---

① 中国海湾志编纂委员会：《中国海湾志(第十分册)》，海洋出版社1998年版，第244页。
② 中国海湾志编纂委员会：《中国海湾志(第十分册)》，海洋出版社1998年版，第244页。

点,从而带动整个广东参与"一带一路"建设。三是支撑海南自由贸易港建设。通过湛江湾区建设,可以使海南与内地有机连接起来,形成陆海联动、南北互济的发展态势。

从国家层面看,湛江湾区的建设首先要加强北部湾、海南岛与湛江的交通规划,布局重庆、湖南等中西部城市与湛江的快速交通连接通道,将湛江湾区建设成为粤港澳大湾区、海南自由贸易港、北部湾经济区等国家战略辐射和叠加的重要节点,使其成为"海陆内外联动、东西双向互济"[1]的重要枢纽。从广东省层面看,要充分利用粤港澳大湾区港珠澳大桥开通的机遇,加快规划粤港澳大湾区与广东西部城市的城际交通,推动陆海、空港建设,将湛江建设成为广东的重要交通枢纽。要进一步提升湛江城市发展能级,加强湛江与深圳、珠海、阳江、江门、茂名等城市的融合发展,借鉴深汕特别合作区"飞地经济"模式,推动香港、深圳、澳门到湛江发展"飞地经济",谋划广东沿海经济带的"西部特区",将湛江建设成为产业梯级发展的重要承载地,构筑国家新一轮改革开放的新高地。

> **专栏8—2 国家战略下的湛江交通规划**
>
> 1. 位于长三角与粤港澳交通主轴:形成上海港到湛江港沿海海上路径。
> 2. 位于西部通道走廊:形成西宁经兰州、成都/重庆、贵阳、南宁、湛江至三亚走廊。
>
> 资料来源:根据《国家综合立体交通网规划纲要》整理。[2]

---

[1] 《中国共产党第十九次全国代表大会文件汇编》,人民出版社2017年版,第28页。
[2] 《国家综合立体交通网规划纲要》,人民出版社2021年版,第14页。

第三节　探索"一核两翼"东南沿海湾区经济新模式

东南沿海有广义和狭义之分，我们在第一节已经涉及到了广义上的东南沿海，狭义的东南沿海主要是指福建、广东、广西、海南、台湾、香港和澳门等沿海地区。[①] 这一区域湾区资源十分丰富，除了上面讲到的汕头湾区和湛江湾区以外，北部湾湾区和厦门湾区也正在演变成为我国重要的湾区经济形态。因此，我们可以依托粤港澳大湾区和东南沿海优良的湾区资源，以粤港澳大湾区为核心，以北部湾湾区为西翼，厦门湾区为东翼，形成"一核两翼"的发展态势，并带动江西、湖南、贵州、云南、四川等泛珠三角区域联动发展，共同打造我国"一带一路"倡议的核心枢纽。

一、北部湾湾区：粤港澳大湾区的"西翼"

北部湾湾区位于粤港澳大湾区西部，是中国古代海上丝绸之路的始发地，也是华南经济圈、西南经济圈、东盟经济圈的重要结合部，是中国通向东南亚最近的出海通道。[②] 按照北部湾发展规划，北部湾区域主要包括广西的南宁、玉林、崇左、钦州、防城港、北海、广东的湛江，以及越南的下龙、海防等城市，实有陆地面积大约为 73913 平方千米，海岸线长约 2766.9 千米，总人口约为 2775 万，主要港口有防城港、钦州港和北海港等为主体，20 多个规模不等、功能各异、分布基本合理的港口群。[③] 在越南还有边水和海防港。目前，北部湾湾区已经形成了以电子信息、机械装备制造、生物医药、石油化工、临港产业等为主导的产业布局。虽然 2008 年国务院批准实施《广西北部湾经济区发展规划》以来，北部湾

[①] 孙久文主编：《区域经济学》，首都经济贸易大学出版社 2014 年版，第 257 页。
[②] 申勇：《我国东南沿海湾区经济发展路径探析》，《中国经贸导报》2017 年第 2 期。
[③] 韩康等：《北部湾新区：中国经济增长第四极》，中国财经经济出版社 2015 年版，第 28 页。

就提出了依托湾区发展经济的设想，但由于地处广西境内，区域整体经济实力相对较弱，经济要素比较分散，高技术产业相对薄弱，港口经济刚刚起步、内部港口重复建设，交通设施严重滞后，快速通达周边省特别是珠三角大市场以及东盟国家的陆路通道亟待完善，与经济腹地和国际市场联系不够紧密，湾区经济仍然处于初级发展阶段。[1] 因此，北部湾湾区要更加主动地加强与粤港澳大湾区合作，紧紧抓住 RCEP 签署带来的大机遇，推动与东盟地区的海上通道和门户建设，成为外接东盟国家、内联粤港澳大湾区的重要节点。[2] 北部湾湾区特别是要主动对接粤港澳大湾区，承接粤港澳大湾区的产业转移，学习和借鉴粤港澳大湾区的体制机制，引进前海、南沙、横琴等自由贸易区成功的运作模式，依托大湾区、利用大湾区，建设成为中国湾区经济新的增长极。

目前是北部湾湾区经济发展的最佳时机。主要有四个方面的原因：一是承接粤港澳大湾区产业转移的最佳时机。由于广州、深圳等珠三角地区房价上涨导致企业成本高涨，在房地产挤出效应下，一大批加工型企业需要向低成本洼地转移，相对于东南亚国家，北部湾湾区拥有低成本的同时还有着更好的区域优势。从地域上看，北部湾湾区是连接云南、贵州、重庆、四川等西部地区的重要枢纽，是粤港澳大湾区进一步辐射我国西部地区的重要节点。粤港澳大湾区建设将使广西的南宁、百色、防城港等地区与珠三角和港澳更加紧密地联系在一起，形成 3—4 小时都市圈。只要紧紧抓住这次粤港澳大湾区建设的大机遇，进一步转变观念，提高战略定位，加强开放力度，规划建设更加紧密互通互联的交通网络，建立比东南亚国家更好的营商环境，则完全有可能建设成为我国下一轮经济增长的增长极。二是西部陆海通道国家战略将带来千载难逢的历史机遇。我国正在谋划西部陆海通道，并有可能成为新的国家重大战略，这将给北部湾带来新的历史机遇。西部陆海通道将以北部湾为出海口，主动连接成渝大都市圈形成 2 小时交通通道，并通过成渝、汉中连接关中地区，将我国西部地

---

[1] 申勇：《我国东南沿海湾区经济发展路径探析》，《中国经贸导报》2017 年第 2 期。
[2] 申勇：《我国东南沿海湾区经济发展路径探析》，《中国经贸导刊》2021 年第 2 期。

区全部连通,全面形成由我国北部湾引领、贯通东西的对外开放新格局。如果陆海通道正式形成,中西部将有了自己的出海口,东西割裂发展的现状将彻底被改变,北部湾有可能成为国家这个大棋盘中的重要"黄金出海口"。三是海南建设自由贸易港带来的机遇。海南正在筹建自由贸易港,防城港、铁山港等港口正在加大基础设施投入力度,北部湾湾区经济的发展将有自由贸易港作为自己的支撑,无论是开放力度和底气都是前所未有的,城市功能将会得到较大提升,对于北部湾城市形成合力建设国际一流湾区和世界级城市群具有重大推动作用。四是RCEP签署带来的重大机遇。RCEP是《区域全面经济伙伴关系协定》的简称,由东盟于2012年发起,成员包括中国、日本、韩国、澳大利亚、新西兰和东盟十国共15方组成,涵盖人口超过35亿,占全球47.4%,国内生产总值占全球32.2%,外贸总额占全球29.1%,是全球涵盖人口最多、最具潜力的自由贸易区。① 经过八年的谈判,最终于2020年11月15日以视频方式举行第四次区域全面经济伙伴关系协定国家领导人会议,成员国正式签署了《区域全面经济伙伴关系协定》(Regional Comprehensive Economic Partnership,RCEP)。该协议的正式签署对于位于南海最前沿的北部湾意义重大,将给北部湾区的发展带来光明前景。一方面,北部湾内部包括了广西、广东和越南的部分城市,RCEP将有助于这些城市进一步加强自由贸易,依托湾区形成湾区命运共同体,加强区域内的资源优化融合,降低湾区经济交易成本,提高湾区经济发展效率。另一方面,加强北部湾与外部城市的联系,推动湾区与东盟、日本、韩国、澳大利亚、新西兰形成自由贸易,使湾区的资源配置进一步扩大到RCEP区域,并通过这一区域形成资源的全球配置。

二、厦门湾区:粤港澳大湾区的"东翼"

厦门湾区位于粤港澳大湾区以东的区域,地处闽南金三角中部,直接面对台湾海峡,连接东海和南海,是对接长三角和珠三角的重要湾区城市

---

① 张悦:《RCEP成员国与中国贸易关系研究》,《合作经济与科技》2021年第15期。

群。① 由于泉州"刺桐港"在元朝以前就曾经是世界第一大港口，厦门湾区是我国海上丝绸之路的起始点。厦门湾区由厦门、漳州以及泉州湾区共同组合而成，主要包括厦门、漳州、泉州、福州和金门等城市，湾区拥有厦门经济特区和平潭、厦门自由贸易区，具备经济特区和自由贸易区的双区叠加优势。该湾区总体陆地面积约为25331.6平方千米，海域面积约为30260平方千米。② 湾区内经济发达，交通方便，已经拥有电子信息、机械装备、石油化工、服装食品、建材建筑等优势产业。

与世界主要发达湾区经济相比，厦门湾区经济还处于起步阶段，总体发展水平相对滞后，一是港口经济发展还处于单兵作战状态，厦门及周边港口主要有厦门港、漳州港、泉州港、秀屿港、福州港等，还没有形成分工与合作，港口能力和作用发挥也非常有限；二是产业集群效应不够突出，科技创新能力仍然有待于进一步提升，没有形成像粤港澳大湾区一样的产业链条合作模式；三是城市群发展相对滞后，湾区有一些全国优秀城市，如厦门、福州等，但相对于粤港澳大湾区有广州和深圳等国家一线城市、沪杭甬大湾区有上海和杭州等一、二线城市、环渤海大湾区有北京和天津等国家直辖市，厦门湾区城市的发展水平还远远不够，而且城市之间缺乏合作；四是厦门湾区与台湾虽然一峡之隔，但由于历史和政治原因，两地难以形成正常的经济往来和城市交往。因此，该区域要进一步增强发展湾区经济的意识，通过湾区内的港口、产业和城市合作，形成"港口群＋产业群＋城市群＋创新群"的叠加优势，尽快跻身于我国五大湾区经济发展行列。

当前，厦门湾区要加大对外开放力度，充分发挥厦门经济特区的体制机制优势，通过建设港口联盟形成沿海扩大开放带，充分发挥海上丝绸之路核心区的优势和与台湾地缘、文化等独特优势，推动海峡两岸在更广范围、更大规模、更高层次上深化合作，将厦门湾区打造成为我国走向东海和南海的重要出海口，带动江西、福建等中部城市共同实现均衡发展。③ 在产业发展方面，重点要加强福州、厦门、泉州等城市先进制造业和集成

---

① 申勇：《我国东南沿海湾区经济发展路径探析》，《中国经贸导报》2017年第2期。
② 杨益生：《构建厦门湾现代城市群》，《城市发展研究》2001年第5期。
③ 申勇：《我国东南沿海湾区经济发展路径探析》，《中国经贸导刊》2017年第2期。

电路产业等基地建设。特别是科技创新方面要有所作为，充分发挥大学和先进制造业优势，积极培育芯片研发制造、新能源、新材料等战略新兴产业，构筑东南沿海先进制造业产业引领带；在区域方面，要主动加强与粤港澳大湾区以及沪杭甬大湾区对接，充分利用两大湾区资源构筑集聚发展的力量，加强与东盟国家人文交流和经贸合作，积极扩展自己的发展腹地，加快建设成为国际一流湾区和世界级城市群。

第四节 实施"3+2+X"中国大湾区战略

当我们的视线从广东到东南沿海再向全国整个沿海进一步延伸时，我们似乎看到了正在成型的中国的"纽士华海岸"[1]，大大小小的湾区串连成珠，成为中国现代化强国战略的一个个"金角"[2]。中国的边缘沿海地区将在湾区经济的带动下，依托湾区率先构筑国内国际双循环发展新格局，成功转换为中国配置国内国外资源的经济中心。

一、"3+2+X"中国大湾区战略的基本要求

（一）实施范围

所谓"3+2+X"是指依托我国沿海有利的湾区地形，构筑湾区引领、沿海联动的"金角银边"式国家大湾区战略。"3"是指我国的核心湾区，包括粤港澳大湾区、沪杭甬大湾区、环渤海大湾区，"2"是指北部湾湾区和厦门湾区。这五大湾区依次构成我国沿海不同区域的出海口，分别带动我国东北、中部、西部区域全方位开放，从不均衡发展转变为均衡发展，达到整个国家的全面高质量发展。其中，粤港澳大湾区、沪杭甬大湾

---

[1] 以波士顿湾区、纽约湾区、华盛顿湾区为代表的美国东部海岸湾区经济。
[2] 围棋术语，金角银边草肚皮。在本书上篇，作者将金角比作湾区、银边比作沿海。

区、环渤海大湾区成为我国核心湾区，粤港澳大湾区主要担当泛珠江三角洲区域的核心引擎；沪杭甬大湾区主要担当长江经济带、长三角一体化等区域的核心引擎；环渤海大湾区主要担当我国华北、东北、山东地区及黄河经济带的核心引擎；北部湾湾区和厦门湾区将成为我国东南沿海重要湾区，其中，北部湾湾区将作为我国西南地区以及西部区域的重要引擎，成为我国陆海通道连接广大中西部地区的重要枢纽；厦门湾区将主要承担闽西经济区的重要引擎；这两大湾区将与粤港澳大湾区共同推动东南沿海联动发展。通过这五大湾区建设，基本上可以形成我国"陆海内外联动，东西双向互济"的开放格局，从空间上构筑国内国际双循环新格局的重要节点，支撑国家的新一轮改革开放和现代化建设，推动各内陆城市与湾区城市协同合作、优势互补、开创国家从不均衡向均衡的高质量发展新局面。目前，粤港澳大湾区、沪杭甬大湾区的湾区经济发展已经基本成熟，环渤海大湾区以京津冀为重点的湾区核心正在形成，北部湾和厦门湾区经济仍处在起步阶段。随着我国经济总量不断增大和对外开放进一步扩大，以粤港澳大湾区和沪杭甬大湾区为代表的湾区经济将带动示范其他湾区逐步走向湾区经济发展形态，构筑我国对外开放和区域合作的强大引擎。"X"是指我国除以上5个大湾区以外有可能形成的其他小型湾区经济，主要包括：汕头湾区、湛江湾区、台州湾区和青岛湾区等。根据《中国海湾志》记载，中国大大小小湾区大概有200多个，但由于有些面积太小、有些地形不利于开发，真正形成湾区经济的湾区不会太多。证如前面所述，汕头湾区和湛江湾区无论从地理条件还是城市群分布情况，都有可能成为新的湾区经济体。而粤港澳大湾区有可能与美国东部的纽约湾区带动波士顿与费城湾区一样，带动汕头湾区和湛江湾区共同构筑湾区经济集群发展态势。对于青岛湾区和台州湾区，由于前述未作介绍说明，特别作一点补充介绍。

1.青岛湾区。青岛湾是以胶州湾区为核心，主要由青岛的几个区构成，周边有日照市、潍坊市、烟台市等城市。青岛胶州湾区海湾面积大约有397平方千米，岸线长187千米，[①] 水深域阔，浪小淤轻，长年不冻，

---

① 中国海湾志编纂委员会：《中国海湾志(第四分册)》，海洋出版社1998年版，第157页。

湾区内港口发达。由青岛大港区、黄岛油港区、前湾港区和董家口港区四大港区组成的青岛港是全国排名前 6 名的港口，烟台港和日照港也有较好的发展前景。2011 年青岛胶州湾大桥顺利开通，使湾区形成独特的闭环型。青岛湾区无论是湾区地理形态、港口状况还是区位开放条件都比较适合发展湾区经济，唯一的不足是周边的城市发展还不够，城市群还没有得到较好的发展。随着快速铁路技术的进步，离湾区较远的城市通过快速交通会拉近与湾区的实际距离并成为湾区的腹地，湾区的资源完全可以由周边城市来共享，并依此形成以青岛为核心的城市群，带动周边城市快速工业化和城市化。

青岛湾区的发展可以借鉴美国波士顿湾区的成功经验。波士顿作为美国最早发展湾区经济的地区，与青岛有着极其相似的条件。美国依托波士顿海湾发展湾区经济，成功地推动了湾区的产业革命、城市化和科技创新，成为湾区经济的典范。因此，青岛湾区可以以美国波士顿湾区为参照系，充分利用自己优良的湾区资源和海港条件，推动战略新兴产业进一步集聚，以青岛制造的品牌资源和当地优美的旅游资源以及一流的城市环境形成湾区要素叠加并推动城市质量提升，同时在湾区辐射方面多做文章，加强与周边城市合作并形成共赢发展，青岛湾区一定会成为我国重要的湾区经济形态。

2. 台州湾区。目前浙江省已经制订了发展台州湾区经济试验区的相关计划。从地理上看，台州湾区主要由台州湾、三门湾、乐清湾等三个海湾共同组成。其中，台州湾位于浙江省中部沿海，南北分别连接温州和宁波两个开放城市，是开敞的河口湾，台州港为浙江省第三大港，台州是长三角先进制造业基地和重要出口基地，集聚了浙江头门港新区、浙江化学原料药基地、临海区块产业基地、吉利汽车产业园、无人机产业园、浙江大麦屿对台经贸合作区等产业集群；三门湾位于全国海岸线中心位置，分属于宁波和台州，三门湾目前主要集聚了一批国家级的核能和风能等清洁能源产业集群；乐清湾位于浙江省南部沿海，属于温州和台州市，港口资源比较丰富，其中温州港是我国十大港口之一，产业比较发达，生物医药产业相对集中。随着我国经济不断发展，浙江经济发展质量进一步提升，湾区经济将成为浙江省经济发展的重要形态,台州、三门、乐清等组成的湾区群可以充分利用各自的优势互补发展,成为浙江发展湾区经济的先行区。因此要充分发挥港口优势,进一步形成以汽车制造等具有国际影响力的先进制造业、无人机等战略新兴产业、重要化工产业、海洋生物医药食品产业、核电和风电等清洁能源产业为重点的产业集群,加快湾区基础设施建设,推动台州、温州等城市的深度城市化,使该地区成为我国海陆联动、产业集聚、城市发达的湾区经济新亮点。

(二) 战略要求

1. 全方位。一方面,尽管我们拥有约 300 万平方千米的海洋面积,约占陆地面积 1/3,但我们的海域所分属的黄海、渤海、东海、南海,除黄海与渤海外,几乎都与其他国家存在一些有争议的地区,尤其是南海被其他国家侵占了很大一部分,我们实际管辖的海域面积要少得多。另一方面,我们拥有 1.8 万千米的海岸线,但单位陆地面积平均拥有的海岸线长度仅为 0.0019 千米,远低于日本、越南等国家,而且主要集中在东南沿海海岸,使得我们的大部分陆地远离出海口,不像美国拥有优质的东西海岸并形成双向出海口带动。面对这样短缺的海洋资源和岸线资源,我国更应该珍惜我们的湾区资源,加快实施全方位的大湾区战略,即充分利用沿海湾区有利形态实施湾区引领和海陆联动,由每个湾区带动区域辐射范围内的陆地实施对外开放,从而形成整个国家全方位的对外开放格局。例如,粤港澳大湾区建立后,不仅能带动珠三角地区的进一步开放,更重要的是能带动周边内陆地区逐步对外开放。首先要带动广东省河源、梅州、韶关等山区城市共同对外开放,其次要进一步带动湖南、江西、福建等泛珠三角省份城市共同对外开放。这里,我们讲的全方位,不仅指湾区地区要充分发挥自己的沿海优势带动内陆城市开放,同时要求中西部地区也要改变观念和做法,从过去的"等、靠、要"的开放形式变为主动出击,融入大湾区积极寻找属于自己的湾区和出海口,以此推动全国走向从不均衡到均衡的区域高质量发展道路。

2. 多视角。战略就应该是多方面的综合谋划,1777 年法国人梅齐乐在《战略理论》一书中,把古人所使用的"将道"概念进行演化,提出了"战略"概念,并将其定义为"作战的指导"①。从早期提出的战略来看,主要是针对战争谋略而提出来的。但是,现在的战略已经不仅仅局限于作战指导或者某一个方面的指挥,而是多方面的综合谋划,例如政治、经济、文化、社会、生态、军事等方面所形成的大战略。基于此,中国大湾区战略也不会是某个单一方面的战略,即便粤港澳大湾区战略最早是根据湾区经济这个概念提出来的,但一旦上升为国家重大战略,它就已经打破了区域经济的禁锢,包含政治、经济、文化、社会、生态等综合性的战略内涵。例如,由于粤港澳大湾区包括香港、澳门和广东珠三角地区,"一国两制"就是大湾区必须面对的首要问题,如何在"一国两制"的原则下实现大湾区内部人财物等要素资源的便捷流动就自然而然地成为战略需要考虑的重点,这就是最大的政治问题。同时,在制定中国大湾区战略时,生态问题也是首当其冲的共性问题,如果以牺牲生态环境来实施大湾区战略,很可能导致战略的灾难性失败。因此,我们提出的中国大湾区战略应该是包括政治、经济、社会、文化、生态、军事、外交等各个方面在内的既有开放也有区域合作的复合性战略。

3.谋长远。任何一项发展战略都不是短期的,而是追求长期目标的远期谋划。中国经历了40多年的改革开放,以经济特区引领实现了沿海、沿边和内陆开放形式,开创了中国特色社会主义事业,推动了社会主义市场经济的发展,2020年经济总量首次突破100万亿人民币,稳居世界第二位。相对于前40年,我们的改革进入了深水区,开放也受到了各种各样的阻碍,接下来的路程相对要艰难很多,我们不仅面对国内矛盾的巨大挑战,同时也面对国外敌对势力和竞争对手的打压,如何实现中华民族伟大复兴的中国梦?湾区如何发挥更主动积极的作用?需要我们审时度势、长期谋划。

第一,我们面临的国际经济形势已经发生较大变化。改革开放起步阶段,正值国际产业大转移时期,美国、日本、德国等发达国家都需要将自

---

① 孙新培:《战略概念的演变与国家战略学的建构》,《发展研究》2017年第10期。

己过剩的资金和产业往其他低成本国家转移,当时我们建设经济特区,可以说正好顺应了国际产业大转移的大势。香港、台湾地区首先将其加工产业往深圳等珠三角地区转移,日本则顺势将一部分产业转移到中国,获得产业升级的机遇。相对于当时的情势,我们现在要困难得多,一方面,各发达国家不再急于进行产业转移,而是"再工业化"和产业再造;另一方面,我们还面临东南亚国家的低成本挤压,国内大量产业开始转移到东南亚和印度等国家和地区。这就意味着,我们产业大量转入的风光不再,产业转出去或被挤出去的现象将屡屡出现。

第二,我们面临的国际政治形势更加复杂。一些西方国家不愿意看到中国崛起,在政治上给中国制造各种麻烦,经济上对我国贸易和科技发展进行围堵,他们深知世界强国发展之门道,极力阻挠中国海洋和科技发展道路。一方面,从地缘政治上对中国进行围堵,加紧封堵中国沿海区域,挤压我国海洋发展空间,拒我国于海洋强国之外;另一方面,在科技上不断对我国龙头科技企业进行"卡脖子",从科技核心技术和产品实行全面精准"断供",打断我国产业链供应链,试图将我国剔除出科技强国之列。

第三,国内的发展环境也在发生变化。一是随着房地产价格不断上涨,人力、资本、土地和厂房等生产要素价格不断上涨,企业经营成本变得越来越高,经营环境越来越困难;二是科技创新能力亟待提高,尤其是核心技术受人控制的局面没有得到根本改变,制约基础科学研究的体制机制障碍仍然存在,国家转型升级面临着较大压力;三是资源环境制约日益突显,尤其是部分城市空气污染仍然严重,河流污染情况不容乐观,食品安全风险依然存在;四是地区发展不均衡的状况没有得到根本性改变,发达的地区更发达,落后的地区更落后,地区发展的绝对差距还在逐步扩大。

由此我们可以确认,尽管我们找到了由湾区引领国家对外开放的强国路径,但是就像当年我们依托经济特区杀出计划经济重围,闯出一条社会主义市场经济道路一样,湾区经济的产生和发展也一定不会是一帆风顺的,大湾区战略从来就不会一蹴而就,我们将面临许许多多意想不到的困难和复杂局面,需要保持定力,以积跬步以至千里、积小流以成江海的毅力，谋划现代化强国建设的大湾区发展战略。

4. 分步走。为了更好地推进中国大湾区战略，可以采取分"三步走"推进的实施策略。通过"三步走"分阶段推进，紧抓新的机遇期从点到线再到面，全面形成湾区引领的"海陆内外联动，东西双向互济"①的全面开放格局，实现中华民族伟大复兴中国梦。

（1）探索先行阶段（2018—2025年）

这一阶段，我国经济稳步发展，稳居世界第二大经济体位置，湾区经济处于探索发展阶段。重点选择粤港澳大湾区作为国家重大战略进行试点，全面落实《粤港澳大湾区发展规划纲要》，扎实推进粤港澳在湾区建设的引领作用，一是积极探索大湾区内各城市融合发展的体制机制，以及香港、澳门融入国家发展大局的制度探索；二是积极探索大湾区内科技创新资源的互补合作经验，加快粤港澳大湾区国际科技创新中心建设；三是积极探索大湾区城市群形成世界影响力的具体路径等。这一阶段，粤港澳大湾区建设初具形态，广州、深圳、香港、澳门等大湾区核心引擎基本形成并发挥引领作用。科技创新初具特色，广深港澳科技创新带已经布局并打造成为全球创新网络枢纽和战略新兴产业集聚地，优质生活圈初步建成，湾区内生态环境优美，初步形成共同保护湾区环境建设美丽湾区的体制机制。

（2）多点互动阶段（2025—2035年）

我国经济发展进入赶超阶段，湾区经济发展进入快速推进新阶段。在粤港澳大湾区建设的基础上，进一步探索湾区经济发展规律，将粤港澳大湾区建设经验进一步延伸到其他湾区。一是大力推动沪杭甬大湾区发展，构筑长江三角洲区域一体化、长江经济带、沪杭甬大湾区多层次联动发展态势，形成与粤港澳大湾区互为支撑的东南沿海"金角银边"湾区经济发展引擎；二是推动设立环渤海大湾区，构筑京津冀协同发展、东北大开发和山东半岛互动发展格局，形成我国整个沿海湾区经济发展引擎；三是推动北部湾湾区、厦门湾区、汕头湾区、湛江湾区、台州湾区、青岛湾区等

---

① 《中国共产党第十九次全国代表大会文件汇编》，人民出版社2017年版，第28页。

湾区经济发展，以粤港澳大湾区引领汕头湾区和湛江湾区并进而在更大区域内带动北部湾湾区和厦门湾区的联动，形成东南沿海湾区经济联动发展新格局，并与沪杭甬大湾区、环渤海大湾区等共同构成我国大湾区战略完整体系，与我国2035年建成社会主义现代化国家的目标同步推进。

（3）全面推进阶段（2035—2050年）

大概率事件是，我国经济已经超过美国成为世界第一大经济体，社会主义现代化国家基本建成，湾区经济进入全面发展阶段。中国大湾区战略不能简单地停留在点或者线的布局上，完成点线布局仅仅是发展的第一步。中国实施大湾区战略的目的是要找到一条通向社会主义现代化强国的路径，最终是要带动包括内陆地区在内的整个中国走向现代化之路。因此，在全国沿海湾区实现空间布局形成"金角银边"以后，大湾区战略重点将转向如何通过大湾区带动广大中西部地区发展并实现陆海联动。例如，粤港澳大湾区将与北部湾湾区和厦门湾区形成"一核两翼"，重点探索如何带动泛珠三角地区全面发展，形成泛珠三角区域海陆内外联动发展态势，重点在于推动中西部地区加快开放发展；沪杭甬大湾区重点探索如何实现海河联动，带动长江三角洲一体化和长江经济带协同发展，带动整个中部区域开放发展；环渤海大湾区主要带动东北地区发展，推动实施东北振兴战略，通过大湾区形成沿海湾区与沿江河口互动发展机制，形成东西互济发展格局。这一阶段的中国大湾区战略重点要围绕社会主义现代化强国战略来推进，可以这样说，中国"3+2+X"的大湾区战略全面建成之时，就是中国社会主义现代化强国梦实现之时，也是中华民族伟大复兴到来之时。

二、"3+2+X"中国大湾区布局的战略价值

（一）"一带一路"建设的重要平台

中国大湾区战略将成为21世纪"一带一路"的重要平台。一是大湾区战略将为"一带一路"建设提供贸易交往平台。大湾区战略的实施将形成中国通往"一带一路"的枢纽，一方面，国内将主要通过高铁和高速公

路建设，实现各大重要城市与大湾区的对接；另一方面，大湾区港口将实现高效重组，形成进一步对"一带一路"沿线国家的开放。这样，海铁的有效对接将大大促进我国与"一带一路"沿线国家的贸易交往，支撑国家对外贸易的进一步扩展。二是大湾区战略将为"一带一路"建设提供科技创新平台。大湾区战略的一项重要任务就是要建设国际科技创新中心，湾区内一批城市在科技创新方面将走在世界前列，那么，他们完全可以将一些科技成果服务于"一带一路"建设。例如，广州、深圳、上海等城市就可以利用自己的科技创新能力打造成为"一带一路"的重要创新源，更好地服务于"一带一路"沿线国家和地区的发展需求。三是大湾区战略将为"一带一路"建设提供产业合作平台。按照国外发达湾区的经验，我国大湾区战略将推动湾区内高端产业更加集聚，产业加速转型升级。促使部分企业走出去向"一带一路"沿线转移，部分产业向"一带一路"沿线延伸，也会使湾区内不同的城市到"一带一路"沿线寻求新的产业合作发展机遇。四是大湾区战略将为"一带一路"建设提供金融等服务平台。中国三大湾区几乎都是我国国家或地方的金融中心，而"一带一路"沿线的开发将催生出大量诸如海洋金融业务之类的金融服务方面的新需求，必将带动大湾区企业、金融行业主动进行合作与发展。

（二）现代化强国建设的重要支撑

中国共产党第十九次代表大会报告明确提出了新时代"分两步"走在本世纪中叶建成社会主义现代化强国的宏伟目标，即到 2035 年基本实现社会主义现代化，到本世纪中叶把我国建成富强民主文明和谐美丽的社会主义现代化强国。[①] 这就给我国提出了一个重要的课题，即如何找到一条在较短的时期从一个大国富国向强国转变的路径。

对于强国之路，学界专家们也一直在讨论和研究。马汉在其著名的著作《海权论》中通过对 1660—1783 年长达一个多世纪的强国战略的分析，提出了海权的控制对于国家强大的重要性。按照他的说法，如果没有海

---

① 《中国共产党第十九次全国代表大会文件汇编》，人民出版社 2017 年版，第 23 页。

权,一个国家崛起为世界强国几乎是不可想象的。无独有偶,另一位学者哈尔福德·麦金德在1904年1月24日向英国皇家地理学会宣读了题为《历史的地理枢纽》的论文,他得出了与马汉似乎相反的结论。他认为,过往的世界贸易大部分依靠海上运输进行,海权不仅影响经济活动,而且影响政治和军事变革。但是,现在的情况发生了变化,随着现代化、铁路、新型农业和采矿技术的发展,铁路运输将发挥更大的作用,处于陆地的中亚将重新回到世界中心的位置。① 无论是马汉先生的海权论还是麦金德先生的陆权论,我们都应该看到,一方面,在海洋强权时代,湾区经济对于国家的强大发挥了不可或缺的作用。自18世纪中叶工业革命以来,英国凭借其优良的海湾条件,首创湾区经济与工业经济相结合的模式,建设成为世界头号海洋强国。19世纪末20世纪初,美国借助东西海岸湾区经济优势,主动推进第二次和第三次工业革命,以工业革命和湾区经济开创强国时代,积极面向大西洋和太平洋建设海洋强国并称霸全世界。另一方面,尽管随着高速铁路的兴起,海洋强权可能不再有以往时代的辉煌,但是,陆权真正要取代海权至少在很长一段时间内都难以实现。因为陆权论者忽视了一个重要的前提,即海权的产生所依赖的海上"高速公路"是公海,无须经过任何国家,而陆权则不同,即便是科技发达到如此高的水平,高速列车可以飞驰而过,但如何保障所经国家的利益一致性,这个问题可能需要很长时间的探索。而这一时期,湾区经济将海运和陆运以及空运有机地结合起来,在保留海洋四通八达运输便利的条件下,通过高铁将内陆与海洋有机地联系在一起,使一个国家更容易实现向海发展,提供了更加可靠更加有效的综合交通模式。由此可见,一个既拥有通向世界的海洋又具有连通内陆的铁路枢纽的湾区更加有可能对于国家走向强大形成更有力的支撑,这种支撑不仅是地理空间上的,而且是工业和科技全方位的。

中国要建设成为世界现代化强国,应该在学习和借鉴发达国家成功经验的同时,进一步认清湾区经济在社会主义现代化强国建设中的内在规

---

① [英]保罗·肯尼迪:《英国海上主导权的兴衰》,沈志雄译,人民出版社2014年版,第198—199页。

律，加快实施中国大湾区战略，借大湾区发展推动中国从大陆经济转向向海经济、从大陆国家转向海洋国家、从大陆大国转向海洋强国，一是通过加强港口群基础设施建设和航线的增加，实现从陆地发展向海陆统筹发展转变，从陆基向海基转变，推动空间格局、产业格局向海洋拓展，充分发挥大湾区对于海洋强国的支撑作用。二是进一步推动产业集聚，加快产业转型升级，抢占产业制高点，构建大湾区金融中心的核心引擎功能，发挥大湾区对于工业强国的支撑作用。三是通过提升科学研究、技术创新和成果转化能力，实现核心技术的自主研发，加强科技与产业的有机结合，紧抓第四次工业革命机遇，促进互联网、人工智能、机器人、新材料、生命科学、云计算、工业 4.0、大数据、信息技术和制造业的有机融合，充分发挥大湾区对于科技强国的支撑作用。四是通过高铁枢纽的建设，推动海铁联运的有机结合，形成通达全球的航运网络，增强国家的进出口能力，提升全球资源配置水平，充分发挥大湾区对于贸易强国的支撑作用。

（三）"一国两制"的重要示范

国家统一最根本的方针是要落实"一国两制"的科学构想，"一国两制"不仅是香港、澳门回归祖国的重要基石，也是最终解决台湾问题的基本指导方针和完成祖国统一的最佳模式。

粤港澳大湾区的设立和建设就是一面"一国两制"实践的旗帜，港澳融入国家发展大局的成功案例可以为台湾融入国家发展大局找到一条正确的道路。因此，粤港澳大湾区战略不仅要在建设一流湾区上花工夫，更要在推动香港、澳门融入国家发展大局和港澳青年同胞对于祖国认同上下功夫。

第一，以粤港澳大湾区为试点，全面开放港澳青年进入粤港澳大湾区，完善港澳青年进入大湾区就业、医疗、社保、置业、求学等一系列制度设计，支持三地教育、科技资源进一步融合互补发展，推动港澳全面融入粤港澳大湾区建设之中，使"一国两制"基本方针产生更加强大的生命力和说服力。

第二，以厦门湾区建设为契机，全面促进闽台两地贸易交往。厦门湾区是最靠近台湾的地方,也是目前与台湾交往最多的区域。建设厦门湾区,有利于台湾人民对于"一国两制"进行深入了解,使"一国两制"逐步深入人心,推动国家统一大业早日实现。

第三,以沪杭甬大湾区等其他湾区建设为平台,推动港澳台同胞全面参与国家建设。长三角地区拥有最多的台资企业和台湾同胞,仅苏州就拥有10多万名台湾同胞,因此可以把大湾区建设成为台湾融入国家发展大局的窗口,促进台湾同胞广泛地进入长江经济带谋求发展。

三、"3+2+X"中国大湾区战略的实施重点

(一) 加快构筑我国湾区引领的改革开放新格局

40多年前,改革开放总设计师邓小平同志在南海边画了一个圈,建立了深圳、珠海、汕头等经济特区,要求"杀出一条血路来","不改革开放,只能是死路一条",开启了我国改革开放新时期。40多年后的今天,习近平总书记再次来到南海边,宣布建立粤港澳大湾区和深圳中国特色社会主义先行示范区,又一次在南海边上画了一个圈,强烈地发出了改革开放再出发的号召,推动中国实现社会主义现代化强国复兴梦。40多年来,经济特区为国家改革开放进行了大胆试验,创造了上千个国家"第一"[①],推动国家成功走向了市场经济。今天我们的改革开放也应该充分发挥粤港澳大湾区的先行先试作用,让粤港澳大湾区再次成为新时代中国再次改革开放的试验和窗口,构筑湾区经济引领的对外开放新格局。一是以粤港澳大湾区为引领,发挥前海深港现代服务业合作区引擎功能,积极探索"一国两制"新实践,促进香港、澳门进一步融入国家发展大局,带领泛珠三角地区进一步深化改革,提升对外开放水平;二是以沪杭甬大湾区为引领,带领长江经济带和长江三角洲地区进一步加大开放力度;三是以环渤海大湾区为引领,带领京津冀、东北、内蒙古和山东等区域一体

---

① 深圳经济特区建立后,大胆试验,在土地制度改革、外资引进、人事制度改革等方面,率先为全国积累了经验,据统计,创造了上千个全国第一。

化发展，推动我国北方地区的改革开放；四是以北部湾湾区为引领，实施西部陆海通道计划，连接广西、重庆、成都、陕西、甘肃等中西部地区共同开放，构筑陆海联动开放的新样板；五是以厦门湾区为引领，加快推进闽西经济圈改革开放，为国家完成祖国统一的伟大事业作出贡献。上述五大湾区发展不是独立的，而是相辅相成、联动共生，在我国沿海形成一颗颗璀璨的明珠，构筑"金角银边"沿海连绵城市带，引领沿海经济带形成整体发展，完善我国改革开放空间布局，构筑湾区引领的对外开放新格局。

（二）加快形成新时代国家高质量发展的新中心

国家要实现高质量发展，就是要建立以科技为支撑的现代产业体系、可持续的生态与经济双赢的发展环境、人民共享发展成果的公平分配方式、均衡协调发展的区域合作模式等。"3+2+X"的大湾区战略正是体现了高质量发展这一时代要求，将成为我国高质量发展的典范和中心。一是要充分利用粤港澳大湾区一流的科技创新条件，发挥"香港国际一流大学＋香港国际金融中心＋深圳科技产业＋珠三角制造业基地"的科技创新叠加效应，打造广深港澳科技创新走廊，合力建设深港科技创新合作区，推动深圳综合性国家科学中心的主阵地建设，加快建设粤港澳大湾区国际科技创新中心。二是要充分利用沪杭甬大湾区一流的金融创新资源，发挥"上海国际金融中心＋杭州互联网产业＋宁波风险投资"的资源叠加优势，加快推进上海科创板发展，推动风险投资和外国著名金融资本总部在上海集聚，全力服务区域科技创新产业，形成"科技＋金融"的产业业态，加快建设沪宁杭大湾区国际金融中心。三是要充分利用和发挥北京政治中心功能，促进京津冀区域一体化和协调发展，大力弘扬中华民族优秀文化，推动会展中心、博物馆、国际交流中心等首都文化要素集聚，促进东北老工业基地转型升级，加强环渤海大湾区港口建设和分工合作，推动大湾区交通设施互联互通，特别是要加快北京非首都功能产业外迁，提高空气质量，提升首都功能，加快建设国际政治文化中心。四是要充分利用北部湾港口资源，加快推进西部陆海通道建设，突破我国东西部发展瓶颈，探索港铁联运新模式,加快建设北部湾湾区西部区域协调发展中心。五是要充分发挥厦门区位和生态优势,加强港口建设和促进科技进步,进一步促进与台湾的交流,积极探索国家统一和"一国两制"新实践,大力倡导生态与经济双赢的理念,加快建设厦门湾区国家生态经济中心。

(三)加快形成我国双循环新发展格局的重要枢纽

中国共产党第十九届五中全会正式提出了国内国际双循环的新发展格局,实质上是要动员全国力量在国内国际资源配置中进一步发挥双向互补作用,提升资源配置效率。湾区经济的核心功能就是以湾区为核心优化区域资源配置手段,实现全球资源的有效配置,达到资源利用的高度集聚和全球调配,与国内国际双循环战略如出一辙、有异曲同工之妙。一是紧紧抓住新时期的战略机遇期,主动迎合新一轮科技革命和产业革命的新机遇,将我国大湾区建设成为对接世界科技革命,提供国内科技供给的重要主阵地。二是优化布局湾区经济发展空间结构,充分利用我国湾区"富可敌国"①的现状,在国内循环中扩充几个大湾区辐射范围,形成湾区引领、陆海联动、抱团消费的新局面,逐步增强国内大循环和扩大内需的发展动能。三是将湾区建设成为我国产业链供应链创新链的"护卫舰"。中美之间的竞争将更加激烈,美国对我国科技领域的"卡脖子"行为不仅不会收手,反而更加毫不留情,面对日趋复杂的国际环境,我们要充分利用湾区的有利条件,加大基础科技投入和研究力度,提升我国供应链产业链自主自强能力,全面增强我国产业链供应链的水平与安全。

(四)加快打造推动国家现代化强国建设的核心引擎

党的十九大报告提出中国要在本世纪中叶建成富强民主文明和谐美丽的社会主义现代化强国。世界强国之路已经表明,强国建设离不开湾区经济,也离不开城市化和工业革命。因此我们要充分认识世界强国的建设

---

① 粤港澳大湾区2019年GDP达到了11.58万人民币,合计1.67万美元,超过俄罗斯、韩国的经济总量。见第五章第134页。

规律，充分发挥中国特色社会主义的制度优越性，将"3+2+X"大湾区战略打造成为中国强国建设的核心引擎。一是要加快创新驱动，充分发挥大湾区在创新和产业等方面的引领性，推动5G、新一代电子信息、互联网、生物医药等创新型经济发展，突破国外关键领域和技术的封锁，加快科技湾区建设，将我国大湾区建设成为第四次工业革命的核心引擎。二是要加快城市化进程，实施大湾区都市圈集群计划，充分发挥京津冀城市群、长三角城市群、珠三角城市群的城市化引领作用，促进都市圈形成集群效应。在都市圈集群建设过程中，重点要推动城市群内部和城市群之间的交通连接，加强城市功能提升，建设交通湾区，同时要大力发展海洋经济，加快海洋湾区建设，由此将大湾区建设成为我国城市化的核心引擎。三是要进一步推动港口经济、产业经济、城市经济和创新型经济的联动发展，促进工业化、城市化、信息化互相融合，形成"港口群＋产业群＋城市群＋创新群"的叠加效应，建设市场化程度更高、市场经济更发达的现代经济体系，打造大数据中心，加快建设数字湾区、智慧湾区，将大湾区建设成为我国信息化的核心引擎。

古人云："万物得其本者生，百事得其道者成。"湾区探究为我们打开了一扇未来之门，这是一条通往改革开放之门，也是一条通往现代化国家之门，更是一条通往中华民族伟大复兴之门。我们有理由相信，未来一定属于勇敢坚韧的探索者！

主要参考文献

[1] 马克思:《资本论》,人民出版社 1975 年版。

[2] 毛泽东:《论十大关系》,《人民日报》1976 年 12 月。

[3] 习近平:《决胜全面建成小康社会 夺取新时代中国特色社会主义伟大胜利——在中国共产党第九次全国代表大会上的报告》,人民出版社 2017 年版。

[4] 《粤港澳大湾区发展规划纲要》,人民出版社 2019 年版。

[5] 《长江三角洲区域一体化发展规划纲要》,人民出版社 2019 年版。

[6] 《推动共建丝绸之路经济带和 21 世纪海上丝绸之路愿景与行动》,人民出版社 2015 年版。

[7] 《中华人民共和国国民经济和社会发展第十三个五年规划纲要》,人民出版社 2016 年版。

[8] 《中共中央关于制定国民经济和社会发展第十四个五年规划和二〇三五年远景目标的建议》,人民出版社 2020 年版。

[9] 《中华人民共和国国民经济和社会发展第十四个五年规划和 2035 年远景目标纲要》,人民出版社 2020 年版。

[10] 《中共中央国务院关于支持深圳建设中国特色社会主义先行示范区的意见》,人民出版社 2019 年版。

[11] 谷牧:《发挥沿海地区优势,加强对外经济贸易——谷牧同志答〈国际贸易〉记者问》,《经济与管理》1983 年第 3 期。

[12] 吴家玮:《一飞冲天还是一败涂地——兼论"港深湾区"》,《香港中国评论》2001 年 7 月。

[13] 田长霖、王乃粒:《旧金山湾区的区域经济》,《世界科学》1999 年第 5 期。

[14] 许勤:《加快发展湾区经济,服务"一带一路"战略》,人民论坛网,2015

年 2 月 25 日，见 http://politics.rmlt.com.cn/2015/0225/373674.shtml。

[15] 藤田昌久、保罗·克鲁格曼、安东尼·维纳布尔斯：《空间经济学》，梁琦主译，中国人民大学出版社 2013 年版。

[16] 中国海湾志编纂委员会：《中国海湾志》，海洋出版社 1991 年版。

[17] 马化腾等：《粤港澳大湾区：数字化革命开启中国湾区时代》，中信出版集团 2018 年版。

[18] 孙久文主编：《区域经济学》，首都经济贸易大学出版社 2006 年版。

[19] 陈炎：《略论海上丝绸之路》，《历史研究》1982 年第 3 期。

[20] 魏后凯：《加强环渤海湾地区开放和开发建议》，《中国经济导刊》2005 年第 5 期。

[21] 胡兆量：《珠三角港澳化及湾区中心化》，《城市问题》2009 年第 9 期。

[22] 魏家雨、钟婷等著：《美国区域经济研究》，上海科学技术文献出版社 2011 年版。

[23] 马勇：《东南亚与海上丝绸之路》，《云南社会科学》2001 年第 6 期。

[24] 中山大学地理系《珠江三角洲研究丛书》编辑委员会：《珠江三角洲城市环境与城市发展》，中山大学出版社 1988 年版。

[25] 缪鸿基等：《珠江三角洲水土资源》，中山大学出版社 1988 年版。

[26] 帅艳华：《李鸿章的英国之行》，《文史天地》2008 年第 11 期。

[27] 刘艳霞：《国内外湾区经济发展研究与启示》，《城市观察》2014 年第 3 期。

[28] 申勇：《海上丝绸之路背景下深圳湾区经济开放战略》，《特区实践与理论》2015 年第 1 期。

[29] [美] 阿尔弗雷德·塞耶·马汉：《海权论》，冬初阳译，时代众艺出版社 2014 年版。

[30] [英] 麦金德：《陆权论》，徐枫译，群言出版社 2017 年版。

[31] 吴思康：《深圳发展湾区经济的几点思考》，《人民论坛》2015 年第 6 期

[32] 申勇、马忠新：《构筑湾区引领的对外开放新格局》，《上海行政学院学报》2017 年第 1 期。

[33] 吴思康：《发展湾区经济服务国家战略》，《深圳特区报》2014 年 4 月 23 日。

[34] 卢文彬：《湾区经济：探索与实践》，社会科学文献出版社 2018 年版。

[35] 谭刚、申勇：《粤港澳大湾区：打造世界湾区经济新高地》，《深圳特区报》2017 年 3 月。

[36] 申勇：《湾区经济形成机理与粤港澳大湾区定位探究》，《特区实践与理论》2017 年第 5 期。

[37] 伍凤兰、陶一桃等:《湾区经济演进的动力机制研究——国际案例与启示》,《科技进步与对策》2015年第23期。

[38] 张日新、谷卓桐:《粤港澳大湾区的来龙去脉与下一步》,《改革》2017年第5期。

[39] 鲁志国、潘凤等:《全球湾区经济比较与综合评价研究》,《科技进步与对策》2015年第11期。

[40] 雷佳:《湾区经济的分析与研究》,《特区实践与理论》2015年第2期。

[41] 王宏彬:《湾区经济与中国实践》,《中国经济报告》2014年第11期。

[42] 丘杉、梁育民等:《东京湾区经济带背后高度重视科技创新》,《深圳特区报》2014年11月25日。

[43] 綦鲁明:《深圳发展湾区经济监测指标体系建议》,《全球化》2016年第6期。

[44] 林贡钦、徐广林:《国外著名湾区发展经验及对我国的启示》,《深圳大学学报》2017年第5期。

[45] 俞少奇:《国内外发展湾区经济的经验启示》,《福建金融》2016年第6期。

[46] 李睿:《国际著名"湾区"发展经验及启示》,《港口经济》2015年第9期。

[47] 唐天均、谢林伸等:《东京湾水环境治理对深圳的启示》,《环境科学与管理》2014年第12期。

[48] 陶一桃:《中国湾区经济肩负以开放促改革的制度创新使命》,《深圳特区报》2017年4月28日。

[49] 王珺、袁俊主编:《粤港澳大湾区建设报告》,社会科学文献出版社2018年版。

[50] 李猛:《"一带一路"背景下制定高标准粤港澳大湾区自由经贸协定研究》,《亚太经济》2018年第2期。

[51] 陈华:《"一带一路"建设背景下,粤港澳大湾区的发展与挑战》,《经济研究导刊》2018年第29期。

[52] [日] 后藤武秀、郝仁平:《中国南方"一带一路"据点——"粤港澳大湾区"规划与建设》,《日本研究》2018年第3期。

[53] 艾德州:《服务"一带一路"政策沟通的粤港澳湾区联动发展研究》,《当代经济管理》2016年第11期。

[54] 陈宪:《创新是粤港澳大湾区的核心价值》,《金融经济》2018年第23期。

[55] 戴欣、张猛等:《创新驱动与粤港澳大湾区城市群发展》,《开放导报》2018年第6期。

[56] 刘金山、文丰安:《粤港澳大湾区的创新发展》,《改革》2018年第12期。

[57] 刘刚、张友泽等:《粤港澳大湾区金融集聚促进了高新技术产业发展吗?》,《南京财经大学学报》2018 年第 6 期。

[58] 丁旭光:《借鉴旧金山湾区创新经验,构建粤港澳大湾区创新共同体》,《探求》2017 年第 6 期。

[59] 谢宝剑、宗蕊等:《回归二十年来香港科技创新发展的 SWOT 分析及前瞻》,《港澳研究》2017 年第 2 期。

[60] 王晓红:《关于建设粤港澳大湾区创新设计圈的建议》,《开放导报》2017 年第 4 期。

[61] 辜胜阻、曹冬梅:《构建粤港澳大湾区创新生态系统的战略思考》,《中国软科学》2018 年第 4 期。

[62] 陈广汉、谭颖:《构建粤港澳大湾区产业科技协调创新体系研究》,《亚太经济》2018 年第 6 期。

[63] 陈相:《粤港澳大湾区财政科研经费的制度特征及跨境使用路径》,《深圳大学学报》2018 年第 5 期。

[64] 邓志新:《粤港澳大湾区:珠三角发展的新引擎》,《广东经济》2017 年第 5 期。

[65] 刘锦、田银生:《粤港澳大湾区背景下的珠三角城市群产业—人口—空间交互影响机理》,《地理科学进展》2018 年第 12 期。

[66] 覃成林、潘丹丹:《粤港澳大湾区产业结构趋同及合意性分析》,《经济与管理评论》2018 年第 4 期。

[67] 向晓梅、杨娟:《粤港澳大湾区产业协同发展的机制和模式》,《华南师范大学》2018 年第 3 期。

[68] 龙建辉:《粤港澳大湾区打造全球物流枢纽的战略思考》,《广东经济》2017 年第 12 期。

[69] 国世平、荣亚平:《粤港澳大湾区消费结构变动趋势研究》,《消费经济》2018 年第 2 期。

[70] 丘杉:《粤港澳大湾区城市群发展路向选择的维度分析》,《广东社会科学》2017 年第 4 期。

[71] 覃成林、刘丽玲等:《粤港澳大湾区城市群发展战略思考》,《区域经济评论》2017 年第 5 期。

[72] 汪行东、鲁志国:《粤港澳大湾区城市群空间结构研究从单中心到多中心》,《岭南学刊》2017 年第 5 期。

[73] 彭芳梅:《粤港澳大湾区及周边城市经济空间联系与空间结构》,《经济地理》2017 年第 12 期。

[74] 郭源园:《粤港澳大湾区区域空间协作研究》,《城市观察》2018年第6期。

[75] 李郇、周金苗:《从巨型城市区域视角审视粤港澳大湾区空间结构》,《地理科学进展》2018年第12期。

[76] 张玉:《论粤港澳大湾区城市群建设的路径选择》,《学术研究》2018年第12期。

[77] 刘成昆:《融入城市群,打造湾区经济》,《港澳研究》2017年第4期。

[78] 孙会娟:《"大湾区"的来龙去脉及浙江的谋划》,《浙江经济》2017年第20期。

[79] 陆敏凤:《世界三大湾区发展经验及对浙江的启示》,《浙江经济》2017年第22期。

[80] 陈刚:《粤港澳大湾区对浙江大湾区建设的启示》,《浙江经济》2018年第22期。

[81] 黄勇、陈文杰:《浙江参与长三角大湾区建设的方略和举措》,《浙江经济》2018年第22期。

[82] 郭亚欣、秦诗立等:《浙沪合作共建杭州湾经济区的路径研究》,《特区经济》2018年第5期。

[83] 陈莹:《杭州湾区城市群和产业集群协同的提升路径研究》,《江南论坛》2018年第12期。

[84] 尹维杰、陈华杰:《大杭州湾区建设中的文化资源整合及提升》,《城市学刊》2018年第3期。

[85] 柳月玲、张玉军等:《基于智能交通体系下的浙江环杭州湾大湾区发展思考》,《城市建设理论研究》2018年第5期。

[86] 朱李鸣:《聚力打造绿色智慧和谐美丽的世界级现代化大湾区》,《浙江经济》2018年第16期。

[87] 马宏欣、徐士元:《浙江大湾区功能定位与实践举措》,《中国经济贸易导刊》2018年第32期。

[88] 吴可人:《浙江省大湾区泛城市化演进及高质量转型发展》,《治理研究》2019年第1期。

[89] 赵峥、刘杨:《环渤海湾区经济发展的战略价值与主要路径》,《中国国情国力》2018年第6期。

[90] 蒋宁:《新时代下滨海新区助推环渤海湾区经济发展的路径选择》,《产业创新研究》2017年第12期。

[91] 孙沂汀:《从日本东京圈的建设看京津冀协同发展》,《北华航天工业学院学报》2017年第6期。

[92] 张子霄、吕晨:《京津冀城市群与波士华城市群空间结构对比分析》,《湖北

社会科学》2018 年第 11 期。

[93] 杨晨：《京津冀都市圈环境保护问题初探》，《天津经济》2016 年第 5 期。

[94] 王琦、黄金川：《东京都市圈大气污染防治政策对京津冀的启示》，《地理科学进展》2018 年第 7 期。

[95] 许抄军、兰艳泽等：《"一带一路"背景下北部湾经济圈港口城市间合作模式创新》，《经济地理》2018 年第 5 期。

[96] 莫晨宇：《中新互联互通南向通道视域下广西北部湾城市群的发展定位研究》，《创新》2018 年第 6 期。

[97] 傅东平：《广西北部湾经济区与粤港澳大湾区的对接融合研究》，《文莱社会科学》2018 年第 9 期。

[98] 朱坚真、陈海开：《围绕向海经济铸造北部湾海洋产业湾区》，《广东开放大学学报》2018 年第 6 期。

[99] 白海军：《帝国的荣誉》，江苏人民出版社 2014 年版。

[100] 薛桂芳：《澳大利亚海洋战略研究》，时事出版社 2016 年版。

[101] 魏家雨等：《美国区域经济研究》，上海科学技术文献出版社 2011 年版。

[102] 袁钟仁：《广州海上丝绸之路》，广东人民出版社 2016 年版。

[103] 许志桦等：《香港港口与城市发展》，《城市观察》2012 年第 1 期。

[104] 欧小军：《世界一流大湾区高水平大学集群发展研究》，《四川理工大学学报（社会科学版）》2018 年第 3 期。

[105] 胡志坚等：《从关键指标看我国世界科技强国建设》，《中国科学院院刊》2018 年第 5 期。

[106] 詹志华等：《2016 年美国硅谷风险投资增长总趋势及启示》，《中国科技信息》2017 年第 24 期。

[107] 刘芝奎：《以自由贸易港建设引领创新发展》，《区域经济评论》2018 年第 2 期。

[108]《第六届中国南方智库论坛粤港澳大湾区建设与构建开放型经济新体制论文集》（内部资料），广东省社会科学院（新经济）杂志社协办，2017 年 11 月 22 日。

[109] 秦尊文等：《长江经济带城市群战略研究》，上海人民出版社 2018 年版。

[110] 王振等：《长三角协同发展战略研究》上海社会科学出版社 2018 年版。

[111] 蒋宁：《新时代下滨海新区助推环渤海湾区经济发展的路径选择》，《产业创新研究》2017 年第 2 期。

[112] 樊春良：《建立全球领先的科学技术创新体系》，《中国科学院院刊》2018 年第 5 期。

[113] 梁琦：《产业集聚论》，商务印书馆 2006 年版。

[114] 寇敏婕、克鲁格曼:《中心外围模型对中国产业集群的分析》,《中国商论》2014年第1期。

[115] 梁琦:《分工、集聚与增长》,商务印书馆2009年版。

[116] 胡盈、张津等:《基于引力模型和城市流的长江中游城市群空间联系研究》,《现代城市研究》2016年第1期。

[117] 朱林兴:《试论发展城市群经济》,《财经研究》1986年第3期。

[118] 姚士谋:《我国城市群的特征、类型与空间布局》,《城市问题》1992年第1期。

[119] 陈德宁、郑天祥等:《粤港澳大湾区共建环珠江口"湾区"经济研究》《经济地理》2010年第30期。

[120] 高山:《以科技创新引领粤港澳大湾区发展》,《新经济》2017年第10期。

[121] 魏达志:《粤港澳大湾区增强核心引擎功能的深圳路径》,《深圳社会科学》2019年第4期。

[122] 魏后凯、年猛等:《"十四五"时期中国区域发展战略与政策》,《中国工业经济》2020年第5期。

[123] 谭刚、申勇、彭芳梅主编:《粤港澳大湾区核心引擎的深圳探索》,中国社会科学出版社2019年版。

[124] 林贡钦、徐广林:《国外著名湾区发展及对我国的启示》,《深圳大学学报(人文社会科学)》2017年第5期。

[125] 申勇:《我国东南沿海湾区经济发展路径探析》,《中国经贸导报》2017年第2期。

[126] 申勇、周会祥:《全球视野下的湾区经济发展战略》,《中国经济特区研究》2017年第1期。

[127] [德] 克劳斯·施瓦布:《第四次工业革命——转型的力量》,中信出版集团2016年版。

[128] [德] 克劳斯·施瓦布,[澳] 尼古拉斯·戴维斯《第四次工业革命——行动路线图:打造创新型社会》,世界经济论坛北京代表处译,中信出版集团2018年版。

[129] [美] 阿伦·拉奥、皮埃罗·斯加鲁菲:《硅谷百年史——基于城际面板数据》,《国际经贸探索》2018年第5期。

[130] Bay Area Council Economic Institute, The Bay Area a Regional Economic Assessment(2012).

[131] Walker R., industry Builds the City: the Suburbanization of Manufacturing in the San Francisco Bay Area, 1850-1940, Journal of Histgrical Gengraphy, 2001, 27(1).

[132] Alex Schafran, Origins of an Urban Crisis: the Restructuring of the San Francisco

Bay Area and the Geography of Foreclosure, International Joural of Urban and Regional Research, 2013.37（2）.

[133] Edward L., Glaeser, Agglomeration Economics University of Chicago Press, 2010.

后　记

　　《探究湾区——世界湾区发展逻辑与中国实践》一书，是我研究东南沿海区域经济近十年的一个总结。2011年，我十分荣幸地参与完成了《坪山发展战略》和国家行政学院重大委托课题《东南沿海联动发展示范区战略》研究（课题组提出的"东进战略"后来上升为深圳市重大发展战略）；2012年，参与完成深汕特别合作区委托课题《深汕合作区"十二五"发展规划纲要》的编制；2014年，参与完成深圳市政府发展研究中心课题《深圳发展湾区经济与泛珠三角合作研究》，主持完成坪山区委托的《坪山新区融入湾区经济研究》课题；2015年，主持完成深圳市发改委委托课题《深圳实施东进战略促进东西协调发展策略研究》；2020年主持完成国家社科基金课题《"海上丝绸之路"战略下我国东南沿海湾区经济发展研究》（课题立项号：15BJL113）。十年寒窗、岁月沧桑，我深耕其中、其乐无穷，与湾区经济结下了深厚的缘分。先后在《光明日报》《社会科学研究》《经济纵横》《上海行政学院学报》《中国社会科学报》等刊物发表与湾区经济相关的论文20多篇，多篇论文和咨政报告获得中共中央党校（国家行政学院）优秀论文奖，被《人大复印资料》等全文转载。并多次应邀参与相关报告起草的征求意见座谈会，撰写的多项咨政报告被相关部门采用。多次接受《光明日报》、《南方日报》、《南方都市报》、《深圳特区报》、深圳卫视等众多媒体关于粤港澳大湾区方面的采访。此外，从2015年开始就在深圳市委党校主体班开设湾区经济相关课程，先后给全国各地领导干部宣讲达上百场次。现在回过头来看，这些所有的付出都是值得的。因为，粤港澳大湾区已经上升为国家重大战略，深圳作为大湾区核心引擎已经成为中国特色社会主义先行示范区，东南沿海又一次成为引领中国腾飞的热土。

在本书撰写过程中，深圳市委党校原常务副校长陈图深、深圳市委党校二级巡视员（深圳市社会主义学院副院长）谭刚、中共中央党校臧志风教授、段培君教授、广东省委党校黄铁苗教授、深圳大学伍凤兰教授、深圳市发改委原区域经济处处长卢文彬、深圳市坪山区财政局局长黄泽文等同志给予了非常好的指导和建议，在此表示特别致谢！在课题研究过程中，课题组成员宋晓东教授、彭芳梅教授、劳铖强副教授、周会祥老师、马忠新老师、我的博士后李慧等同志积极参与，付出了大量劳动。深圳大学硕士生杨梅、许梦婷以及留学生张宸溪帮我对书稿进行了全面的校对和注释的核实。深圳市委党校杂志社钟晓媚调研员、科研处党凯副处长、决策咨询部刘涛、科研处杨洁莹、安凌等同事对书稿完成给予了许多支持和帮助。人民出版社的余平博士在书稿的审定、修改和编辑出版中付出了辛勤劳动。我的妻子杨观红和女儿申悦、申琳承担了大量家庭事务，协助我查阅外文资料，打印和校对文稿，给予我相当多的支持和鼓励。借此一并向他们表示衷心的感谢。

撰写书稿和编辑出版的过程中，参考借鉴了诸多重要文献和权威观点，在此对相关作者表示感谢。由于水平有限，疏漏之处在所难免，敬请批评指正。本书涉及众多港口和城市，无法一一标注引用来源，只能采用统一引注方式，在此也对原著者表示感谢。

在撰写过程中，考虑到疫情带来的影响，大部分采用了 2019 年的数据，借此特意说明。

在本书即将付梓之际，我深深感觉到还有一系列基本理论问题需要进一步深入研究，有很多现实难题需要破解，湾区经济的研究尚需砥砺前行。这本书仅是自己的一得之见，出版目的在于抛砖引玉，推动更多读者和专家们加入湾区经济的研究中来，全面系统地认知湾区经济发展规律，尽早建立我们国家的湾区经济学。

申 勇
2021 年 7 月

责任编辑:余 平
封面设计:姚 菲
责任校对:白 玥

图书在版编目(CIP)数据

探究湾区:世界湾区发展逻辑与中国实践/申勇 著.—北京:
　人民出版社,2021.10
　ISBN 978-7-01-023075-7

Ⅰ.①探… Ⅱ.①申… Ⅲ.①沿海经济-区域经济发展-经济发展战略-研究-
　中国 Ⅳ.① F127

中国版本图书馆 CIP 数据核字(2021)第 016825 号

探究湾区
TAN JIU WAN QU
——世界湾区发展逻辑与中国实践

申 勇 著

人民出版社 出版发行
(100706 北京市东城区隆福寺街 99 号)

北京盛通印刷股份有限公司印刷　新华书店经销

2021 年 10 月第 1 版　2021 年 10 月北京第 1 次印刷
开本:710 毫米 × 1000 毫米 1/16　印张:19
字数:280 千字

ISBN 978-7-01-023075-7　定价:78.00 元

邮购地址 100706　北京市东城区隆福寺街 99 号
人民东方图书销售中心　电话(010)65250042　65289539

版权所有·侵权必究
凡购买本社图书,如有印制质量问题,我社负责调换。
服务电话:(010)65250042